MARTINI BUCERI AUSPICIIS OPERA ORDINIS THEOLOGORUM
EVANGELICORUM ARGENTINENSIS EDITA

MARTINI BUCERI OPERA LATINA

VOLUME IV

CONSILIUM THEOLOGICUM PRIVATIM CONSCRIPTUM

PUBLIÉ PAR

PIERRE FRAENKEL

E.J. BRILL
LEIDEN • NEW YORK • KØBENHAVN • KÖLN
1988

Publié avec l'aide du Fonds national suisse
de la recherche scientifique

Library of Congress Cataloging-in-Publication Data

Bucer, Martin, 1491–1551.
Consilium theologicum privatim conscriptum / publié par Pierre Fraenkel.
p. cm. — (Martini Buceri Opera omnia. Series II. Opera Latina; v. 4) (Studies in medieval and Reformation thought; v. 42)
Text in Latin; introd. in French.
Bibliography: p.
Includes indexes.
ISBN 90 04 08602 1
1. Church renewal—Early works to 1800. 2. Apologetics—16th century. 3. Reformed Church—Doctrines—Early works to 1800. 4. Reformed Church—Relations—Catholic Church—Early works to 1800. 5. Catholic Church—Relations—Reformed Church—Early works to 1800. I. Fraenkel, Pierre, 1923- . II. Title. III. Series. IV. Series: Bucer, Martin, 1491–1551. Selections. 1982: v. 4.
BR75.B6442 1982 vol. 4
[BR350.B93]
230'.4 s—dc19
[230'.4] 88-10548
CIP

ISSN 0585-6914
ISBN 90 04 08602 1

MARTINI BUCERI
OPERA LATINA

STUDIES IN MEDIEVAL AND REFORMATION THOUGHT

VOLUME XLII

MARTINI BUCERI OPERA OMNIA

SERIES II

OPERA LATINA

VOLUMEN IV

TABLE DES MATIÈRES

Troisième partie: deuxième classe des cérémonies

Quatrième partie: troisième classe des cérémonies

CINQUIÈME PARTIE: POLÉMIQUE CONTRE CALVIN

SIXIÈME PARTIE

INTRODUCTION

1. Historique des études sur notre texte

Le document manuscrit dont nous offrons ici au lecteur une première édition critique et annotée se trouve mentionné par M. Jean Rott dans son article *Le sort des papiers de Bucer*[1]. Un relevé des manuscrits se trouvant en Angleterre a été fait peu après par Herbert Vogt, qui a même entrepris d'en dresser un *stemma codicum*[2] – lequel, on le verra, est sujet à révision. Depuis lors, un fragment de notre texte a été publié par les soins de M. Ginzburg, d'après une copie qu'il avait trouvée à Bologne[3]. Ginzburg ayant cru y reconnaître un texte de Capiton, nous sommes intervenu pour montrer qu'il s'agit bel et bien d'une œuvre de Bucer[4].

2. Les manuscrits

Nous avons pu ensuite inspecter les manuscrits et en retenir deux qui forment la base de la présente édition.

(i)

Le manuscrit de Lenglin (notre sigle: L)

Il s'agit sans aucun doute de la plus ancienne copie de notre texte qui soit connue jusqu'ici. Datée de juillet 1544, elle fait partie de l'immense collection Rawlinson, désormais incorporée à la Bibliothèque Bodléienne d'Oxford[5] et porte la cote *Rawlinson C 373*:

61ff., foliotés dès le 2e f. de 1 à 60; papier 31 × 19,5 cm; cahiers A^8 (mais signés Ai dès le 2e f.), B–F^8, G, H^6; un ultime f. ajouté sur onglet dépasse la couture entre [G^6]v. et H^1r. Deux sortes de papier: 1° Briquet: *Filigranes*

---

1 In: RHPR 1966, 346–367; p. 354 et n. 36 *ibid.*

2 P. 128.

3 Par. 1–43 de notre *Mémoire*, p. 209–213.

4 *Bucer's Memorandum.*

5 Dans les *Catalogi codicum* . . . partis quintae, fasciculus secundus, 1878, col. 162: «Codex charataceus in folio, sec. XVI. ff. 61. Olim 'Joannis Lengbiri' [?] liber». [Dans l'exemplaire de la Duke Humphrey's Library, le nom de Lenglin est rétabli à la main.] Suivent le titre, l'incipit, et «In fine: '1544. Descripta mense Iulio'».

n° 4958 (p. ex. ff. 34, 35, 38): Montjoie 1542; 2° une variante simplifiée du même motif (p. ex. f. 29, 39, 40): v. Piccard: *Kronen-Wasserz.* qui en signale de nombreux cas dans la région rhénane, entre autres Colmar 1539. Cf. aussi Briquet *op. cit.* t. 2, 295.

Ecrit par un scribe gothique inconnu et plutôt malhabile, le texte a été corrigé deux fois: d'abord par le scribe lui-même et par Conrad Hubert[6], avec l'encre du texte devenue brunâtre; une seconde fois par un autre scribe (ou le même utilisant une écriture plus penchée et cursive?) et Hubert, avec de l'encre restée très noire. La seconde révision, comportant le rajout de mots et même de passages oubliés, la reformation de lettres mal tracées, des traits marquant en marge certains passages, est la plus importante. Nous désignons par le sigle H les corrections «substantielles» de Hubert, celles qui dépassent la forme d'une lettre ou la correction d'une éventuelle faute d'orthographe.

La page de titre (1er f. v.!) est d'une autre main, plus «humaniste», à moins qu'elle ne soit le fruit d'un intense effort de calligraphie de la part du scribe principal[7].

Justification (sans marges) 25 × 15,5 cm. Foliotation continue au r. de chaque f., réclames au v. Env. 32–33 lignes par p. Les paragraphes légèrement séparés, numérotés en marge, irrégulièrement dans les marges extérieures et intérieures. Numérotation continue (avec quelques erreurs) pour les par. 1–560, dès 560 (f. 40v.), seul un par. sur dix est numéroté. La numérotation semble être en partie l'œuvre du scribe principal, en partie celle de Hubert. Le colophon s'inscrit dans une banderole à moitié déroulée d'arrière en haut vers le bas devant.

Provenance: 1er f. r.: en bas «Joannis Lenglini» corrigé de «J' Lenglinio» de la main de Bucer. (On retrouve l'écriture de Lenglin[8] f. 29r. en marge: «Indulgentiae».) Au-dessus on lit encore «XXV» (à l'encre); puis au crayon, d'une écriture plutôt du XVIIe que du XVIe siècle, à moitié effacée: «$\overline{\text{mr}}$ hill in (?) suo (?) loco (?) servat (?)». Entre cette inscription et celle concernant Lenglin, quelques traits qui sont peut-être un «sum» barré.

Il semble donc possible, sinon probable, que Rawlinson, dernier propriétaire de notre ms. avant la Bodléienne[9], l'ait trouvé en Angleterre pour l'incorporer dans ces «vast accumulations of printed books and manuscripts»[10] dont il remplissait son logis. De là à penser que ce ms. fut un

[6] V. sur lui Ficker-Winckelmann: *Handschriftenproben*, 2, n° 67C.

[7] On pourrait à la rigueur penser à Corneille Faber; *ibid.* 68D.

[8] *Ibid.* 67A.

[9] Sur Richard Rawlinson, «topographer and nonjuring bishop» 1690–1755, v. *Dictionary of National Biography* 47, 331–333.

[10] *Dict. of Nat. Biogr.*, t. cit., p. 332. Pour les voyages de Rawlinson et ses nombreux achats en Angleterre et à l'étranger, v. Macray, pp. 232–236.

exemplaire que Bucer emporta avec lui en Angleterre, il y a un pas que nous nous refusons à franchir, bien que la mention du propriétaire (et sa correction) puisse le suggérer. Une chose est certaine: ce n'est pas le modèle dont l'archevêque Parker a fait tirer sa copie!

(ii)

Le manuscrit de Parker (notre sigle: P)

Conservé parmi les papiers de l'archevêque dans son ancien collège, Corpus Christi College, Cambridge, il y porte la cote MS 185 et M.R. James en a donné une description succincte[11]. En voici une plus détaillée:

Papier, 29 × 20,5 cm. 86ff.: 2 cahiers de 8ff. [dont 1er f. de vélin remplace le f. correspondant en papier!]. Papier d'une seule provenance: Briquet t. 1, n° 1255[12].

Ecriture d'un scribe compétent anglais, gothique, (dont la main ne se retrouve pas dans le Florilège patristique), corrections, marginales et renvois d'un paragraphe à l'autre de la main de l'archevêque lui-même (notre sigle: A).

Justification (sans marges, 23,5 × 15,5 cm); les paragraphes nettement séparés, numérotés (avec des décalages par rapport à P) dans les marges intérieures. Pagination [aux r. seulement] au crayon de Parker, réclames au v. des f. Le ms. contient notre *Consilium* aux pp. 15–149. Le reste du ms. se compose comme suit: P. 1 (Parker ou son scribe habituel du *Florilège*), citations sur les thèmes de la modération dans les réformes, les adiaphora, la sédition, le rôle du magistrat; tirées pour la plupart de S. Augustin; le juriste impérial Konrad Braun; Beatus Rhenanus (notes sur Tertullien); Tertullien; S. Basile. P. 2, dessins géométriques. Pp. 3–[8] bl. P. 9, titre du *Consilium*. Pp. [10]–[14], registre du *Consilium* sur deux colonnes (écriture italique de scribe); pp. 15–149, *Consilium* se terminant p. 149 par le colophon: «Anno. 1541. descripta mense Maio». P. [150] bl. Pp. 151–155 (main du scribe proche de celle de Parker), un ensemble de citations augustiniennes sous le titre *Summa summe [!] Augustini de ratione communicandi cum malis*. P. [156] (main de Parker) deux citations sur le même sujet, l'une de S. Basile, l'autre de S. Augustin d'après Gratien. Pp. 157–169, bl. P. [170]–171, suite des citations augustiniennes qui, à la p. 171 (vélin), débordent sur les dessins géométriques d'origine. P. [172], quelques objections à des arguments de Bucer et leurs solutions.

---

[11] *Catalogue Corpus*, t. 1, pp. 442s.

[12] Bruges 1525–34; Troyes 1535–39; Spire, 1540.

Notons que ce ms., composé de toute évidence du vivant de Bucer ou peu après sa mort, représente sans doute possible la copie d'un texte désormais disparu, que Bucer avait apporté avec lui à Cambridge. C'est pour cette raison que nous l'avons retenu pour l'apparat de notre édition, prenant comme base de texte l'exemplaire «L» dont la date et les corrections garantissent l'origine strasbourgeoise.

3. Les copies postérieures

Elles paraissent former deux familles, l'une qui a conservé la numération (ou une numérotation) des alinéas, l'autre qui l'omet.

(i)

Bologne Archiginnasio Ms B 1859

Ff. 202r–205r. Contient, sans titre, les par. 1–43 de notre *Consilium,* le texte s'arrêtant au milieu d'une page. Ecriture de scribe humaniste italien. Papier: Mošin: Anchor Watermarks n° 430s = *Zonghis Watermarks* n° 1623s. Nord de l'Italie env. 1569. Texte publié dans Ginzburg: *Il Nicodemismo,* pp. 209–213[13].

(ii)

Les copies anglaises sans numérotation

(a) *British Library, Harley MS n° 1854*

Papier, 46ff. ch. 19,5 × 28,5 cm. De f. 33 à f. 45, une vieille foliotation de 1 à 13; et au r. du 1er f. un n° «1». Cahiers irréguliers de 2, 4 et 6 ff. Justification env. 15 × 23 cm, env. 33 lignes par p.; une seule écriture: calligraphie humaniste italianisante. Réclames aux r. Papiers aux filigranes Briquet t. 2 n° 5313 et *ib.* p. 312: Pays-Bas et nord de l'Allemagne env. 1564–72.

F. 1r, titre; 1v., bl. 2r.–39r., texte. 39v.–40r., bl. 40v.–45v., texte. 46r./v., bl.

Colophon f. 45v.: «Anno 1541 descripta, Mense maio».

En bas de f. 1r., une étiquette (d'une autre main que celle du ms.) dit: «Hic Tractatus M. Buceri non extat»; une autre main encore a noté f. 46v, «Buceri Tractatus non extat».

---

[13] Je remercie vivement le professeur Ginzburg de m'avoir fourni les renseignements et les microfilms nécessaires.

Le *Catalogue of the Harleian Manuscripts* t. 2, pp. 267b–268a, renvoie à Bernard: *Catalogi,* où un tel ms. est attribué à Martin Fotherby. Nous verrons que cette identification s'applique mieux au ms. de UL Cambridge.

(b) *Cambridge, University Library,* Mm IV 5.

Papier, env. 21 × 20,5 cm (bords abîmés); 2ff. n. ch.; 59pp. ch. et 3pp. n. ch. Le texte, d'une main humaniste dans une justification tracée au haut et latéralement à l'encre; largeur 16,5 cm. Sous-titres dans les marges de gauche créées par les lignes de justification. Réclames à toutes les p. La reliure moderne, très serrée, ne permet pas de détailler les cahiers qui paraissent être de 8.

Papier anglais de la fin du 16e siècle: filigrane très proche de Heawood, *Watermarks,* pl. 75, n° 445.

F.1r. tout en haut «Martin Fotherbye», dessous: «573» et en dessous d'une main malhabile «Grace Lynch». En bas de p. «1: desc/Maio»[14]. Cette note est de la même main que le reste. F. 1v. bl. F. 2r. titre de l'ouvrage surmonté de «573» et de la cote actuelle «Mm —4–5». F. 2v. bl. Pp. 1–59, texte. P. 59, env. un tiers du texte est arraché.

Le colophon (composé de deux lignes reliées par des accolades) est incomplet: «Anno 154[. . .]ripta / Mense [. . .].

Il nous paraît que c'est à cet exemplaire plutôt qu'au Harleian de Londres que doit s'appliquer la notice des *Catalogi* de Bernard[15].

(c) *Oxford, Bibliothèque Bodléienne, MS Rawlinson D858*

Ce manuscrit fait l'objet d'une notice assez détaillée dans les *Catalogi*[16].

Il s'agit de 76ff. de 20 × 30 cm; 9 cahiers de 8ff., 1 de 4ff. Papier: Heawood: *Watermarks* pl. 371 n° 2899[17]. Justification 17 × 28 cm; 34–38

---

[14] Il n'est pas indispensable, bien que possible, de rapprocher cette note du colophon; elle signifie sans doute: «primo descriptum Maio».

[15] T. 2, p. 250, n° 8710: «Martini Buceri Consilium Theologicum (. . .) Martini Fotherly [!] episcopi Sarisburiensis manu exaratum. Penes Guillelmum Payne, S.T.P., Canonicum Westmonasteriensem et Ecclesiae Sanctae Mariae de Alba Capella Rectorem. Fol.» – Sur Martin Fotherby, 1549(?)–1619, membre de Trinity College Cambridge, puis archidiacre de Cantorbéry et aumônier royal sous Jacques Ier, v. *Dict. of Nat. Biography* 20, p. 64. Que le ms. ait ensuite été propriété de William Payne, également *alumnus* de Cambridge, pourrait suggérer que la copie soit restée dans cette ville.

[16] *Catalogi codicum. . . partis quintae fasciculus tertius,* Oxford 1893, cols 670: «Chartaceus. In folio, saecc. xvi, xvii, ff. 153. Miscellaneous theological tracts. 1. Consilium theologicum (. . .) abusus: autore (. . .) Bucero. Ad calc. 'Anno 1541 descripta mense Maio'. Peculium Gul. Sancroft, archiep. Cantuar., qui in margine addit titulum libri a Bucero (. . .) excusi. Olim pp. 153–225 in quodam alio volumine, secundum numerationem paginarum manu Sancroft notatam».

[17] Les *Addenda et corrigenda ibid.* renvoient à Shorter *Paper Mills* p. 28, où le papier est identifié comme celui de la manufacture de John Spilmann à Dartford (Kent) env. 1588.

lignes par p. Encre et écriture cursive uniforme. Quelques corrections d'une autre main. Sous-titres en marge, vraisemblablement de l'écriture de Sancroft[18]. Réclames à toutes les pages dès p. 5.

F. 1r., titre (v. aussi infra); f. 1v., bl. F. 2r.–penult.r., texte; les 3 dernières pp., bl.

En bas de f. 1r., en dessous du titre, Sancroft a écrit: «Mart. Buceri de verâ Ecclesiarum in Doctrinâ, Ceremonijs & Disciplinâ Reconciliatione & Compositione Liber, excusus Argentorati apud Rihelium 1542. *Simler. Biblioth*»[19].

4. La dérivation des manuscrits

Les manuscrits que nous venons de décrire ne nous permettent guère de dessiner un stemma tant soit peu lisible; aussi préférons-nous reconstituer tant bien que mal l'itinéraire des textes. Nous tenterons, dans le chapitre suivant, de réunir un faisceau de probabilités – mais rien de plus – tendant à montrer que la rédaction originale remonte à l'hiver 1540–41 et qu'elle est ainsi peu ou prou contemporaine de la naissance du futur *Livre de Ratisbonne* sous sa première forme de «Livre de Worms».

Si l'on admet cette date comme celle de la naissance de notre document, il faut supposer qu'à cette époque il en existait au moins deux exemplaires: celui que Bucer aurait transmis au destinataire – nous y reviendrons – et un autre que Bucer aurait gardé par devers lui. La numérotation s'y trouvait-elle déjà? Elle a dû être introduite au plus tard en mai 1541 lorsqu'une ou plusieurs nouvelles copies furent établies.

C'est de toute évidence une telle copie que Bucer conserva cette fois-ci. Elle a dû servir de modèle au scribe qui l'a recopiée pour Lenglin; emportée ensuite par Bucer à Cambridge, elle a été recopiée pour Parker.

Un autre exemplaire numéroté de ce type a dû être emporté en Italie, ce qui explique la copie qui en a été tirée par ou pour l'Inquisition de Bologne.

Quant aux trois copies anglaises tardives, on peut leur supposer un ancêtre commun (non numéroté?) établi peut-être à Cambridge même à

[18] Sur la vie de l'archevêque William Sancroft, 1617–1693, v. *Dict. of Nat. Biogr.* 50, 244–250. Il fut étudiant, puis membre d'Emmanuel College Cambridge où il enseigna de 1642 à 1651. On ignore comment ses papiers parvinrent dans la collection Rawlinson, alors qu'une large part de ses livres et mss étaient entrés dès 1736 par d'autres voies à la Bodléienne: v. Macray, *Annals*, 209ss. Il ne faut en tout cas tirer aucune conclusion de la proximité, dans ce volume, de la lettre de décembre 1541 de Bucer aux Italiens. Cette proximité remonte à Sancroft (sa pagination ici: 229–235) qui a dû réunir ainsi des pièces de Bucer. Mais la lettre est sans rapport avec notre *Consilium*.

[19] Il s'agit d'un renvoi au n° 73 dans Stupperich: *Bibliographia Bucerana*. V. aussi P. Lardet in Backus-Fraenkel-Lardet: *M' B' apocryphe et authentique*, pp. 13s.

partir de l'exemplaire de Bucer ou d'une copie de son exemplaire. Seul un examen très attentif des leçons pourra un jour permettre de préciser les rapports de ces copies tardives entre elles.

Au vu de ce qui précède, on comprend pourquoi notre édition reproduit le texte de Lenglin (L), note celles des corrections de Hubert (H) qui sont plus que purement calligraphiques, et renvoie dans les variantes celles du ms. de Parker (P), où elle distingue les interventions de l'archevêque (A) du travail de son scribe.

5. Datation des copies «1541» et «1544»

Elle ne présente, nous semble-t-il, aucun problème véritable. En mai 1541, nous sommes en pleine crise du colloque de Ratisbonne: l'accord qui s'était si bien présenté au départ, qui s'était malgré tout réalisé au moment de la crise concernant l'article sur la justification, s'avérait difficile lorsqu'on en arriva à l'article sur l'eucharistie. Même si, sous la pression des princes, les théologiens protestants avaient réussi à relancer les débats, on sentait que l'élan initial était perdu[20]. Rien de plus naturel que de se représenter un homme «adhuc degens» dans une église de la communion romaine, découragé par cette situation, et qui demande un conseil aux Strasbourgeois. Ce conseil, ils le lui fournissent sous la forme d'une copie d'un texte qui existe déjà. En effet, si la plupart des participants au colloque de Ratisbonne déchantent assez rapidement après l'enthousiasme initial[21], Bucer, lui, continue à croire fermement à la possibilité d'une concorde[22]. Bien plus, il maintiendra cette attitude contre vents et marées bien après l'échec du colloque: les notes dans ses *Alle Handlungen* en font foi[23].

Juillet 1544, c'est l'époque où, à Strasbourg, on sait que la «Reformatio Coloniensis», inaugurée deux ans plus tôt sous les auspices de l'archevêque, de Bucer et de Mélanchthon, est sur le point sinon de sombrer, du moins de prendre un virage important qui l'éloignerait de ses idéaux initiaux. En mai, le clergé et le magistrat avaient invoqué l'aide de l'Empe-

---

[20] Augustijn: *Godsdienstgesprekken*, pp. 83–88 et 88–97; Fraenkel: *Les protestants*, en part. pp. 92–99.

[21] Sanzio à Farnese, le 13 mai 1541, *Nuntiaturberichte*, 1:7,53: le colloque se poursuit, mais «non con quella caldezza». Le même au même, le 3 juin, *ibid.* p. 62. Le 14 juin Morone parle déjà du projet du chancelier d'instituer une concorde purement politique: Laemmer: *Mon. Vat.*, p. 374.

[22] P. ex. Morone à Farnese le 11 mai 1541: Dittrich, *Regesten*, p. 180: si on fait l'économie du terme de «transsubstantiation», il se fait fort de prêcher lui-même la transmutation des éléments.

[23] V. son commentaire sur les articles non concordés, f. 135v.–159v.

reur; en juin, la Diète de Spire s'était dissoute sans prendre de décision dans l'affaire de Cologne, de sorte que l'arrêt du mouvement pouvait paraître imminent[24]. On peut aussi penser à d'autres rapports avec l'extérieur que Strasbourg entretenait à cette époque: p. ex. avec les évangéliques de Tournai[25]. Mais notre prochain exemple montre qu'un théologien (ici Lenglin en personne) pouvait fort bien s'intéresser au programme réformiste que Bucer développe dans notre *Consilium* sans que les besoins du moment l'y obligent.

Reste la copie de Parker. On peut penser que l'ancien professeur et futur archevêque avait trouvé ce document de la plus grande actualité et utilité au moment où, sous le règne de Marie, il vivait retiré «within the House of one of his Friends, leading a poor Life», mais occupé par l'étude et la rédaction d'ouvrages[26]. Mais rien ne prouve que la copie date de cette époque, ni même qu'elle ait été faite en prévision d'un tel état de choses. Ici encore, il peut fort bien s'agir d'un intérêt pour le sujet lui-même – intérêt qui aurait poussé Parker à se procurer une copie de l'œuvre de son collègue et à y ajouter quelques fruits de ses lectures patristiques.

C'est bien – notons-le pour conclure – un tel intérêt qui a produit les trois copies anglaises tardives dont nous avons fait état.

6. L'arrière-plan littéraire du 'Consilium'

De lointains *termini post quos* nous sont fournis par l'évolution des idées de Bucer au cours des années 1530. Notre document hérite d'un certain nombre de traits de celui que Bucer avait composé pour Guillaume du Bellay en 1534 sur une réforme commune et une union dans l'Eglise[27]. En outre, il contient une polémique assez détaillée contre le traité de Calvin: *De fugiendis impiorum sacris,* que ce jeune théologien avait publié en 1537 à Bâle avec *De sacerdotio papali abiiciendo* sous le titre *Epistolae duae de rebus hoc saeculo cognitu apprime necessariis*[28]. Si dans *De fugiendis,* Calvin avait repris une des idées du *Grund und Ursach*[29] de Bucer, à savoir que les cérémonies de l'Eglise romaine remplaçaient de vraies cérémonies chrétiennes et étaient de ce fait idolâtres, Bucer s'est désormais converti à

[24] Koehn: *Martin Bucers Entwurf,* p. 64.

[25] Adam: *Evang. Kirchengesch. Strassburg,* pp. 258s.

[26] Strype: *Life,* pp. 31 et 33.

[27] Pollet: *Etudes,* t. 2, ch. 18, en part. doc. 38, pp. 509–518. On notera en tête, p. 509, l'existence de l'Eglise de part et d'autre; la condamnation par les maîtres scolastiques de la communion des impies (p. 512); l'application de 1 Cor 5,1 à de tels impies (p. 516) et la grande part qui y est déjà faite aux pratiques ecclésiastiques: elle grandira encore en 1540–41 aux dépens des questions doctrinales.

[28] CR 33, 233–312. Bibliographie *ibid.* pp. XXXVIIIss.

[29] BDS 1, 185–278. Bibliographie *ibid.* p. 191.

la vision des Wittenbergeois, à savoir que les fausses doctrines et les mauvaises pratiques, les «abus» en général, recouvrent et cachent la substance véritable qui est une donnée divine impérissable et continue de ce fait d'exister sous ces rajouts illégitimes[30].

Dans une certaine mesure, Bucer pourrait s'être inspiré du mémoire que la Ligue de Smalcalde avait transmis en avril 1540 aux envoyés impériaux, les comtes Neuenaar et Manderscheid, sur les abus des monastères et évêchés, mais de telles plaintes étaient si communes que l'on n'avait guère besoin de document modèle pour les rédiger à nouveau[31].

Notre *Consilium* contient en outre de nombreux points de contact avec l'*Encheridion* [!] de Gropper, publié dès 1537 avec les Canons du Concile provincial de 1536[32]. Nous savons que Bucer reçut cet ouvrage de Gropper lors de leur rencontre à la Diète de Haguenau en été 1540. A son tour, il offrit au chanoine un exemplaire de ses *Romains*. Cette première rencontre amorça la collaboration des deux théologiens dont le *Livre de Ratisbonne* sera le résultat le plus significatif[33].

Avant d'en arriver au *Livre de Ratisbonne* lui-même, il convient de mentionner un autre ouvrage, dont les matériaux étaient connus de Bucer depuis quelque temps, en tout cas depuis le colloque qu'il avait tenu avec Witzel à Leipzig en hiver 1538–39[34]. Ces matériaux, décrivant les us et coutumes de l'Eglise ancienne, publiés par les soins de Witzel sous le titre *Typus prioris ecclesiae* en été 1540[35], circulent au colloque de Worms dès le mois de décembre[36]. Nous avons tenu compte des échos de cet écrit dans les notes de notre édition du Consilium.

Nous en arrivons ainsi à cet autre proche parent de notre *Consilium* qu'est le *Livre de Ratisbonne* lui-même ou plutôt sa première mouture, faite par Bucer, Capiton, Gropper et Veltwyck à Noël 1540 à Worms. C'est l'époque de cette rédaction, ou plus précisément son lendemain, qui nous paraît être la date la plus probable pour la composition du *Consilium*.

---

[30] Pour Mélanchthon, v. Fraenkel: *Testimonia*, section *Doctrinae repurgatio*, en part. pp. 290ss. Pour Luther v. p. ex. *Von Winkelmesse und Pfaffenweihe*, 1533, WA 38, en part. 221s.; 230; 245; 252ss.

[31] Ap: Sleidan: *De statu religionis*, éd. cit. ff. 208r.–213r.

[32] Bibliographie chez Lipgens: *Gropper*, p. 225 et Meier: *Das Enchiridion*, en part. pp. 314–328.

[33] Lipgens: *Gropper*, pp. 121s.; Stupperich: *Humanismus*, pp. 78ss.; Augustijn: *Godsdienstgesprekken*, pp. 43s.

[34] Stupperich: *Humanismus*, pp. 42–49; Augustijn: *Godsdienstgesprekken*, ch. 2, pp. 16–24.

[35] La préface est datée du 7 juin.

[36] V. lettre de Witzel à Morone, début décembre 1540, *Nuntiaturberichte* 1:6, 279s.

Avant de revenir à cette date, il convient cependant de jeter encore un coup d'œil en arrière, aux *Pandectae* de Brunfels et aux idées de type «nicodémite» que cette publication a pu instiller dans l'esprit de Bucer[37]. Ici quatre remarques s'imposent:

1. Si notre document porte sur la page de titre les citations de 1 Cor. 9 et de S. Augustin, *Ad Ianuarium* (qui reparaissent d'ailleurs dans le texte), l'exemple de Nicodème n'y paraît nulle part: il serait d'ailleurs contraire à l'esprit du *Consilium* qui pousse son destinataire à aller aussi loin dans l'«évangélisme» et dans l'évangélisation que sa situation dans une église «adhuc sub tyrannide papae» le lui permet. Certains actes de dissimulation ne sont ici que des moyens pour assurer au destinataire une base d'action plus à découvert.

2. L'intérêt de notre document ne se concentre pas sur le comportement du croyant individuel comme tel (ce qui est le cas des *Pandectes*), mais sur le membre du corps ecclésiastique – clerc ou laïc – et des responsabilités qui sont siennes dans une situation provisoire: «adhuc».

3. Les *Pandectes* de Brunfels ne parlent de la possibilité de cacher ses convictions que dans un chapitre bien délimité. Dans leur ensemble, les *Pandectes* ne contiennent rien qui puisse inspirer le programme de notre *Consilium*[38].

4. Pour ces raisons, nous avons fait çà et là quelques renvois au livre de M. Ginzburg sans renvoyer directement à Brunfels. Nous pensons montrer ainsi quelques rapports que le programme bucérien peut avoir sur certains points avec le nicodémisme en général, alors que rien n'indique qu'il en soit redevable à Brunfels ou à tel de ses émules éventuels.

Ce que nous venons de dire de l'œuvre de Brunfels peut être appliqué *mutatis mutandis* à celle d'Erasme. Nous avons attiré l'attention ailleurs[39] sur le fait que l'unionisme humaniste a des sources autres qu'érasmiennes, en particulier là où il met un si fort accent sur les questions liturgiques et canoniques. Il ne convient donc pas de chercher pour ainsi dire «derrière»

---

[37] C'est le lien qu'établit Ginzburg: *Nicodemismo,* entre Brunfels, la lettre de Bekesteyn à Polyphemus concernant la propagande de Capiton en faveur de notre document, et le document lui-même (attribué par lui à Capiton). Nous nous sommes expliqué sur le document et Capiton dans *Bucer's Memorandum of 1541.*

[38] La section sur la dissimulation au ch. 4, f. 51v., est une des plus brèves d'un ensemble à vrai dire fort disparate. On pourra ajouter à cette remarque celle d'Eire, *Calvin and Nicodemism,* p. 55: «When closely examined (. . .) the *Pandectae* bears [!] little resemblance to the «manifesto» described by Ginzburg». Cf. *ibid.* p. 50 sur le «reluctant evangelism of some humanists», c.-à-d. Briçonnet et Lefèvre qui à son tour manifeste certaines similarités avec le «nicodémisme» à proprement parler, sans pour autant s'y identifier.

[39] Fraenkel, *Beatus Rhenanus, commentateur de la liturgie,* en part. p. 248 et n. 10 *ibid.* et l'édition du texte, *Une lettre oubliée*. . . – Pour les rapports avec le *De sarcienda,* v. p. ex. LB 5, 501 sur les abus liés aux images; 502s. sur les dispositions intérieures.

notre texte le *De amabili ecclesiae concordia.* Certes, il y a des thèmes communs: la modération des cérémonies; l'importance du sentiment intérieur; mais nous sommes loin, chez Erasme, de la position centrale qu'occupent chez Bucer (comme d'ailleurs chez Rhenanus et Witzel) les questions de canonistique et de liturgie, placées d'ailleurs dans une perspective historique à laquelle Bucer accorde une grande importance, alors qu'Erasme n'en fait souvent que peu de cas.

Certes, on trouvera à plusieurs reprises dans notre document des échos d'idées d'Erasme. Le contraire serait d'ailleurs étonnant dans un texte émanant de Bucer. Mais pour son inspiration générale, nous pensons que cette autre variante du réformisme catholique, liée plus précisément aux noms de Rhenanus, Witzel et Gropper, doit être prise en considération.

7. La date de composition

Si la date rapportée sur les copies existantes nous donne un *terminus ante quem,* et la connaissance du *Typus* de Witzel un *terminus post quem,* il reste à cerner de plus près, si possible, la date à laquelle notre pièce fut composée.

Il est peu probable que le terme «descriptum», utilisé dans les copies datées de mai 1541, signifie «composé». Il pourrait, en revanche, fort bien caractériser la bonne copie, faite à l'intention du destinataire, immédiatement après la rédaction – ou la dictée – de l'original.

Pour notre part, nous pensons qu'il faut remonter quelques mois en arrière, à l'époque où le futur *Livre de Ratisbonne* fut achevé à Worms, pour trouver la date de composition de notre document.

Voici le faisceau de probabilités que nous avons déjà mentionné en passant:

1. Le *Consilium* – tout comme le *Livre* d'ailleurs – partage de nombreux points de vue avec la lettre que Bucer adressa le 19 janvier 1541 à l'évêque de Vienne, Frédéric Nausea. Cette parenté avec la lettre a été notée indépendamment par nous-même pour le *Livre* et le *Consilium*[40] et par le père Pollet pour l'atmosphère générale dans laquelle vivaient, fin 1540–début 1541, de nombreux réformistes et unionistes, dont les auteurs du *Livre*[41]. Nous voudrions ici souligner une fois de plus le rôle que joue dans une réforme – que Bucer voit comme une œuvre commune à son correspondant et à lui-même – la foi en la grâce seule d'une part, et l'usage des anciens canons d'autre part. De même, Nausea comme Bucer est

[40] Fraenkel, *Bucer's Memorandum,* pp. 578, 581f.
[41] Pollet, *Bucer,* t. 1, p. 106.

supposé voir dans la perversion des «cérémonies» le grand mal qui doit être réformé[42].

2. Un deuxième indice nous est fourni par les idées réformistes du *Consilium:* elles concernent un homme vivant «adhuc sub tyrannide papae» mais qui, de toute évidence, possède une liberté de manœuvre – au moins aux yeux de notre auteur. Or, c'est bien à cette même époque, avant la déconvenue de Ratisbonne, que de telles réformes en douce étaient le plus facilement concevables – même si nous devons admettre que Bucer fut parmi les derniers à perdre ses illusions, ce dont témoignent aussi bien les copies de 1541 et de 1544 que les annotations dans les *Alle Handlungen* que nous venons d'évoquer.

3. Les attitudes et les réformes qu'envisage Bucer ne concernent en rien la papauté elle-même qui reste comme absente de la scène[43]. Or, nous savons qu'à Ratisbonne même, la présence du Légat Contarini rendait inévitable l'intervention du siège romain et Bucer en était certainement conscient. Notre *Consilium* se trouve en cela plus proche du *Livre de Ratisbonne* à sa naissance lors du colloque secret de Worms à Noël 1540, que du sort qu'on lui fit à Ratisbonne même en mai 1541[44].

4. A ces considérations d'ordre général, ajoutons-en quelques-unes plus particulières. Dès le 22 novembre 1540, Bucer est au courant du nouvel édit publié au Pays-Bas en faveur de l'uniformité religieuse. La lettre que Bucer adresse à ce sujet au Landgrave rappelle d'assez près les gestes de conformité avec les usages religieux dont notre *Consilium* fait, lui aussi, état[45].

5. Des contemporains, collaborateurs étroits de Bucer avant de se détourner de lui, considèrent également l'hiver 1540–41 comme la période où Bucer partageait le plus largement leurs vues unionistes et réformistes: «Ich weiss mich noch wohl zu erinnern – écrira Gropper en 1545 – das ich (. . .) mich vernehmen lassen hab, wie er selber [Bucer] gestehen muss,

[42] *Epistolarum,* p. 294ss. Les canons anciens, p. 296; le sola gratia (cf. *Consilium,* ch. 2, par. 47), *ibid.* 295: «homines (. . .) doceantur nihil ex se nisi perditionem, veram autem salutem ab uno Christo (. . .) habere (. . .) credentes fide, quae natura sua per dilectionem ad omne bonum opus efficax (. . .) sit . . .». P. 297: «Vides et defles divinissima sacramenta et alias ceremonias (. . .) ad inanem externi operis fidutiam prostitui et vendi».

[43] V. p. ex. la dépêche de Campeggio, Worms, 23 déc. 1540, *Nuntiaturber.* 1:6, 86ss., sur la faiblesse numérique et théologique de ceux sur qui peut compter le parti romain. On peut contraster ce défaitisme avec l'optimisme de l'autre bord: v. p. ex. *Pol. Con. Str.* 3,103, la dépêche de l'ambassadeur Kopp de Bruxelles, 26 sept. 1540, sur la manière dont les progrès du «die lutherei» inquiètent le gouvernment, puisqu'elle se répand jusque dans la cathédrale de Spire.

[44] V. p. ex. Contarini à Farnese, le 11 mai 1541, Pastor, *Correspondenz,* p. 383. Morone à Farnese, du même jour, Dittrich, *Regesten,* 181.

[45] Lenz: *Briefwechsel,* 1,237: il faut saluer les statues en public; les gens mettent des autels et des livres pieux (romains) dans leurs maisons . . .

dass ich dafür hielte, das alle wohlhergebrachten ceremonien bei der administration der heiligen sacramenten und anderen breuch (. . .) auch hinfüro gotseliglich könten und billich solten pleiben (. . .) und das on alle geferlichkeit alles besorgten abergläubischen vertrawens uff das blosse eusserlich werck wohl geschehen künte (. . .) Und weiss mich daneben zuerinnern, das er domals soelcher meiner meynung mit gar zuowider gewesen sey. . .» Et Gropper de détailler nombre de tels rites, approuvés par Bucer, à Noël 1540 et critiqués depuis: le baiser donné par le célébrant à l'autel, la salutation du crucifix porté parmi les fidèles lors de la «Pax». . .[46]

6. Il existe dans notre *Consilium* des rapports étroits avec ce que nous savons des négotiations secrètes de Worms, où le *Livre* fut élaboré. Ainsi Bucer nous apprend que l'on y insiste beaucoup sur l'intercession pour les défunts. Cette idée serait acceptable, car l'Ecriture nous enseigne que tous les chrétiens sont membres d'un seul corps et que les fidèles défunts, eux, prient pour nous sans cesse. Ainsi nous aussi, nous pouvons «solcher lieben heiligen mit ehren gedencken, den herrn in ihnen preisen, und dann auch vom Vater durch Christum zu bitten, dass er ihr gepett für uns erhören (. . .) wölle»[47]. Le *Consilium,* quant à lui, contient un passage qui avance les mêmes arguments[48].

7. Le dernier et peut-être le plus important de nos arguments se situe dans un contexte très général, mais il représente un point précis et même un événement unique et marquant. On sait qu'à divers moments le parti évangélique s'était fait reprocher du côté romain ce que Mélanchthon caractérisait en ces termes: «atrox crimen est ecclesiae desertio»[49].

Or, dans le discours d'ouverture que Granvelle tint devant les Etats assemblés à Worms le 25 novembre 1540, le chancelier réussit à présenter cette problématique sous un jour différent et d'une manière qui laissa une impression profonde sur tous ses auditeurs. Après les avoir exhortés à faire de leur mieux pour l'unité et le bien-être de la «res publica Christiana», si profondément affligée par des maux dont le schisme était de loin le pire, il ajouta qu'il convenait désormais d'avoir recours à cet «olim usitatum refugium», soit une congrégation d'hommes sincères, pieux et iréniques,

---

[46] *Wahrhaftige Gegenberichtung,* f. 45r.v. Cf. notre *Consilium,* ch. 6, par. 86s.

[47] Bucer au Landgrave, 31 décembre 1540, Lenz: *Briefwechsel,* 1,288. Cf. aussi *ibid.* p. 289, «weil wir (. . .) in der ufferstendnus wider zusammenkommen sollen und sie mit uns auf dieselbige warten . . .»

[48] V. *Consilium,* ch. 14, par. 199s.

[49] Réponse du 9 décembre 1540 au discours tenu la veille par le légat Tommaso Campeggio, CR 3,1196. On comparera la scène que provoqua une accusation semblable portée par Eck lors du colloque de Worms le 14 janvier 1541, CR 4,34 (Eck: «qui a nobis exierunt») et la réplique de Mélanchthon, *ibid.* col. 37 («obiiciens crimen desertae ecclesiae»).

aptes à restituer la «communis concordia». «Addo – s'écria-t-il – quod Christus crucifixus, extensis et expansis bracchiis ab omnibus ordinibus hoc petat», un désir partagé non seulement par l'empereur, le pape et le roi des Romains, mais: «hoc omnes, qui vere pii et Christiani sunt, postulant». Et après avoir évoqué une fois de plus les misères de l'Empire, il se mit à pleurer en poursuivant: «Per viscera misericordiae Christi, per eius passionem vos obtestor (. . .) ut (. . .) in hoc omnes ingeniorum nervos intendatis ut Christi Iesu inconsutilem tunicam, tam misere laniatam (. . .) resarciatis et instauretis, memores illius nominis, quod in sacrosancto baptismi lavacro Christo dedistis [!]. . .»[50].

Nous connaissons l'impression que ce passage et ces larmes – qu'elles aient été sincères ou voulues – ont eue sur les auditeurs. Si les Saxons semblent avoir été peu touchés[51], Bucer en avait surtout retenu l'accusation déjà connue de la *desertio ecclesiae*[52]. D'autres, comme Martin Frecht d'Ulm, étaient plus impressionnés par le style «pathétique»[53]. Mais dans l'ensemble, il semble que l'appel et les larmes du chancelier n'aient pas manqué leur effet: «La commosso l'animo di tutti, di sorte quod vix aliquis poterat se continere a lachrimis et così si e dato principio al colloquio»[54].

Si nous avons tant insisté sur ce détail, c'est que le lien entre l'unité de l'Eglise et le fait du commun baptême forme aussi le point de départ des arguments contenus dans notre *Consilium.*

En conclusion, nous pensons que tous ces éléments, pris ensemble, tendent à montrer que la date de composition de notre document pourrait bien être plus proche de l'hiver 1540–41, époque où le *Livre de Ratisbonne* prit naissance, que du printemps suivant, où il fournit la base du colloque bien connu.

---

[50] CR 3,1166s. Roeder: *De coll. Worm.*, docum. N, p. 61 (tiré de la même source) a la même leçon. Le résumé *ibid. sup.* document M, qui pourrait être la dépêche des ambassadeurs de Saxe, dit mieux: «nominis Christiani in sacrosancto baptismate sortiti». Chez Sleidan: *Commentarii,* livre 13, f. 219v., qui reproduit l'appel pathétique sans mentionner les larmes, on lit: «memores videlicet nominis Christiani quod in sacrosancto baptismo sint consecuti».

[51] Réunis WABr 9, 281s., en guise d'introduction au rapport de Mélanchthon à Luther, *ibid.* 282. Cf. aussi Augustijn: *Godsdienstgesprekken,* p. 50 et n. 6.

[52] Bucer au Landgrave le 26 novembre 1540, Lenz: *Briefwechsel,* 1,244. Lorsque Granvelle en fut averti, il fit dire que selon lui *tous* étaient également coupables de l'état des choses. Cf. aussi Cruciger à Jonas, 30 novembre, CR 3,1183.

[53] Frecht à Schuler, après le 26 novembre, Herminjard: *Correspondance* 6,393.

[54] Sanzio à Farnese, le 25 novembre 1540, *Nuntiaturber.* 1:6,34. Cf. le rapport anonyme, sans doute vénitien, *ibid.* p. 282: «haec cum elegantissimo perorasset sermone [c.-à-d. le besoin de concorde] subiunxit epilogum orans lachrimantibus oculis per amarissimam Christi passionem, per viscera misericordiae Dei, ut posthabita mutua dissensione ad concordiam redirent». – Pour le baptême et l'unité de l'Eglise v. p. ex. *Consilium,* ch. 2, par. 18s. et 35ss.

8. Le destinataire

Le destinataire de notre texte, le «quidam vir» du titre, reste anonyme, et la correspondance de Bucer ne permet pas de l'identifier[55]. Il existe bien une lettre datée du 21 janvier 1542, écrite en allemand, et dans laquelle Bucer et le clergé de Strasbourg recommandent à une communauté «évangélique» un certain Quirinus Hoyfing, qui doit quitter Strasbourg pour rejoindre sa patrie (aux Pays-Bas?). La lettre explique – en reprenant quelques-uns des arguments de notre *Consilium* – que ce personnage se conformera aux usages religieux («romains») de son entourage, et prie la communauté en question de ne pas lui en tenir rigueur et d'accepter ce comportement[56]. La date, la langue et la teneur de cette lettre montrent que si la situation envisagée est comparable, cet écrit de 1542 et les personnes qu'il concerne n'ont pas de rapport direct avec notre mémoire. Peut-être conviendrait-il plutôt de la mettre en rapport avec la lettre de Capiton connue par un message du Néerlandais Bekesteyn à Felix Rex Polyphemus, bibliothécaire à Königsberg, que Ginzburg a discuté en son temps et dont Pollet a repris le dossier depuis[57].

Cela dit, il convient de cerner de plus près la partie de l'Europe à laquelle nous devons nous intéresser et le type de personnage que nous devons y chercher.

Les deux documents que nous venons de mentionner concernent le nord-ouest du Saint-Empire; en termes ecclésiastiques, la province de Cologne et ses environs. Deux éléments de notre *Consilium* suggèrent également que le destinataire s'y trouve ou devra s'y trouver: la mention de Béguines et de Beghards, plus nombreux dans ces régions qu'ailleurs, et l'emploi du vin d'ablution dont il est question à propos de la communion «sub utraque»[58].

---

[55] Renseignement aimablement fourni par M. Jean Rott, éditeur de la *Correspondance*.

[56] Cette lettre (copie) a été découverte par M. Hartmut Rudolph de la Bucer-Forschungsstelle de Munster-en-Westph. à la Bibliothèque Jagellonienne de Cracovie. Une autre copie se trouve à la Bibliothèque de Berlin. Je tiens à remercier ici M. Rudolph de m'en avoir aimablement fourni une transcription et des photocopies.

[57] Ginzburg: *Nicodemismo,* en part. pp. 135–142; 146–148. Pollet: *Bucer* 1, ch. 24, pp. 292–311. Pollet a cependant tort, p. 308s., de penser que cette attitude de Bucer n'est que passagère: le fait qu'il ait fait recopier le *Consilium* en 1544 et qu'il en ait emporté un exemplaire en Angleterre démontre le contraire.

[58] Cette supposition est encore renforcée par le fait que dans cette région on trouvait de nombreuses personnes «essendo in mente quasi tutti Lutherani, se bene per timore non si scoprano». Farnese au pape, 25–27 février 1540, *Nuntiaturberichte* 1:5, 98. Cf. le sentiment semblable dans une dépêche du 5 avril, *ibid.* p. 148. Quant aux Strasbourgeois, ils savaient qu'ils avaient des sympathisants jusque dans les conseils de l'empereur lui-même («ein vornemer rat»): Kopp de Bruxelles à Strasbourg, le 20 novembre 1540, *Pol. Corresp. Strasbourg,* 3,99s.

Quant au type de personnage, nous pensons qu'il en faut envisager deux: soit une personne très jeune, soit quelqu'un de très en vue et dont Bucer s'efforce de cacher l'identité pour lui assurer un maximum de sécurité. C'est de l'une de ces deux manières, pensons-nous, que s'expliquent le mieux toute une série de caractéristiques de notre document. Le titre solennel d'abord, avec son «celeberrimus professor». Puis l'image si floue du destinataire: assez jeune pour s'engager dans une carrière ecclésiastique; engagé dans une telle carrière, mais à titre d'aumônier privé – ou encore en tant que recteur de paroisse ou même de simple altariste ou membre du haut clergé à qui il convient de faire toute une théorie de la hiérarchie ecclésiastique ancienne et de sa déformation actuelle. Célibataire et qui peut le rester; célibataire qui se mariera, au prix de faire passer sa femme légitime pour sa concubine. Laïc qui le reste et qui doit avoir recours à des voies détournées pour communier «sub utraque» ou ne pas se faire remarquer lorsqu'il entre à l'église. Prédicateur chargé de modérer les fastes funèbres...

En dépit des apparences, le même flou pourrait bien exister aussi dans la dernière partie de l'ouvrage. Certes, c'est Calvin que Bucer y attaque. Mais en fait, Bucer se distance aussi de ses propres écrits d'une période antérieure – les *Grund und Ursach* avant tout – et il n'est pas absolument indispensable que le destinataire ait été lecteur de Calvin. Cette partie de l'ouvrage pourrait tout aussi bien s'adresser à quelqu'un qui éprouverait des sympathies pour les réformes strasbourgeoises des années 1520, et se demanderait ce qu'elles deviennent sous le système que Bucer propose ici[59].

Pour terminer, faisons encore remarquer que rien ne prouve que Bucer ait connu le destinataire personnellement. Si notre seconde hypothèse – celle d'un destinataire très en vue et désireux de se cacher – est la bonne, on peut très bien envisager aussi qu'il ait employé un ou plusieurs intermédiaires pour solliciter l'avis du théologien strasbourgeois.

9. Quelques destinataires possibles

Si nous devons penser à un destinataire jeune, Gaspard de Niedbruck, né à Metz en 1525 d'une famille ancienne et distinguée, neveu du médecin et diplomate messin Jean-Bruno, se présente à l'esprit. Alors que l'oncle

[59] Il faut cependant reconnaître que d'autres que Bucer ressentaient l'incompatibilité entre le réformisme de ces années et la position de Calvin: le 29 août 1540, Dittrich: *Regesten,* 133: il vient de recevoir l'*Institution* «qual mi pare sia composta direttamente contro questo concilio» (il s'agit de celui de Cologne, c.-à-d. le Catéchisme de Gropper, que Cortese se propose de faire réimprimer).

représentait sa patrie à Worms et à Ratisbonne[60], le neveu, après avoir fait en 1539 des études à Strasbourg – où il avait suivi des cours de Calvin – s'apprêtait à poursuivre sa formation à Orléans, où il se trouvera en 1544, avant de gagner Erfurt, puis Wittenberg en 1546 et l'année suivante encore Padoue et Bologne – série d'études qui lui vaudront un poste de conseiller d'abord à Bruxelles chez l'Empereur, puis chez Ferdinand, roi des Romains, et Maximilien II, roi de Bohême (avant de devenir empereur à son tour), personnage dont les sympathies luthéranisantes sont aussi connues que l'hostilité de ses prédécesseurs envers de telles idées[61]. On voit sans difficulté le profit qu'un très jeune homme de cette sorte, désireux d'embrasser une telle carrière, pouvait espérer tirer de notre document, que son oncle aurait bien pu lui procurer.

Si l'on songe plutôt à l'autre possibilité, celle d'un homme déjà en vue, le choix est infiniment plus grand. On pourrait avancer par exemple le nom de Jean de Naves, né au début du siècle à Arlon dans les Ardennes, juriste qui, à l'époque qui nous intéresse, est déjà depuis des années au service de l'Empire. Ici, il nous suffira d'extraire de sa biographie, excellemment décrite par Hasenclever[62], les quelques éléments susceptibles d'attirer notre attention dans le contexte particulier qui est le nôtre:

On sait qu'à l'époque des colloques interconfessionnels, Naves fut lentement et discrètement promu, d'abord comme aide de Granvelle, jusqu'à remplacer Matthias Held, ennemi de tout arrangement avec les évangéliques, au poste de vice-chancelier. Or, le «Greffier du Luxembourg» – comme on le nomme souvent – n'avait pas seulement visité Strasbourg en 1524 «wo er sogar in durchaus protestantischen Kreisen verkehrte», mais où il alla jusqu'à participer au mariage d'Hédion, mariage qui avait alors valeur d'une démonstration publique en faveur du mariage des clercs[63]. Mais il y a mieux: dans un message de novembre 1540 envoyé de Strasbourg aux délégués de la ville réunis à Worms, Hédion décrit une visite que vient de lui faire son vieil ami, lui-même entre temps marié, bien que propriétaire d'un nombre de bénéfices dont le prévôté de Manille. Pour Hédion, Naves est «ein liebhaber des evangelii und der erbarkeit»[64]. «Summa, ich befinde disen Naves einen guten man, (. . .) der das best zu der protestierenden sach redet. est vir candidus und ein guter Strassburger». En plus, il est convaincu de la grande valeur des théologiens

---

[60] Tribout de Morembert: *La Réforme*, t. 1, p. 115–123.

[61] *Allgem. deutsche Biographie*, t. 52, 621–629. Sur le luthéranisme de l'oncle, *ib*. p. 618.

[62] Hasenclever: *Naves*, dont nous tirons les renseignements qui suivent, sauf indication contraire.

[63] *Op. cit*., p. 302.

[64] *Op. cit*., p. 286s.; *Pol. Corresp. Str*. 3,118.

protestants présents à Worms et a mis Hédion en rapport avec le secrétaire impérial Veltwyck. A la même époque, Mélanchthon aussi caractérise Naves comme «pius, nostrae doctrinae amans»[65]. Il est tout à fait concevable qu'un tel haut fonctionnaire impérial, partisan à la fois de la Réforme et de la concorde, ait eu des scrupules et qu'en «guter Strassburger» il ait demandé conseil au chef des théologiens strasbourgeois. Ce que nous savons de son attitude religieuse durant les années qui suivirent les grands colloques peut encore nous confirmer dans cette interprétation du personnage[66].

Dans le même entourage impérial, nous pouvons identifier un autre destinataire possible, bien que moins probable: le chevalier Gérard de Veltwyck, secrétaire de l'empereur, un juif converti.

Sa biographie reste à écrire[67] et les années qui nous intéressent particulièrement restent parmi les plus obscures de sa vie – en dehors de son activité strictement politique, bien entendu.

Voici pourtant trois arguments qui tendraient à rapprocher Veltwyck du milieu qui nous préoccupe. Premièrement sa collaboration très étroite avec Naves dans les négociations secrètes en faveur d'une concorde, tenues à Worms. En second lieu et contrairement à son collègue, Veltwyck participa aux sessions secrètes ou le *Livre* fut élaboré et l'on a pu – bien plus tard, il est vrai, et sans bonnes raisons – voir en lui le véritable auteur de cet ouvrage[68]. Tout comme Naves, Veltwyck est caractérisé à plusieurs reprises par les protestants de «in der schrift gelehrter», «ein junger wundergelehrter man».

A ces éléments déjà connus, ajoutons encore un détail: dans son *Liber de fide,* traduit en latin par Paul Fagius et publié en 1542, mais composé quelques années plus tôt déjà (peut-être en même temps que les *Shwilei Tohu* que Fagius mentionne dans sa préface[69]), Veltwyck parle des images

[65] 14 nov. 1540 à Milch, Cr 3,1156; cf. Hasenclever: *Naves,* p. 302s. Pour ce qui suit, v. Bucer au Landgrave, 14 décembre 1540, Lenz: *Briefwechsel* 1,269: Bucer a entendu la première rumeur d'une réunion où l'on devait préparer le futur «Livre de Ratisbonne» à la «table de Cologne» où il dînait avec Veltwyck et Naves!

[66] P. ex. ARC 3,444: dépêche de Léonhard von Eck au duc de Bavière, janvier 1544: c'est «reclamante Navia» que l'on a, du côté impérial, fait trop de concessions aux luthériens. *Ibid.* pp. 445s.: Naves, en son nom propre, propose une réforme commune dans l'Empire, sous l'égide de l'empereur lui-même. *Ibid.* p. 515: en août 1545, c'est lui qui, désormais contre l'avis de Granvelle, propose un nouveau colloque (qui se tiendra à Ratisbonne en 1546).

[67] Rosenberg: *Veltwyck,* est excessivement bref; Pollet: *Bucer* 1, ch. 4 (pp. 35–49), traite en grande partie de la carrière ultérieure de notre personnage.

[68] Témoignages réunis chez Rosenberg, pp. 26–30. V. surtout Augustijn: *Godsdienstgesprekken,* ch. 6, en part. pp. 59–63. Augustijn pense (p. 61) que lors des réunions secrètes Veltwyck aurait surtout joué le rôle d'observateur pour le chancelier.

[69] Sur les *Shwilei Tohu* v. Rosenberg: *Veltwyck,* pp. 11–25. Cet ouvrage parut à Venise chez Bomberg en 1539. Fagius le mentionne dans sa préface au lecteur, f. A3v.

dans les églises chrétiennes parmi les éléments de la foi chrétienne que les juifs trouvent choquants. Outre quelques éléments quasi obligatoires, tels les chérubins au-dessus de l'arche[70], on peut y lire: «Nec Christiani colunt imagines (...) necque credunt, quod sit in eis aliqua virtus, aut quod possunt ipsis auxiliari. Quin potius ipsi adorant et colunt Deum suum iuxta imaginem...» Quant aux images des apôtres, elles sont là pour nous rappeler leurs œuvres, leurs vertus, leurs souffrances[71]. Bien entendu, il s'agit ici de rendre l'emploi des images acceptable aux juifs. On peut néanmoins se demander si un chrétien d'un type plus «traditionnel», plus attaché aux valeurs des images que ne l'est notre *Consilium,* n'aurait pas trouvé, même dans une apologie adressée aux juifs, des accents plus forts. En dehors de la cour impériale et des personnes directement impliquées dans les tentatives d'union de 1540–41, on peut encore penser à des personnes comme Dietrich IV de Manderscheid[72]. Pour caractériser sa position, on peut relever qu'en 1535 il fonde un hôpital et des messes de requiem, mais prévoit dans la charte que si un concile général venait à supprimer les messes pour les morts, l'argent en irait aux pauvres de l'hôpital[73]. Sans qu'il tende nettement vers la Réforme – il fera un don à une confrérie du saint-sacrement encore en 1547 – il penche pour un réformisme apparenté à celui des ducs de Clèves et de son cousin l'archevêque de Cologne Hermann von Wied, dont il est un des conseillers, en particulier aux diètes de 1540–41. Cette attitude lui vaudra, à lui et à sa famille, une dénonciation comme fauteurs d'hérésie auprès de l'archevêque de Trèves – dénonciation contre laquelle il se défendra avec succès. Du reste, il est pensionnaire de l'Empereur[74]. Le testament que le comte rédige en décembre 1540 reprend les dispositions de 1535 dont nous venons de parler, mais son dernier testament, de 1551, insiste fortement sur des funérailles simples et des dons à faire aux pauvres – éléments proches de notre *Consilium*[75].

Sans nécessairement identifier le destinataire avec le comte lui-même, on peut bien penser qu'il s'agit de quelqu'un de son entourage, comme son collègue diplomate, le comte Guillaume II de Neuenahr, neveu de l'archevêque von Wied par son mariage et étroitement associé aux convictions et

---

[70] *Liber fidei,* p. 40.
[71] *Ibid.* pp. 41, 42.
[72] Rott: *Politique rhénane.* Le 21 mars 1541, Lenz: *Briefwechsel* 2,23, Bucer associe très étroitement Gropper, Manderscheid et Naves au groupe des princes et évêques favorables à une réforme commune. Dans une lettre à Nausea du 20 décembre 1540, Eck blâme Manderscheid d'avoir été, avec Granvelle, le premier promoteur du Livre de Ratisbonne: *Epp. Nauseae,* p. 330.
[73] *Op. cit.* n. 15.
[74] *Op. cit.* n. 24 et 61; et pp. 50ss.
[75] *Op. cit.* pp. 58s.

à la politique de Manderscheid, tout en étant, lui aussi, au service de l'empereur[76]. Sans jamais renier son appartenance à la communion romaine, on sait que dès 1532 il avait favorisé la réforme dans le comté de Moers qui lui appartenait[77].

Tout en restant dans le même milieu, on peut encore franchir un pas. Le fils du comte, Hermann, né en 1514, et qui lui succédera en 1552, était, lui aussi, au service de la cour de Bruxelles, notamment en 1542–44, en qualité de commandant de cavalerie. On pouvait dire de lui, encore en 1566, dans un rapport à Philippe II: «cuando està con los católicos, en las palabras y obras es luterano, y cuando está con luteranos, en la mismas es católico . . .»[78]

Si les personnages dont nous avons parlé jusqu'ici nous semblent être plutôt les types de destinataires du document original, le choix est évidemment bien plus grand encore pour la copie de mai 1541. Certains d'entre les premiers pourraient fort bien convenir ici. En plus d'eux, on peut songer à quelqu'un comme Jean Sleidan – né sur les terres des Manderscheid! – dont les sympathies avec le mouvement luthérien sont trop connues pour que nous ayons besoin de les détailler ici, mais dont la carrière jusqu'en 1545, année où il entre au service de la Ligue de Smalcalde, reste dominée par le service de la cour de France[79]. A cela ajoutons que Sleidan connaissait les écrits de Calvin à qui il adressa une lettre de Paris à Strasbourg en 1539[80], détail qui est peut-être à rapprocher avec la dernière partie de notre *Consilium*.

Une fois de plus, ce qui est vrai d'un personnage central s'applique peut-être tout aussi bien à certains membres de son entourage. Nous pensons ici surtout à Antoine Morelet du Museau, agent diplomatique du roi de France, surtout en Suisse. Sa sympathie avec les réformés serait allée, en 1537, jusqu'à lui faire traduire la liturgie de Berne en français à l'usage des Genevois[81]. En 1541, on le voit étroitement associé aux missions de Sleidan dans l'Empire, et Bucer pense qu'il est si bon chrétien, qu'il exécute peu volontiers les missions que lui confie le roi son maître,

---

[76] Rott: *Op. cit.* pp. 51–53.

[77] Köhn: *Bucers Entwurf,* p. 15; Neuenahr à Gropper, 2 sept. 1541, éd. Braunisch, CC 32,205, n. 1. Rotscheid; *Wie wurde . . .* (*passim*).

[78] *Allgem. deutsche Biogr.*, 23, 486–488. Le rapport cité p. 487.

[79] Baumgarten, *Sleidan,* pp. XIIs. Cf. pp. 58ss.: en été 1540, Sleidan passe par Strasbourg; en 1541, il est deux fois en mission dans les Allemagnes. Aux nombreuses données de Baumgarten, ajoutons cette note de Bucer au Landgrave du 4 février 1541, Lenz: *Briefwechsel* 2,4: Sleidan (comme Morelet qui l'accompagne) «ist ein guter christ, der auch dem antichrist gern ab dem wege hilffe».

[80] *Op. cit.* p. 3s.

[81] Herminjard, Fiches alphabétiques, *s.n.*

sauf dans la mesure où il se persuade qu'elles servent à l'avancement du royaume du Christ[82].

Voilà une liste déjà trop longue de destinataires possibles, tous plus ou moins connus des historiens. On ne peut cependant pas négliger la possibilité qu'au moins le tout premier destinataire ait totalement réussi à garder son anonymat. En outre, une autre possibilité n'est pas totalement à exclure: à savoir que notre *Consilium* – en dépit du *quidam vir* de son titre – n'ait pas été écrit en premier lieu pour un personnage particulier, mais plutôt pour des hommes qui se trouveraient dans ce certain type de situation, et que des copies aient ensuite été faites pour différents intéressés, au fur et à mesure des besoins. Cette interprétation expliquerait peut-être mieux qu'une autre la figure protéenne du destinataire. Le fait que tant d'années plus tard Matthew Parker ait encore fait recopier ce même document pour lui-même, et que des théologiens élizabéthains et jacobéens l'aient trouvé à leur goût, pourrait encore étayer cette hypothèse.

10. Notre édition

Il apparaît, de ce que nous avons dit plus haut des témoins qui survivent, que L, bien qu'écrit hâtivement, est notre texte de base. Nous y avons incorporé tacitement toutes les petites corrections purement formelles – surtout des lettres mal formées, et retracées à l'encre plus noire soit par le premier scribe, soit par un second scribe (à moins qu'il ne s'agisse de la même personne), soit par Hubert lui-même.

Nous avons en revanche relevé dans l'apparat une note de Lenglin lui-même et les nombreuses interventions de Hubert (sigle: H) qui affectent le style ou le sens. Nous avons procédé de même pour les passages que Hubert a marqués dans le but, non réalisé, d'y apporter une correction.

L'apparat de variantes contient en outre toutes les variantes – autres que purement orthographiques – du ms. de Parker, seul autre témoin dont il est probable qu'il remonte à l'époque de Bucer lui-même. Chose importante: certaines leçons de P pourraient bien être plus proches de l'original – ou reposer sur un modèle meilleur (en toute probabilité l'exemplaire emporté par Bucer) – que celles de L.

Dans l'apparat, nous avons distingué les apports du scribe de Parker (P), responsable de l'ensemble du manuscrit, et les notes, corrections et marginales de la main de l'archevêque lui-même (A).

---

[82] Bucer au Landgrave, 4 février 1541, Lenz: *Briefwechsel* 2,4. Calvin à Farel, 11 mai 1541, Herminjard: *Correspondance*, 7,114s. le traite aussi de «vir pius et cordatus», dévoué à la cause des évangéliques de France.

La numérotation des paragraphes est celle de L. Vers la fin de ce ms., on n'a plus numéroté les paragraphes que par groupes de dix et nous avons inséré les chiffres manquants entre crochets. La numérotation du ms. de Parker est souvent décalée d'une ou deux unités. Nous avons noté ces décalages au début de l'apparat de chaque chapitre. Il convient d'y prêter une attention particulière en suivant les renvois faits par Parker d'une partie du document à l'autre: les numéros des paragraphes qu'il y indique sont, bien entendu, les siens!

Nous avons renoncé à noter dans l'apparat les variantes d'orthographe. Notons ici la tendance de P à écrire *presbiteri* (pour *presbyteri*), *hiis* (pour *iis*), *idolatria* (pour *idololatria*) et de préférer l'«e» simple, p. ex. *preter, anime* (pour *praeter, animae*) que L écrit d'ailleurs souvent à l'aide du «e» cédillé. De tels usages, très uniformes en P, demeurent variables en L, où tant Hubert que le ou les autres correcteurs ont tenté de donner aux mots une forme néo-classique, mais sans y parvenir partout.

Si nous avons respecté ces variations, nous avons en revanche transcrit le «e» cédillé par «ae», et modernisé et uniformisé l'emploi de «v», «u» et «i».

La forme des renvois aux livres bibliques est celle de L. Nous n'avons pas donné dans l'apparat les variations purement formelles de P (p. ex. «1 Cor» – «prior ad Cor.»).

Selon l'usage de notre série, nous avons employé des coudes ⟨ ⟩ pour indiquer des rajouts hors texte qui sont destinés à être insérés dans le corps du texte. ▯ marque en revanche une note marginale conçue comme telle. Là où nous notons dans l'apparat «▯ *trait*», il s'agit d'un trait vertical tout le long du paragraphe et qui n'est, de toute évidence, qu'une façon d'en souligner l'importance.

Dans la partition du texte, nous sommes intervenu de deux manières, que l'on repérera sans difficulté par l'emploi du français à la place du latin. Nous avons d'une part divisé l'ensemble du document en six grandes sections dont les trois centrales traitent des trois sortes de cérémonies, et sont précédées et suivies par une introduction générale, une attaque contre Calvin et une conclusion. D'autre part, en quelques endroits où les sous-titres de L nous semblaient par trop lapidaires, nous les avons complétés; dans la cinquième partie, où ils faisaient le plus souvent défaut, nous les avons suppléés au mieux, en nous inspirant des têtes des chapitres existants.

Ajoutons que si Bucer ou ses scribes ont introduit la numérotation des paragraphes, celle des sections et des chapitres est l'œuvre des éditeurs.

Sigles et abréviations dans l'apparat et les notes

L = scribe du ms. Lenglin
H = corrections par Conrad Hubert au texte de L
P = scribe du ms. Parker
A = ajouts et corrections de la main de Parker lui-même

N.B.: l'importance de certains alinéas est marquée d'un trait marginal. Dans P, ce trait prend souvent la forme d'une ligne sinueuse, couronnée de traits joints (astérisque?). Nous n'avons pas tenté de distinguer ce signe des autres traits latéraux. En revanche, nous avons transcrit «Nota» un signe qui tantôt ressemble plus à un «N» majuscule, tantôt à un obel vertical.

add = leçon supplémentaire
om = omission
▯ = note marginale
Ap = apud: source de matériaux ou d'idées
Adv = adversus: texte combattu

Les renvois qui suivent se terminent au besoin par les qualifications suivantes:

(*e*) = extrait
(*p*) = paraphrase
(*r*) = résumé
(*i*) = reprise d'une idée
(*t*) = reprise d'un texte (biblique ou patristique)
– Citations bibliques en italique
– Autres citations entre guillemets doubles
– Paraphrases entre guillemets simples

L'emploi des éditions bibliques:
Vg. = Vulgate
Er = N.T. d'Erasme
ErP = Paraphrase d'Erasme

Il nous reste l'agréable devoir de remercier les collaborateurs de l'Institut d'histoire de la Réformation à Genève pour leur aide constante. Que nos collègues Heiko A. Oberman et Marc Lienhard, directeurs responsables de ces série et sous-série, qui ont accueilli notre travail, trouvent, eux aussi, l'expression de notre reconnaissance. Nous remercions de même les Master and Fellows of Corpus Christi College, Cambridge, et en particulier le bibliothécaire, le Dr Page, ainsi que les conservateurs des manuscrits de la Bibliothèque Bodléienne à Oxford, de la Bibliothèque universitaire de Cambridge et de la British Library de nous avoir donné accès aux ms. que nous avons consultés et d'avoir autorisé la publication de ceux que nous présentons ici.

M. Carlo Ginzburg nous a très aimablement procuré une photographie du filigrane du fragment qu'il avait lui-même publié jadis et qui est conservé à l'Archiginnasio de Bologne.

M. Christoph Burger de Tubingen a répondu avec son amabilité coutumière à des questions concernant Jean Gerson. Last but not least, nos collègues des instituts frères, le GRENEP de Strasbourg et le Bucer Institut de Munster-en-Westphalie nous ont aidés de multiples manières qu'il serait fastidieux d'énumérer. Qu'ils trouvent tous ici l'expression de notre reconnaissance.

Genève, automne 1985 P. Fraenkel

P.S.: Dans un article à paraître dans ARG 1989, sous le titre de *Martyrdom or Mission? A Protestant Debate*, M. Peter Matheson attribue à notre document une origine, un destinataire et un adversaire différents de ce que nous avons proposé dans cette introduction: le destinataire serait le radical néerlandais Johannes Bekesteyn; «l'adversaire» en premier lieu, Bullinger; et l'origine du document serait à chercher dans des débats internes à l'Eglise de Strasbourg et non pas dans ses relations externes. Sans me rallier à ces thèses, je tiens à les signaler à l'attention du lecteur et à remercier M. Matheson de m'avoir communiqué son manuscrit en automne 1987.

Genève, février 1988 Pierre Fraenkel

Consilium theologicum in cuiusdam viri gratiam privatim conscriptum quo authoritate sacrarum literarum ostenderet: an et quatenus Christiani, in ecclesiis pontificia tyranide [!] adhuc pressis degentes, illarum ritibus et peractionibus comunicare [!] possint; quisquoque uniuscuiusque ritus sit fons verus, usus, atque abusus. Authore sanctissimo et celiberimo [!] sacrarum literarum professore Martino Bucero

Ad .1. Corinth. 9 [19–22][1]

Cum liber essem ex omnibus, omnibus[a] *me servum feci, ut plures lucrifacerem. Et factus sum Iudeis tanquam Iudeus, ut Iudeos lucrarer; iis, qui sub lege sunt, quasi sub lege essem, cum ipse non essem sub lege, ut eos, qui sub lege essent, lucrifacerem; his, qui sine lege erant, tanquam sine lege essem (cum sine lege non essem, sed in lege essem Christi) ut lucrifacerem eos, qui sine lege erant. Factus sum infirmus infirmis ut infirmos lucrifacerem. Omnibus omnia factus sum, ut omnes facerem salvos.*

Augustinus ad Ianuarium[2]:

«Quod neque contra fidem catholicam, neque contra bonos mores esse convincitur, indiferens [!] est habendum, et pro eorum inter quos vivitur societate servandum». «Hoc enim rerum genus liberas habet observationes». 'Ad quancumque igitur ecclesiam veneris, eius morem serva, si cui non vis esse scandalum, nec quisquam tibi'.

---

[a] *om.* P.

[1] Trad. Bucer. Pour les sources possibles de l'emploi de ce texte v. Ginzburg: *Nicodemismo*, p. 71.

[2] *Ep.* 54, ch. 2, para 2, CSEL 34, 160; MPL 33, 200 (*e, p, i, a, centon*!). – Peut-être adv. Melanchthon: *De ecclesia et autoritate verbi Dei* 1539, CR 23, 625 (là *pe* d'après *Decreti* la pars, dist. 12, can. 11 et 12 [Friedberg 1, 29s.] plus restrictif quant aux cérémonies).

PREMIÈRE PARTIE: INTRODUCTION

CHAPITRE PREMIER

/1r./ [a]APUD PAPISTAS ESSE CHRISTI ECCLESIAS[a]

1. Christi membrum haberi nobis debet, quicunque invocat nomen Christi[b] [cf. Rm 10,13 et parall.] nec hoc illis factis negat, propter quae non est *cibus sumendus* cum iis, qui cum *fratres dici* volunt [1 Cor 5,11], istiusmodi mala admittunt. 2. Horum qui Christum vera fide invocant, plurimi sunt in [c]ecclesiis omnibus[c], quae papae iugum adhuc sustinent. 3. Nam quod hi plerasque superstitiosas ceremonias – invocationem divorum, reverentiam crucifixi atque huiusmodi – observant, id ex ignorantia sic admittunt, ut tamen viva[d] sint fide in Christum; id quod declarant primis fructibus fidei[1]: timore Domini et charitate proximi, omnique honestate vitae. 4. Habent ergo huiusmodi adhuc *fundamentum Christum,* quantumvis *ligni, foeni, et stipularum* iuxta[e] *supra hoc fundamentum aedificent* [1 Cor 3,11s.]. 5. Proinde, ubicumque[f] tales sunt[g], qui Christum ita vere [h]tenent, et[h] communionem verbi, sacramentorum, et precum habent – quamquam haec habeant cum observatione multarum rerum, quae cum fide vera male congruunt, et ideo *igne* acrioris *probationis* et simul illuminationis [ib. v. 13] olim abolendae[i] sunt[2], ibi tamen ecclesia Christi agnoscenda est. 6. Nam ecclesia Christi aliud nihil est quam collectio et societas eorum, qui Christum vere invocant, et habent verbi, et sacramentorum, ac[k] precum inter se communionem[l], quantumlibet praeterea errorum et peccatorum illis adhereat.

7. Et quicunque christianus in tali ecclesia iusta vocatione degit, is eiusmodi[m] ut Christi ecclesiam colere debet; et quicunque in ea non palam impii sunt, ut fratres et membra in Christo complecti.

[a-a] *devant le titre* Titulus *add.* H. *Le titre est inscrit aussi en marge du para, puis barré* L. *Om.* P. – [b] *corr. de* Domini L. – [c-c] o' e' P. – [d] vera P. – [e] mixta P. – [f] *corr. de* ubique, L. – [g] sint P. – [h-h] timent ut P. – [i] abolendi P. – [k] et P. – [l] *rempl. mot barré illisible* L. – [m] ecclesiam *add.* P. –

[1] Cf. p. ex. Gal 5,22 et Eph 5,9, selon l'interprétation de plusieurs réformateurs qui font procéder les œuvres de la foi, tel Luther: *Von d. guten Werken,* 1520, WA 6, 206; de même Bucer: *Comm. in Ioh.* ad Io 5, sect. 2, var t[4]–t[4] datant de 1536; cf. cependant du même: *Von der wahren Seelsorge* 1538, Préface, BDS 7, 97. V. aussi Koch: *Studium pietatis* pp. 45–55.

[2] Pour le sens donné ici au feu et au jour (contre la tradition exégétique antérieure et contemporaine quasi unanime qui les rapporte au jugement, soit individuel, soit ultime) v. ErAn *ad loc.* interprétant à sa façon Ambrosiaster, LB 6, 671 EF. «de correctione huius vitae».

8. Iustam vocationem intelligo institutum aliquod vitae cum verbo Dei congruens, ut est[n] esse civem[o], patrem familias, aut partem familiae honestam[p], esse in magistratu, et eiusmodi[3].

---

[n] *répété* P. – [o] *om.* P. – [p] curare *add.* A.

[3] Cf. Koch: *Studium pietatis,* pp. 115–124.

CHAPITRE 2

[a]QUAM LATE PATEAT COMMUNIO CUM HIS ECCLESIIS[a]

9. At colere ecclesiam, et habere [b]pro proximis, pro fratribus[b], ac membris in Christo, poscit, ut quecumque [c]Christum illic[c] vel privatim vel publice habent, in iis cum illis communices, ut et caeteris rebus, [d]quas requirit[d] usus vitae humanae, et coniunctio in eadem ecclesia degentium./1v./ 10. Christianorum enim est habere *cor unum et animam unam,* ac [e]communia omnia[e] [Ac 4,32], sed in gloriam Christi. 11. Ex his consequitur, quicunque cum huiusmodi fratribus et membris Christi degit, eum oportere cum illis communicare omnibus publicis ecclesiae actionibus quae cum verbo Christi conveniunt, ut predicatione publica verbi, sacramentis, precibus, et provisione pauperum. 12. Non obstante quod in his omnibus et publice et privatim impietas admiscetur tam multa. 13. Nequit enim impietas[f] sanctis, quibus *omnia munda sunt* [Rm 14,20; Tit 1,15] vitiare quod Christi est; et hoc minus nunc, in revelato regno Christi, quam antea[g], quo *purificans* omnia *fides* [cf. Ac 15,9] est nunc efficatior, multoque maiorem nunc habet[h] in omnibus rebus libertatem. 14. Constat autem sanctos apud veteres pie communicasse doctrina, precibus, et sacramentis, cum impii sacerdotes[i], *scribae et pharisaei*[k] impiis commentis et *fermento doctrinae* pestiferae *contaminassent* omnia [Mt 16,11s.; 15, 1, 5, 6, 9, 11]. 15. Et *unicus magister* noster [Mt 23,8] et formator religionis, Iesus Christus, eos quoque *scribas et pharisaeos hypocritas* audiri[l] voluit, *sedentes in cathedra Mosae,* qui *claudebant regnum caelorum hominibus,* et a quorum *fermento* iusserat diligenter *cavere* [Mt 23,13,2; 16,11s.][1]. 16. Erat autem hoc *fermentum* aliud nihil quam perversa doctrina et observationes superstitiosae, quas pharisaei doctrinae sanae et sanctis ceremoniis admiscuerant[l m]. 17. Id quoque apud sanctos novi testamenti in confesso semper fuit:

[a-a] *titre d'abord écrit* ▯ *et corrigé puis barré. Inséré (en très petite écriture) dans le texte, il y est entouré d'un trait rouge* L. *Om.* P. – [b-b] *corr. de* proximos pro fratibus L. – [c-c] proximi illi P. – [d-d] illi P, quae requirat P. – [e-e] *corr. de* c′ o′ L; c′ o′ P. – [f] *corr. de* pietas L. – [g] ▯ Infra 33 *add.* A. – [h] *rempl.* temp[ore?] *ou* et *barré* L. – [i] et *add.* P. – [k] *corr.* ▯ H *de* prophetae L. prophetae P. – [l] *corr. de* audire L. – [m] *suivi de* Itaque, *barré* L. –

[1] Ap.: BEv, Mt 16,11s.: «Caveamus . . . ab omni doctrina quae hypocritas reddere potest, vere pios non potest, qualis est, qui Legem et opera sine fide et Christo urget . . . sive piscorum Pharisaeorum, sive recentiorum monachorum . . .» (*i* partielle: là appliquée d'abord aux anabaptistes et sans mention de cérémonies).

impietatem ministrorum sanctis sacra Christi contaminare non posse[2]. 18. Praeterea, christianus degens in ecclesia, quam adhuc premit iugum papae, debet cum sanctis, qui simul in[n] ecclesia existunt[o], communicare, ut reliqua vita, ita maxime publicis sacris, et[p] concionibus, eucharistia, baptismate, precibus, quantumvis, intelligat et toto corde abominetur, quae pridem in doctrina, precibus, et sacramentis impie admixta sunt[3]. 19. Et hoc minus licet: propter adiuncta ista impia, ecclesias eiusmodi (si quis non legitima vocatione ab eis evocetur) deserere, quam[q] deserere liceat fratres morbis corporis periclitantes – quia[r] malum publice impietatis [s]perniciosius est[s] quovis morbo corporis. /2r./ 20. Ministri siquidem qui[t] ab ecclesia feruntur[u] a privato vitandi non sunt nec alii[v] ab illorum ministerio abstrahendi, dumtaxat ubi non sunt quos idoneos ministros sequantur. 21. Hoc est: si non sit alia ubi tu degis ecclesia publice collecta, vel in eadem ecclesia ministri publice recepti, qui ministeria Christi purius dispensent. 22. In hac necessitate locum habent illa Bernardi in Cantica, Sermone[w] 77[x4]: «Nunc autem quem abiiciet aut a quo[y] abscondet se?» Et: «Non fugare nec fugere eos potest.» Loquitur vero de vera ecclesia et huius «perditis ministris». 23. Nam «eiicere et fugare[z]» ministros eos non licet, quos fert et tuetur magistratus[5] maiorque pars ecclesiae; ita nec 'fugere' ab eis, aut 'se abscondere', si desit legitima ad aliam ecclesiam aliosque ministros vocatio. 24. Quia privati[a1] non est corrigere quae publica sunt, aut etiam[b1] ecclesia quemquam eiicere; et christiani non est, ecclesiam ad quam est vocatus, deserere. 25. Quod ergo sancti olim sub impiis regibus,

---

[n] ea *add.* P. – [o] *suit* s[unt?] *barré* L. – [p] *suscrit* H *à* ut *barré* L. – [q] *abréviation résolue par* H. – [r] quo P. – [s-s] e′ p′ P. – [t] *add.* H? ut P. – [u] ferantur P. – [v] *suit* illi *barré* L. – [w] *abrév. résolue* H. – [x] *barré* P; ▯ Sermone 33. in Cantica; sic Sermone 77. De perditis ministris[4] *add.* A. – [y] *précédé de* quem *barré* L. – [z] *corr. de* fugere L. – [a1] *corr. de* privato L. – [b1] *précédé de* ei *barré* L. –

[2] A ce sujet Bucer devait connaître p. ex. le dossier augustinien sur le donatisme (cf. Bonner: *St Augustine*, ch. 7, et en part. pp. 284–294) de même le débat sur l'ordre et la personne du prêtre résumé par le Lombard: *Sent*. livre 4, dist. 25, t. 2, 408–416. MPL 192, 905–908; la solution de S. Thomas: *S. Th.* 3, qu. 64 art. 5 in co. (cf. aussi t. 4, fasc. 1a, paras 6 et 20, pp. 54–58, 187–190 et fasc. 5, paras 7, 13 et 20, pp. 30–39, 59–74 et 101ss). – L'attention se concentrait tantôt sur le baptême et tantôt sur les ordinations à propos, soit du schisme, soit de l'immoralité (de la simonie en particulier). C'est peut-être cette ampleur du sujet qui permet à Bucer de généraliser ici, comme le fait d'ailleurs *CA* 8, BSLK 62, et la *Tétrapolitaine* 15, *BDS* 4, 103.

[3] La vision des erreurs et abus comme des rajouts qui recouvrent, et ainsi cachent, mais laissent subsister l'héritage chrétien authentique, est très répandue: cf. p. ex. Fraenkel: *Testimonia*, pp. 289–292.

[4] Sermo 33, paras 15s., MPL 183, 959 AB. Sermo 77 (*De perditis ministris*) en part. paras 1–6, in cols 1155–1158. (*ep*). – Adv.: Calvin: *De fugiendis impiorum sacris*, CR 33, 250 (là: nulla societas cum infidelibus). Ce thème sera repris tout au long par Bucer.

[5] Sur la part du magistrat et du peuple des croyants dans la vie de l'Eglise ancienne, v. Fraenkel: *Zwischen Altkatholizismus*, en part. pp. 610ss. Pour la situation réelle à Strasbourg avant 1540, v. Van't Spijker: *Ambten*, en part. pp. 182–192.

sacerdotibus et prophetis, et apostoli post revelatum Christum sub impiis sacerdotibus et scribis fecerunt communicantes publicis sacris: idem et nunc faciendum est christianis degentibus sub tyrannide papistarum. 26. Utebantur sancti illi legitimis Domini[c1]; aversabantur adiunctas impietates; quosque[d1] poterant ab eis abstrahebant. 27. Et permagnum sane est, postquam sacerdotes et plebs Iudeorum Christum tam impie ad crucem postulassent, et persequi in membris suis non desisterent, tamen[e1] Petrum, Ioannem, et Iacobum et alios apostolos ad precandum ad templum statis temporibus tam religiose se contulisse, ac caeteris sacris communicasse [Ac 1,13; 2,46; 3,1ss; 21,17–26]. 28. Nam Paulus, superstitionis iudaicae[6] expugnator vehementissimus, non indignum se duxit[f1] multis illis myriadibus Iudeorum *legem sectantibus* sese approbare suscepta *purificatione*[g1] et factis sacrificiis, quibus fidem [h1]facere illis[h1] volebat se quoque *legem observare* [Ac 21,17–26][7]. 29. Hoc vero, cum Paulus, puritatis christianismi tantus assertor fecit: quis dubitaverit Iacobum et reliquos apostolos Hierosolimis sacris Iudaeorum publicis /2v./ – quae tamen pridem ab impiis[i1] christicedis[k1] sacerdotibus administrabantur – festis et solemnioribus cetibus [!] minus se subduxisse? 30. Observandum et illud quod Paulus dicebat Ephesiis: «*Oportet me* Domino *festum* facere *Hierosolimis* – cum rogarent eum, ut apud se aliquandiu moraretur»[l1] [Ac 18,20s.][8]. Non solum venire Hierosolimam[m1], et fratres illic convenire, sed ibi *festum* facere – quod *omnino*[n1] ei faciendum erat cum multis impiis, quodque[o1] christicedis[p1] sacerdotibus administrabatur [!][q1]. Id pluris fecit quam manere cum charissimis fratribus Ephesinis. Imo illud necessarium[r1] iudicabat[s1]: *Oportet me* – inquit – *omnino instans festum Hierosolimis* facere [Ac 18,21][9]. 31. Iam constat, Christo ipso et Paulo apostolo testantibus [Mt 15,1–20; Rm 10,1–11][10], tum fiduciam operis operati in ceremoniis[t1] divinitus institutis, et multa preterea etiam humanitus inventa apud sacerdotes et plebem Iudaeorum obtinuisse, et utraque[u1] – tam divina instituta quam

c[c1] *abrév. résolue* H. – [d1] *corr.* ▯ A *de* quousque P. – [e1] *abrév. résolue* H. – [f1] *précédé de* dixit *barré* L. – [g1] ▯ H, *rempl.* purgatione *barré* L; purgatione P. – [h1-h1] i′ f′ P. – [i1] impiissimis p. – [k1] *corr. de* christicolis L; *corr.* ▯ A *de* christicolis P. – [l1] ▯ Act. 18 *add.* A. – [m1] Hierosolima P. – [n1] ▯ H *rempl.* commune *barré* L[9]. commune P. – [o1] a *add.* P. – [p1] *corr. de* christicolis L; *corr.* ▯ A *de* christicolis P. – [q1] administrabatur P. – [r1] *suivi de* vivificabat *et lettres illisibles, le tout barré* L. – [s1] indicabat P. – [t1-t1] ▯ H *écrit en deux temps* (in *add à l'encre noire*); *remplace* quo in ieiuniis *barré* L.– [u1] iam *add.* P. –

[6] Le terme est à comprendre au sens érasmien de la confiance «judaïque» mise dans les cérémonies «externes». Cf. Augustijn: *Erasmus u. d. Juden*, et Markish: *Erasme et les juifs* en part. pp. 27–30, 69s.

[7] Ap.: Er NT et P. – Pour l'argument cf. Ginzburg: *Nicodemismo*, p. 71.

[8] Ap.: Er NT et P. (*ep*).

[9] Ap. Er (*ep*).

[10] Ap.: BRom ad ch. 10, sect. 1, *expo*, pp. 476s.: rapprochement avec le thème de l'aveuglement et de la confiance aux cérémonies (*ia*) et *obs* 2, p. 484: critique du schisme (*i*).

humana inventa – tum in hac gente superstitioni publicae cuncta serviisse, ac ita *caecos* sacerdotes *caecam* plebem per publicas ac solemnes ceremonias atque cultus illos in certum *praecipitium egisse* [cf. Mt 15,14][11]. 32. Si nunc apostoli iudicarunt non solum sacris Domini – et his iam abolendis – verum etiam multis humanis traditionibus – quibus pridem omnia divina instituta in hoc populo circumsepta undique erant – cum Iudeis illis tam impiis, tamque ecclesiae Christi hostibus, communicandum sibi esse: abunde liquet quam non possit superstitio malorum sacerdotum et populi (quanticunque ea sit) sacra Christi – nunquam abolenda dum hic mundus stabit – aut etiam ea, quae sancti olim patres ecclesiae observarunt, et quecunque denique per se impia non sunt, ac ideo *pura puris* [Tit 1,15][12] esse possunt, sic contaminare, ut christianis veris et superstitionem intelligentibus atque detestantibus non liceat illis communicare cum electis Dei, adhuc captivitate antichristi detentis. 33. Patet enim illud omnino in omnia: *puris* sunt *omnia pura* [Tit 1,15][v1]; item et hoc: mendacium hominis[w1] *veritatem Dei non* tollit nec irritam facit [cf. Rm 3,3s.][13]. 34. Nec possunt ex Pauli sententia illa contra cetus [!] et sacra, quae habentur in ecclesiis subiectis papae, torqueri qua [!][x1] ille contra coetus et sacra aethnicorum Corinthiis scripsit [cf. 1 Cor 8 et 10][14]. Illic[y1] enim sacrificabant[z1] demoniis hic[a2] Christo Domino; illic superstitioni serviebant omnia, hic praecipua Christi sunt. 35. Nam hic Scriptura legitur, sacramenta ipsius Domini /3r./ verbis administrantur, idque adeo vere, ut nemo sit, qui baptizatos a servis papae iudicet in puriore ecclesia rebaptizandos esse[15]. 36. Et vel hoc unum argumentum convincit ecclesias illas, quae superstitionibus et tyrannide papae adhuc detinentur oppressae, non solum non perinde habendas esse, ut gentium idolatrarum colluvies haberi debuit statim ut Christus receptus fuit, sed ut veras Christi ecclesias quamquam plus [b2]nimio impuras[b2] et superstitiosas[c2] [16]. 37. Neque cum hodie[d2] ad evangelii Christi formam ecclesiae instituuntur ex non ecclesiis ecclesiae constituuntur, sed quae erant repurgantur et reformantur.

[v1] ▯ Supra 13 *add.* A. – [w1] hominum P. – [x1] quae P. – [y1] *corr. de* illi L. – [z1] sacrificabantur P. – [a2] *corr. de* hii L. – [b2–b2] nimium P. – [c2] estimandas esse *add.* A. – [d2] *suivi de* vel *barré* L. –

[11] Ap.: Er, et ap.: Thomas: *Catena, ad loc.* (éd. Guarienti p. 241a) citant Raban Maur: «alios in praecipitium trahunt».

[12] Er.

[13] Ap.: BRom ad loc, cap. 3, *sect.* 1, *int,* p. 142 D: πίστις = *'èmèth* = «veritatem quam Deus praestat in promissis suis. Haec (. . .) nequit perfidia hominum reddi irrita» (*e* de *p*).

[14] Adv.: Calvin: *De fugiendis* CR 33, 248–252 (citant 1 Cor 10,14ss.; 8,4ss.).

[15] Cf. p. ex. *Handlung gegen Hoffman,* 1533, BDS 5, 103s.; *Bericht aus d. hl. Geschrift,* 1534, ch. 18, *ibid.* 213, soulignant l'unité du baptême (des enfants) depuis l'Antiquité, contre les anabaptistes. Cf. Wendel: *L'Eglise*, pp. 145s.

[16] Ap.: Luther: *Von der Wiedertaufe,* WA 26, 147 (*i* dans contexte semblable).

38. Ita, ut olim factum est, cum[e2] in ecclesia populi veteris pii reges hortatu prophetarum religionem veterem[f2] instaurabant. 39. Si quis autem illa obiiciat de vitandis haereticis et doctrinam Dei corrumpentibus [cf. Tit. 3,10], semper cogitandum [g2]est illud[g2], haec praecipi et observanda esse, cum patet ecclesia vera et purior, in quam[h2] transeas, aut privati sunt, qui doctrinam Dei corrumpunt – quos ipsos tamen nemo privatus excommunicare potest, ut supra dictum est[17]. 40. Ubi malum «multitudinem invasit», aut sociam habet multitudinem, ut vere scripsit Augustinus[18], separationis consilia [i2]perniciosa sunt[i2]». 41. In ea autem[k2] difficultate, in qua nunc ecclesiae sub papa sunt, in quibus ministri corruptissimi sunt, et plebs summae corruptioni obnoxia, sic habet ut supra ex Bernardo adductum est[19]: 'nec fugere' malos licet, 'nec fugare'. 42. Christiano siquidem bene perpendendum est, quibus et ad quid separatio a malis mandetur: nimirum iis, qui[l2] publice ecclesiam administrant, et in hoc, ne *parum fermenti* multos inficiat [cf. 1 Cor 5,6; Gal 5,9], utque pudefacti qui peccarunt ad penitentiam compellantur. 43. At si te sacris publicis omnibus in ecclesiis, de quibus disputamus, subducas, eo non solum non efficies ut reliqui ad paenitentiam tua separatione pudefacti permoveantur, aut *fermentum* malum [cf. 1 Cor 5,8] nimis multos inficiat, sed potius subducis filiis Dei, qui[m2] erroribus detinentur, *fermentum* evangelii [cf. Mt 13,33], quo veritate *sensuque Christi* imbui [1 Cor 2,16] et *lumen* versantibus in *tenebris,* quo in *viam* reduci [cf. Lc 1,79] debeant. /3v./ 44. Cum enim hi causam separationis tuae ignorent[n2], concitas tantum eos contra te et tuam causam, eoque alienores ab evangelio reddis[o2]; et praeterea sumis tibi privato quod[p2] publicum est, et ad publicos ecclesiae ministros tantum pertinent. 45. Porro, si haereas[q2] his, et per omnia Christi[r2] vitam exhibeas, tum sacris praecipuis et purioribus adsis, ut sacro solemne[s2] diei dominicae atque festorum praecipuorum, et eucharistia tempore Paschatis communices, ieiun[i]s et supplicationibus gravioribus rite te accomodes, multam occasionem tibi parabis et fidem quoque atque authoritatem conciliabis, quo non paucos Domino *lucrifacias* [cf. 1 Cor 9,19], qui a vera religione adhuc plane alieni sunt; tum qui veram religionem impure tenent, eos, ut pure[t2] religiosi sint docebis. 46. Et hoc[u2] ista ratione commode[v2] efficies[w2]

[e2] *om.* P. *NB il convient de ponctuer* P *plus loin:* veteris: pii. – [f2] veram P. – [g2-g2] i' e' P. – [h2] *corr. de* quas L. – [i2-i2] s' p' P. – [k2] *corr. de* sane L. sane P. ▯ supra 22 *add.* A. – [l2] *suivi de* va [?] *barré* L. – [m2] *corr. de* quae L. – [n2] ignorant [!] P. – [o2] reddes P. – [p2] *suivi de* pollicitum est, *barré* L. – [q2] coheras P. – [r2] Christiani P. – [s2] solemni P. – [t2] puri P. – [u2] *corr. de* hic L. – [v2] commodum P. – [w2] si *add.* A *au-dessus de la ligne*. –

[17] Cf. pars 19–23.
[18] *Contra epistolam Parmeniani,* livre 3, ch. 2, para 14, CSEL 51, 117; MPL 43, 93.
[19] V. note 4.

iuxta preceptum Domini[20]: ut[x2] proximum quemquam tibi non desistas ex articulis fidei, decem[y2] praeceptis, praecatione dominica, evangelicis lectionibus, quae in templo recitantur, ex summa legis[z2] [21], aliisque similibus[a3] vulgo notis et receptis ad veram in Christum fidem et studium *dilectionis* erga *omnes* [cf. Eph 1,15] instituere et hortari. Et[b3] huius quamlibet occasionem studiosissime arripies. Quoque tibi[c3] multae huius occasiones prebeantur, dabis[d3] operam in omni vita tua fieri [e3]*omnibus omnia*[e3] [1 Cor 9,22]. 47. Et apud quoscunque deprehenderis admitti primum illud religionis principium, *Deum esse et remuneratorem*[f3] *querentium se* per Christum [Hb 11,6][22], hos sensim admonebis superstitionis[g3] quae in ecclesia obtinuit: qua homines non solo Christo sed praeterea[h3] caeremoniis et hominum meritis fidunt; item abusuum qui invaluerunt in sacro ministerio et ceremoniis – et docebis eos, repudiatis animo[i3] abusibus illis, pura fide uti eis quae sunt [k3]Christi in doctrina, sacramentis, et omnibus ceremoniis ecclesiae[k3]. 48. Porro, abusum intelligo, cum quae in ecclesia geruntur alio[l3] verbo vel facto applicantur, quam ut Christo melius cognito plenius fidas, ac deinde *per dilectionem* [cf. Gal. 5,6] proximo ad gloriam Dei[m3] magis commodes[23].

[x2] *add.* H. *om.* P. – [y2] et P. – [z2] lege P. – [a3] et *add.* P. – [b3] *inséré* A. – [c3] *barré ici puis inséré après* occasiones P. – [d3] dabisque P. – [e3] o'a o's P. – [f3] esse *add.* P. – [g3] *corr. de* superstitionibus [?] L. – [h3] *suivi de* sup, *barré* L. – [i3] omnino P. – [k3-k3] souligné P. – [l3] aliorsum *add. dans marge supérieure* A. – [m3] *add.* H.

[20] Mt 28,19s.; Mc 16,15–17?

[21] Cf. Mt 7,12; 22,37–40 et parall.; Rm 13,8–10. On trouve de tels résumés du Décalogue dans divers catéchismes de l'époque, p. ex. celui d'Other pour la ville d'Esslingen, 1532: Reu: *Quellen* 1:1, 369.

[22] Er. – Ap.: Thomas d'Aquin: *Lectura, ad loc.* para 576 (*i* et «per Christum»). Cf. aussi *S. Th.*, 2a 2ae, qu. 2, art. 5, s.c. et in co.

[23] Pour l'importance du double critère de la foi et de l'amour chez Bucer, v. De Kroon: *Studien* pp. 42s. (et renvois *ibid.*) et 161.

CHAPITRE 3

[a]CEREMONIARUM DIVERSITAS ET VARIA GENERA[a]

[b]49. Sunt autem tria genera ceremoniarum quae in ecclesiis papae servientibus obtinuerunt. /4r./ 50. Aliae enim sunt institutae divinitus, et expresso divinitus oraculo commendatae; 51. ut est baptisma et communicatio corporis et sanguinis Domini; nec enim divus Augustinus plures numerat[c] inter signa quae ipse Dominus et apostolica tradidit disciplina: De doctrina christiana, libro 3[1].

52. Delectus et ordo ministrorum[d] ecclesiae; usus solemnis precum cum quo numerari possunt; 53.[e] et sacrae cantiones, quae tamen in occidentalibus ecclesiis primum aetate et exemplo divi Ambrosii receptae sunt, ut legis libro[f] 9. Confessionum Augustini[2]. 54. Ieiunia collectae, et oblationes pro necessitatibus ecclesiae. 55. Disciplina, quae in se continet privatas et publicas admonitiones atque obiurgationes eorum qui peccaverunt, horumque – si gravius lapsi sunt, et plus dederunt offendiculi – castigationes, abstentiones, [g]excommunicationes, correctiones[g], exhomologeses, satisfactiones, reconciliationes. 56.[h] Aliae sunt a sanctis patribus introductae et observatae; partim quadam[i] imitatione Domini et apostolorum, tamen citra expressum iussum Domini et[k] apostolorum; partim imitatione mosaici cultus[3]; partim etiam[l] excessu quodam affectuum piorum, qui existunt vel ex paenitentia[m] peccatorum, vel ex venerationae [!] atque amore eorum, quos christiani merito suscipiunt[n] et diligunt.

57. Primi[o] generis sunt confirmatio[p] qua episcopi eos qui infantes baptisati erant, postquam ad eam aetatem atque fidei institutionem venissent, et[q] publicam confessionem fidei facere possunt[r], quasi in religione confir-

---

[a–a] *add.* ▯ H. De ceremoniis P. – [b] *les paras 49–54 réunis* ▯ *par une accolade commentée* 1. Hec tractata usque ad 306.2. Primum genus ceremoniarum A. – [d] *précédé de* invocat *barré* L. – [e] *suivi de* et *barré* L. – [e] *om* P. *qui donne ce numéro au n°* 54 *de* L, 54 *au n°* 55 *de* L, *omettant ensuite le chiffre* 55. – [f] *om.* P. – [g–g] eiectiones P. – [h] ▯ infra 306. Secundum genus ceremoniarum. Tria genera observationum introducta a patribus A. *Dans le texte les trois* partim *soulignés et numérotés* 1, 2, 3 P. – [i] *om.* P. – [k] vel P. – [l] *précédé de* exce *barré* L. – [m] *suivi de* sed [?] *barré* L. – [n] *corr.* [!] ▯ H *en* suscipiunt L. suspiciunt P. – [o] *souligné* P. ▯ Hec infra 307 *add.* A. – [p] *corr.* ▯ *de* impositio L. impositio P. – [q] ut P. – [r] possent P. –

[1] Ch. 10, para 13, CCL 32, 86; MPL 34, 71.

[2] Ch. 7, para 15, CSEL 33, 208; MPL 32, 770.

[3] Peut-être ap.: Zwingli: *De canone missae libelli apologia,* CR 89, 620 (*i* Moïse, là utilisée de façon critique uniquement) combiné avec Gropper: *Enchiridion,* f. 70r.v. (*i* post-apostolique).

mabant. 58. Impositio manuum et unctio, qua sacra munia committuntur. 59.[s] Collegia virginum et viduarum, quae celibatum *propter regnum coelorum* [Mt 19,12] susceperunt et ministerio ecclesiae applicantur, quod institutum Paulus attigit 1. Cor. 7 [25–35] et 1. Timo. 5 [5–10][4]. 60.[t] Chrisma baptizatorum; unctio infirmorum adiecta praecatione [cf. Iac 5,14s.]; consecratio per verbum et preces[u] eduliorum, herbarum, luminum, vestium, et domorum. /4v./

61. Secundum genus[v] triplex est. Primum enim sunt observationes quaedam, quae continent quandam[w] humiliationem carnis: ut sunt ieiunia quadragesimale, Quatuor temporum, et caetera; delectus ciborum et vestium; conventus et supplicationes ad certum tempus et locum indicta[x] – idque vel promiscue omni populo, vel certis sodaliciis et collegiis (uti sunt collegia monachorum et monacharum) eorum, qui ad certas externarum[y] rerum observationes et corporis humiliationes suis regulis et propriis ceremoniis astricti et detenti sunt; in quo instituto nonnulla [z]est imitatio[z] collegiorum prophetarum et rechabitarum[5].

62.[a1] Deinde symbola quaedam mystica, ut sunt variae unctiones, suffitus, lucernae, aqua aspersionis[b1], sal, et similia[6]..63.[c1] Postremo est externus ornatus sacri mynisterii [!], ut splendida templa pretiosa vasa et vestes instrumenta musica, et caetera quae ad externam magnificentiam sacrorum facere possunt. [d1]Huc pertinent[e1] et separatio illa a vulgari usu, et veneratio templorum et sacrorum vasorum, et [f1]reliqua instrumenta[f1]

---

[s] □ infra 316 *add.* A. – [t] □ 323 *add.* A. – [u] *corr. de* precem L; precem P. – [v] s' g' *soulignés* P. □ Secundum eorum que introducta sunt imitatione Moyses et aliorum prophetarum *add.* A. – [w] *om.* P. – [x] □ Observationes 1; symbola 2; ornatus 3 *add.* A. – [y] *corr.* H *de* aeternarum L. r′ e′ P. – [z–z] i′e′ P. – [a1] □ infra 131 *add.* A. – [b1] aquae aspersiones P. – [c1] □ infra 132 *add.* A. *Une accolade relie ce para au suivant.* – [d1] *cette partie numérotée* 64 P. □ Infra 134 *add.* A. – [e1] pertinet P. – [f1–f1] r′i i′i P. –

[4] Cf. BEv 1536 ad Mt 19,12 (là rapprochement est fait avec 1 Cor 7,7–9, et Bucer critique ces établissements). Dans le *Florilège,* les matériaux les plus anciens concernant le célibat et les moines (ms pp. 161ss., 192s., écriture de Lenglin) sont également critiques; les notes de Bucer lui-même concernant les veuves (p. ex. p. 168) le sont moins. V. ici-même, *inf.* paras 71s.

[5] Récabites, Ier 35,1–11. Prophètes 1 Sm 10,5s.? P. ex. Hughes de S. Cher: *Postilla,* ad Ier 35,1 mystice, fait des Récabites les figures des religieux, mais déjà Raban Maur: *Super Ier.* livre 13, ad loc., MPL 111, 1070, l'avait fait en y associant les prophètes (d'après Hb 11,37!). Dans les débats contemporains on retrouve l'idée p. ex. chez Eck: *Enchiridion,* ch. 18, CCath 34, 212 (Ier 35 relié à 1 Tim 5,11s., cf. var. *e*) et dans la *Confutatio* de la CA, CCath 33, 187 (Ier 35 relié à Nm 6,1ss). De tels arguments sont combattus p. ex. dans l'*Apologie* BSLK p. 393ss et par Oecolampade: *In Hieremiam* ad 35,1, f. 179v. – Partout, l'accent est mis sur l'ascèse et l'obéissance: l'accent sur la vie commune semble être ici spécifique à Bucer.

[6] La liste des exemples semble suivre l'ordre de l'ordination, de l'eucharistie et du baptême. Cf. p. ex. Guillaume Durant: *Rationale,* livre 2, ch. *De episcopo,* para *Sunt et alia,* f. 23v.; livre 4, ch. *De aquae . . . aspersione* f. 36r.v.; *ibid.* chs *De incenso* et *De thurificatione* ff. 39v.–40v.; livre 6 *De baptismo,* f. 140r. et s. en part. para *Primum est salis collatio* f. 140v.

sacri ministerii; quae omnia ex lege Domini apud veterem populum extiterunt, et deinde in ecclesiam quoque recepta sunt.

64.[g1] Tertii generis, in quo illa sunt, quae excessu quodam piorum affectuum oborta et recepta sunt: confessio privata peccatorum, quae indubie imitatione[h1] confessionis publicae, propter maiorem confirmationem conscientiae a sacro ministerio, et privata admonitione redemptionis Christi petendam a solicitis de venia peccatorum mentibus invecta est[7]. 65. Est tamen in hac etiam privati catechismi immitatio [!] vel potius repetitio[i1]. 66.[k1] Item huius generis sunt memoriae solemnes martyrum et veneratio reliquiarum, tum exequiae mortuorum[l1 8]. 67. Aliae vero ceremoniae, imo ceremoniarum abusus /5r./ et mutilationes, ex mera superstitione et impia quadam divinarum institutionum perversione irrepserunt, tam circa eas ceremonias, quae sunt institutae per Christum, quam eas quae sunt introductae per sanctos. 68. Sic est privatus usus sanctae caenae, oblatio Christi in qualibet missa, quae [m1]iis etiam[m1], qui palam absque fide et paenitentia vivunt, tanquam salutaris venundatur; et quod altera tantum pars sacramenti dispensatur de[n1] mensa Domini communicantibus; denique quod sacrificuli ostentationem, pompas, et externum cultum sacramenti meritorium[o1] usu[p1] sacramenti fecerunt. 69.[q1] Indulgentiae, quibus conficta applicatione meritorum Christi et divorum vendunt[r1] remissionem satisfactionum, quas dicunt homines debere iustitiae divinae pro peccatis suis per opera poenalia[9]. 70[s1] Usus linguae ignotae populo in omni sacro ministerio; exactae ad certum numerum preces et cantiones, quae[t1] verum[u1] harum usum remorantur. 71.[v1] Votum coelibatus exactum a ministris ecclesiae in[w1] maioribus ordinibus; et monachatus, votis illis solemnibus constrictus, et innumeris aliis superstitionibus implicatus[x1 10].

[g1] *Les n° 64 à 67 remplacent respectivement* 45 *(?)*, 46, *un n° omis et* 46 *corrigé d'abord en* 66 L. – *Les n° 64 à 70 corrigés en* 65 *à* 71 P. – *Ici les mots* T' g' *soulignés* P. ▯ Tertium genus. Infra 329 *add.* A. – [h1] imitationem [!] P. – [i1] *corr.* H *de* rei petito L. – [k1] infra 352 *add.* A. – [l1] De abusibus ceremoniarum, infra 376 *en sous-titre, et* ▯ Vitiose observationes et ceremoniae superstitiose que in hoc tertio genere contingunt *add.* A. – [m1–m1] e'i' P. – [n1] *add.* ▯ H. *om.* P. – [o1] forte «neglecto» *add.* ▯ H. – [p1] usum P. – [q1] ▯ infra 422 *add.* A. – [r1] *précédé par* venditu[nt] *barré* L. – [s1] ▯ infra 437 *add.* A. – [t1] qui P. – [u1] vere P. – [v1] 72. *Le para suivant est incorporé à celui-ci,* P. ▯ Infra 439 *add.* A. – [w1] *add.* H P. – [x1] implicitus [!] P. –

[7] Peut-être ap.: Beatus Rhenanus: *Opera Tertulliani* 3e éd. 1539, p. 544 (née de la conf. publique ancienne «per ultroneam hominum pietatem»). Cf. Fraenkel: *Beatus Rhenanus, Oecolampade* . . . aussi sur les éditions antérieures.

[8] Cf. les matériaux réunis dans le *Florilège patristique* ms. pp. 145–148 (de la main de Lenglin et de ce fait contemporains de notre Consilium) et 493s. (en partie non datables, puisque de la main de Bucer, en partie plus tardives: de la main de Brem).

[9] Ap. et adv.: S. Thomas d'Aquin: *S. Th.* Suppl. qu. 25 a. 1 *in co* (*ip*!). Cf. aussi Cajetan: *Tractatus de Indulgentiarum thesauro* qu. 2 (in: *Opuscula,* tract. 8, p. 81). Le traité date de 1518: cf. Lauchert: *Gegner,* p. 141.

[10] Ap.: p. ex. *Conf. Tetrap.* art. 12/14, BDS 3 en part. pp. 91, 93. CAVar arts 23 et 27, MWA 6 en part. pp. 60s., 67; CR 26, 394s.; 401 (*ia*). Cf. aussi les matériaux du *Florilège*

72. Mendicabulorum et aliorum sodalitiorum instituta superstitiosa[11]. 73.[y1] Ceremoniae superstitiosae et questuosae consecratae meritis et numinibus divorum ad certam opem ab illis eliciendam. 74.[z1] Cultus imaginum et statuarum; veneratio sacrorum locorum et instrumentorum religionis, cum opinione adesse reliquiis et certis [a2]divorum signis[a2] numen quoddam iuvandi eos qui illa venerantur[12]. Instrumentis vero religionis, sicut et reliquiis et certis signis sanctitatem quandam, ob quam meritum peculiare sit illa parare, ornare, venerari, et nefas ea a christianis laicis attingi[13]. 75.[b2] Exactiones ratae[c2] pecuniae peractionis[d2] sacri mynisterii [!]. 76. Item pro concessione libertatis christianae in rebus, quae per se et ad usum fidei omnibus permissae sunt. /5v./ 77.[e2] Permissio opum ecclesiasticarum iis, qui nec ecclesiae serviunt, nec aliquam necessitatem patiuntur.

[y1] infra 465 *add.* A. – [z1] infra 479 *add.* A. – [a2–a2] s'd' P. – [b2] ▯ infra 505 *add.* A. – [c2] certe P. – [d2] pro actionibus P. – [e2] ▯ Infra 521 *add.* A.

patristique ms. pp. 167 et 192s. (en haut des pages, écriture de Lenglin) sous les titres *Contra coelibatum* et *Monachos abolendos*.

[11] Cf. les critiques des confréries p. ex. par Luther: *Ein Sermon* . . . 1519, seconde partie *Von den Bruderschaften* WA 2, 754–758: emploi égoïste des quêtes; espoir mis dans la récompense de mérites particuliers.

[12] Cf. *Das einigerlei Bild,* où même la fonction didactique des images est rejetée BDS 4, 168 (contre Luther) et 178 (contre Grégoire le Grand). Pour la force miraculeuse prêtée aux images, v. *ibid.* 173. Ici Bucer ne critique plus que cette dernière idée; cf. une rétractation partielle déjà in *Tetrapol.* art. 22, BDS 3, 161.

[13] Ap.: *Tetrapolitana* 22 (texte all.) BDS 3, 151, l. 18–24 (*p*).

CHAPITRE 4

[a]IUDITIUM GENERALE DE CEREMONIIS OMNIUM GENERUM[a]

78. Istae observationes huius tertii generis omnes vel potius vitia observationum nihil quam abusus sunt, et ceremoniarum earum quae traditae sunt divinitus, tum earum quae a piis hominibus introductae sunt, perversiones. 79. Proinde ab his merito abhorrent sancti, et subducunt se. 80. Illae autem ex primo genere sic sanctae sunt, ut ob nullam[b] abutentium superstitionem adiunctam pii a pio veroque illarum usu absterreri debeant. 81. Quae secundi generis sunt, varie habent[c]. Pleraeque enim et hodie utiliter retinentur vel instaurantur potius. Quaedam propter superstitionem nimiam qua contaminatae sunt salubriter tolluntur penitus, uti *Ezechias aeneum serpentem confregit,* postquam coli caepisset [4 Rg 18,1.4][1].

82. Cum autem haec tollere tantum sit potestatis publicae, ecclesiae totius, et piorum principum, et sunt *puris omnia pura* [Tit 1,15][2], sancti qui in ecclesiis degunt, ubi ista non solum non penitus tolluntur, sed a plurimis superstitiose etiam coluntur, res ipsas ad pium usum apud se et alios, qui ad doctrinam pietatis sequaces sunt, revocabunt, et superstitionem a se et aliis a quibuscunque id potuerunt[d], reiicient.

83. Est vero caput[e] omnis abusus in hisce rebus, quod homines ab eis fiducia externi operis opem divinam petunt, et his gratum Deo cultum prestare volunt, et utrumque citra veram promissae salutis in Christo fidem. 84. Admittitur siquidem in his observationibus per omnia eadem impietas quae apud gentes olim in sacrificiis earum et idololatriis admittebatur.

[a–a] *om.* P. – [b] *corr.* ▯ A *de* multam P. – [c] habentur P. – [d] poterunt P. – [e] *Ce mot et plus loin* quod *à* opem *soulignés* P. ▯ caput abusus in rebus adiaphoris. Infra 314. 319 *add.* A.

[1] En 1530, Bucer applique ce passage littéralement à la suppression des images: *Das einigerlei Bild,* BDS 4, 180; *Apologie de la Tétrapolitaine, ibid.* 3, 313; plus tard, il y voit, comme ici, un modèle pour la réforme d'autres pratiques, même d'origine divine, mais dénaturées par les hommes: *Furbereitung z. Concilio* 1533, *ibid.* 5, 354; Ordonnance d'Ulm 1535, *ibid.* 4, 242.

[2] Er.

DEUXIÈME PARTIE: PREMIÈRE CLASSE DES CÉRÉMONIES

CHAPITRE 5

[a]RATIO OBSERVANDI CEREMONIAS PRIMI GENERIS[a]

85. Ut autem[b] ordine de singulis observationibus omnium trium /6r./ generum, quid faciendum pio sit constare possit, meam sententiam de singulis – sed iudicandam a piis – exponam.

[a–a] *om.* P. – [b] *corr.* H *de* post L.

CHAPITRE 6

[a]De baptismo et eucharistia[a]

86. Baptismum[b] et eucharistiam omnino sumenda censeo loco et tempore ut in ecclesiis mos est. 87. Sunt enim symbola praecipua communicationis[c] Christi, et ab ipso Domino instituta, quae impurare nulla nec ministrorum nec una sumentium impietas poterit; id quod semper in ecclesia creditum est[1]. 88. Sancti itaque omni studio a se et fratribus, qui hic dociles sunt, removebunt cunctam fiduciam operis externi sine vera fide in Christum – tam eius operis, quod ibi fit instituto Domini, quam eius, quod fit in adiunctis hisce sacramentis ceremoniis: ut sunt circa baptisma usus exorcismorum, salis, sputi, olei, et rerum aliarum quarumlibet, quae vel in hoc sacramento, vel in sacramento eucharistiae humanitus adiunguntur[2]. 89.[d] Animumque totum defixum habebunt et defigendum esse docebunt in promissione Christi, quae hisce sacramentis commendatur.

[a–a] De baptismate P. – [b] baptisma P. – [c] *corr.* ▯ H *de* concionis L. communionis P. – [d] *para non numéroté* P.

[1] Cf. ch. 2, n. 2.
[2] Cf. ch. 3, para 62.

CHAPITRE 7

[a]DE NEGATIONE ALTERIUS [b]SPECIEI EUCHARISTIAE[b a]

90.[c] Sed est de eucharistia peculiaris scrupus, quod hoc sacramentum in ecclesiis[d] papae servientibus non totum administratur. 91.[e] Violatio quidem haec sacramenti est, quod alterum symbolum negatur. [f]At, quia communio Christi neutro quidem symbolo nititur[g], nec ideo *panis* hic sanctus non[h] erit *communicatio corporis Christi* [1 Cor 10,16][1], atque adeo Christi totius[2], quicquid sibi hic permittat impia audacia pontificis. 92.[i] Proinde pius conqueretur Christo suo de hac violatione sacramenti; et ea tamen[k] parte sacramenti religiose utetur quam potest consequi. Neque[l] ideo vel[m] parte sacramenti carere volet, quod papae[n] impietas negat, sed quantum omnino licebit de instituto Christi sui retinebit. 93.[o] Hoc ni faciat, non satis digne videbitur aestimare donum Christi[p], quod ei fecit reliquum benignitas Christi, et recedet irreligiose a communione ecclesiae, quam non nisi impius[q] reiicere poterit, ut supra dictum[r 3].

/6v./ 94.[s] Praeterea vinum post communionem corporis Christi fere vulgo exhibetur[4]. Iam utcunque illud publice non sit sacramentum sanguinis[t], quia non «accessit» publice «verbum ad elementum»[5], tamen sanctus

[a–a] De eucharistia P. – [b–b] *add.* H. – [c] 89. P. – [d] *corr. de* ecclesia L. – [e] 90. P. – [f] 91. *add.* P. *Les paras 90 et 91 sont réunis ▯ par une accolade* P. ▯ Nota *add.* A. – [g] *corr.* ▯ L *de* utitur *qui n'a pas été barré dans le texte.* – [h] *add.* H. – [i] *para marqué ▯ d'un trait* L. – [k] tantum P. *D'ici à la fin du para 93, accolade ▯* P. – [l] *le para* 93 *commence ici* P. – [m] *om.* P. – [n] partem P. – [o] *om.* P (*cf. var.* e). – [p] *barré (?)* P. – [q] impie P. – [r] est *add.* P. – [s] ▯ infra 415, 413 *et* Nota *add.* A. – [t] Christi *add.* P. –

[1] Er.

[2] La doctrine de la concomitance, qui est présupposée ici, ne paraît pas se trouver ailleurs chez Bucer. P. ex. BEv ad Mt 26,27, ff. 184v. et s. polémise contre la communion «sub utraque» sans faire cette concession – qu'ignorent de même aussi bien la *Tétrapolitaine* que la CA. Seuls les *Articles de Smalcalde*, BSLK p. 451 – Bucer n'a pas signés – traitent cette doctrine de superflue plutôt que de fausse. Bucer adopte ici plutôt le point de vue de Luther, selon lequel le «totus Christus» est présent dans les espèces; Grass: *Abendmahlslehre*, pp. 39–47.

[3] En part. paras 19ss.

[4] Il ne peut s'agir des «eulogies» composées du seul pain (et parfois d'eau bénite): Browe: *Pflichtkommunion*, pp. 185–200. Peut-être Bucer pense-t-il au vin d'ablution, utilisé à la place de l'eau (en particulier selon S. Thomas et dans la province de Cologne!) et parfois distribué après la messe: Franz: *Messe*, pp. 105–114.

[5] S. Augustin: *In Ioh. Ev.*, tract. 80, para 3, CCL 36, 529. MPL 35, 1840. *Decreti* 2a pars, causa 1, qu. 1, can. 54, Friedberg 1, 379. Pierre Lombard: *Sent.* livre 4, dist. 3, ch. 1, para 1, MPL 192, 843.

poterit hic privatim in animo suo verbum[u] Domini elemento coniungere, ac ita sibi totum sacramentum conficere. 95.[v] Etenim qui sic agat, et, quod minister negat, id sibi a Domino petat, cupiatque ita *bibere* ex *calice Domini* [cf. 1 Cor 10,20] sanguinem Domini (quod Dominus omnes discipulos suos facere iussit), hinc non dubitarim[w] poculum hoc, quod ei conceditur, *Domini poculum* esse, et *communicationem sanguinis Domini* veram, utcunque desit *benedictio* publica [cf. 1 Cor 10,16][6].

96.[x] Ergo Pascatis tempore, cum ecclesiae solemniter eucharistiam celebrant[7], sancti, qui in his[y] ecclesiis detinentur, sacram communem[z] *mensam Domini* [cf. 1 Cor 10,21] quam habere poterunt, animo et studio quo[a1] supra exposui, reverenter suscipient. 97. Idem facient et aliis temporibus, cum occasio fuerit eiusmodi communione regnum Christi promovendi, hoc est, cum religiosis fratribus commendatione religionis suae hac in re ad pleniorem intelligentiam regni Christi commodare poterunt. 98. Talis occasio posset esse in magnis illis solemnitatibus, in quibus religiosiores homines *communicare mensae Domini* [cf. 1 Cor 10,21] solent. 99. Hac de causa etiam[b1] cum aegrotant sacram communionem petent, et libenter aderunt dum alii aegroti communicantur.

---

[u] verba P. – [v] Nota *add.* A. – [w] dubitarem P. – [x] *para marqué* ▯ *d'un trait* L. – [y] hisce P. – [z] communionem P. – [a1] que P. – [b1] *om.* P.

[6] Er.

[7] Lors de la communion annuelle, rendue obligatoire par le can. 21 et 4[e] Concile du Latran, 1215: *Decreta*, p. 221. Aussi *Decretales*, livre 5, tit. 5, ch. 12, Friedberg 2, 887.

CHAPITRE 8

[a]EGROTIS EUCHARISTIAM COMMUNICANDAM ESSE[a]

100.[b] Quanquam enim circa hanc communicationem sacrificuli multa admisceant (quemadmodum in omnibus actionibus ministerii sui), quae cum verbo Domini et instituto[c] huius sacramenti male congruunt[1], nihilominus tamen est hic sacramentum Christi.

101. Tum etiam est peculiaris usus huius sacramenti iis, qui morbis a Domino erudiuntur, vel etiam hinc avocantur[d], quod *communicare mensa*[e] *Domini* [cf. 1 Cor 10,21] per se afflictis conscientiis magno solatio sit[2]. 102. Quanquam et hoc non parvum momentum habet /7r./ apud sanctos, quod ecclesia more vetustissimo eucharistiam aegrotis exhibet[3], atque[f] sancti itaque et hac in re ecclesiae pium usum propter antichristi admixtos impios abusus [g]non contemnunt[g].

103.[h] Huic mori et instituto ecclesiae nequaquam adversatur, quod Paulus Corinthiis scribit, caenam Domini non esse privatim habendam, sed communiter, *ecclesia conveniente* [1 Cor 11,20–22][4]. 104. Nam Paulus hoc loco eas privatas caenas damnat quae in ipsa ecclesia ex factionum studio seorsim habebantur cum neglectu reliquae ecclesiae[5]. 105. ait enim: *unusquisque propriam caenam praesumit edendo et hic quidem esurit, ille vero ebrius est* [ibid. v. 21]; et concludit his verbis: *proinde fratres mei, cum convenitis ad edendum, alius alium expectate* [ibid. v. 33][6]. 106. Porro[i] ad

---

[a–a] *om.* P. – [b] *para marqué* ▯ *d'un trait* L; ▯ Nota *add.* A. – [c] *corr.* H *de* institutio[ni] L. – [d] evocantur P. – [e] mensae P. – [f] *om.; de* sancti *à* contempnent (cf. var. suiv.) = *para* 103 P. – [g–g] *add.* H. Haudquaquam contempnent P. – [h] *para* 103–104 L = *para* 104 P. ▯ Nota *add.* A. – [i] cum *add.* A *au-dessus de la ligne.* –

[1] Bucer vise ici sans doute l'usage du sacrement réservé, mais aussi l'emploi de lumières, de clochettes, d'eau bénite lors de la procession solenelle à laquelle donnait lieu le port du viatique à domicile: v. p. ex. Surgant: *Mannale,* livre 2, consid. 11, f. C v. et s. – sur la liturgie strasbourgeoise de 1537 pour la communion des malades, v. Van de Poll: *Liturgical Ideas,* pp. 53s.

[2] V. Van de Poll: *loc. cit.*

[3] V. les passages de Justin Martyr recopiés dans le *Florilège patristique,* pp. 40ss. et 52ss. du ms.: *Apol. prima,* ch. 61, paras 2–13, et chs 65 para 1–67 para 6, MPG 6, 420s. et 428s. Cf. aussi les matériaux réunis chez Witzel: *Typus,* pp. XXIIs.

[4] Cf. *Kirchenordnung* 1534, BDS 5, 33. V. aussi Van den Poll: *Liturgical ideas,* pp. 53s.

[5] Ap.: Luther: *Von Winkelmesse* 1533, WA 38, 198ss. en part. 198, 1.30ss. (N.B. même réf. biblique, mal identifiée par les éditeurs).

[6] Er, sauf *praesumit* (Vg.) et *Proinde* (ErP).

aegrotum [k]aliqua ecclesia[k] convenit, et illic cum fratre caenam Domini[l] celebrat, si[m] non[n] [o]externa symbolorum[o] sumptione, tamen voto horum, et *spiritualis cibi* [1 Cor 10,3][7] communicatione[p].

[k-k] e'a' P. – [l] dominicam P. – [m] *om.* P. – [n] *inséré* A. – [o-o] *om.* P. – [p] *corr.* H *de* commendatione L. commendatione P.

[7] Er, NT et P.

CHAPITRE 9

[a]De delectu et ordine ministrorum[a]

107. Sic habet etiam delectus et ordo ministrorum ecclesiae. Res est divinitus instituta et opus Paracleti in ecclesia, ut legitur in Actis 1 [23–26]; 6 [3–6]; 13 [1–3]; 18 [24–28?]; prior. Timo. 3 [passim]; 4 [14–16]; 5 [17–22]; posterior [Tim] 1 [6–8] et Tit. 1 [5–9][1]. 108. Schola fecit hoc unum ex septem sacramentis[2], cum qua de nomine contendendum[b] non est, cum de re conveniat satis[3]. 109. Porro, ecclesia [c]inde iam[c] ab apostolis ordines sacri ministerii varios habuit in omnibus ecclesiis, ut [d]episcopos, presbyteros, diaconos[d], lectores. Tot enim ordines et sacri ministerii differentias etiam apud Cyprianum legis[4]. 110. Presbyteri erant velut ecclesiae senatores[5] et supremum concilium, qui pastoralem curam communiter administrabant[e]; unde etiam his episcoporum nomen tributum est: ad Tit. 1 [5–9]; [f]et in[f] Actis 20 [17.28][6]. 111. Hi sub tempus Augustini solebant in duplici differentia esse. Quidam vivebant una, et canones ecclesiae exactius servabant, unde ceperunt vocari [g]«presbyteri canonici», id est «regulares»[g], qui regulas patrum scilicet religiosius custodirent. 112. Tales fere erant, qui circa episcopum in primoribus[h] ecclesiis versabantur.

[a-a] *add.* ▯ H. De ministris ecclesiae A. – [b] *corr.* A *de* contemdum [?]. – [c-c] iam inde P. – [d-d] *corr. de* episcopus, p'us, d'us, L. *Ces trois mots et le suiv. soulignés* P. – [e] administrant P. – [f-f] *om. la suite = para* 113 P. – [g-g] *souligné* P. – [h] *corr. de* prioribus L. –

[1] Peut-être ap. Gropper: *Enchiridion* (*De ordine*), f. CXC v. (mêmes *tt* pour prouver institution divine).

[2] P. ex. Pierre Lombard: *Sent.* livre 4, dist. 2, ch. 1 et dist. 24, en part. chs 1–3; Quaracchi 2, 239s. et 393s.; MPL 192, 841s. et 900s. – S. Thomas d'Aquin: *S. Th.* 3a, qu. 65, arts. 1 et 2, et Suppl. qu. 34, en part. arts. 1–3.

[3] Cf. Apologie de la CA art. 13, BSLK, p. 293. Même la *Tétrapolitaine* considère le baptême et l'eucharistie comme les principaux (praecipua) et non les seuls sacrements: art. 16/18, BDS 3, 121.

[4] Pour les trois premiers ordres, v. p. ex. *Ep.*3, paras 2s., CSEL 3:2, 470ss.; MPL 4, 398s., surtout d'après le texte cité in *Decreti* la pars, dist. 93, can. 25, Friedberg 1,329 (episcopos et presbiteros). Mais v. aussi les mandements épiscopaux adressés par Cyprien aux «presbytres et diacres»; p. ex. *Ep.* 39 (intitulée: *De Celerino confessore lectore ordinato* dans les éditions d'Erasme) para 4, CSEL 3:2, 583s.; MPL col. 323. – Des données cyprianiques concernant les ordres forment une partie des matériaux les plus anciens réunis dans le *Florilège patristique* ms. environ pp. 231–286.

[5] Cf. S. Jérôme: *In Esaiam,* livre 2 (ad 3,3) CCL 73, 45; MPL 24, 61.

[6] Pour les relations entre presbytres et episcopes, cf. Van't Spijker: *Ambten,* pp. 362–5 et 394–402.

113.[i] Unde mos ille obtinuit, cuius hodie reliquiae supersunt, /7v./ ut episcopi fere apud primas ecclesias collegia canonicorum huiusmodi communi domo et victu haberent[k], [l]postea vero[l] prima et episcopalia templa[m] cum annexis domibus «monasteria» vocari caeperunt. Ex quo more nomina ista «monasterium», «refectorium», «dormitorium» cum huiusmodi locis; item «praepositus», «decanus», «scolasticus», «portarius», et huiusmodi, in multis ecclesiis etiam hodie supersunt.

114. Porro, presbyteri qui seorsim singulis ecclesiis praeficiebantur, erant[n] probe episcopali authoritate, ut Romae mos erat, et alibi. Hi vocabantur «presbyteri [o]cardinales» ut in epistolis Gregorii videre est[7]. Nam huiusmodi presbiteri[o] in suis ecclesiis episcopi, id est primi presbyteri munus obibant. 115. Etenim statim apostolorum tempore, quo presbyteri cuiusque[p] ecclesiae – qui multi esse solebant – ecclesiam quisque[q] suam concordius et perfectius administraret[r], elegerunt ex se vel ex[s] aliis unum, qui ipsis et [t]ecclesiae toti[t] prima pastoralis muneris authoritate et cura praeiret, et hunc «episcopum»[u] simpliciter vocarunt.

116. Hoc loco fuisse[v] ecclesiae et presbyteris Hierosolimitanis Iacobum vetus ecclesia recte credidit[8]. Nam in Actis 15 [13–21] et 21 [18–19] vides eum omnino [w]praerogativam authoritatem[w] inter reliquos presbyteros habuisse.

117. Sic enim scribit Lucas in Actis 21 [18][9]: *Postera autem die introibat Paulus nobiscum ad Iacobum, et omnes seniores ibi convenerunt,* nimirum tanquam senatores ad consulem. 118. Apparet itaque[x] munus episcopi sicut seniorum [y]prima Paracleti institutione in ecclesiam receptum esse[y], et functionem eius hanc fuisse et esse debere: ut ecclesiae pastoralem curam praecipua solicitudine et opera praestet; [z]sed consilio et[a1] ope[z] cum primis totius presbyterii; deinde etiam diaconorum; postremo (cum causa sit) [b1]etiam totius ecclesiae[b1]. 119. Pastoralis autem cura hisce partibus constat: ut quicquid est *perditarum ovium* Christi[c1] *quaeratur,* quod ab ovili nonnihil *depulsum* est *reducatur,* quod aliquid *confregerit curetur,* quod

---

[i] *jusqu'à* haberent, *incorporé à* 112 P. – [k] *corr. de* haberentur L. – [l-l] *lacune in* L; ▯ puto: postea vero H (*d'où nous prenons les deux mots insérés dans notre texte*): *om.* P. – [m] templis P. *corr. en* edificia templi A. – [n] *add.* H ▯. *om.* P. – [o-o] *add.* ▯; *la place de l'insertion marquée dans le texte où une première addition* («quod»*??*) *est barrée* L. – [p] cuius *souligné mais non corrigé* L. – [q] quique P. – [r] administrarent P. – [s] *om.* P. – [t-t] t'e' P. – [u] *souligné* P. – [v] *corr. en* praefuisse P. – [w-w] *souligné* P. – [x] ita P. – [y-y] *souligné* P. – [z-z] *om.* P. – [a1] *suivi d'un mot* (operum?) *barré* L. – [b1-b1] *souligné* P. – [c1] *remplace* eum (*ou* enim?) *barré* L; *om.* P. –

[7] Peut-être Ap.: Witzel: *Typus,* p. XLVIII (*i*). – Cf. p. ex. *Registre,* livre 1, Ep. 77 (MPL: Ep. n° 79); livre 3, Ep. 24, MGH: Ep. 1,97. 182; MPL 77, 533. 623.

[8] P. ex. Eusèbe: *H.E.* livre 2, ch. 1, para 2 et livre 3, ch. 7, para 8, GCS 9:1, 102. 214; MPG 20, 133s. 221. S. Jérôme: *De viris illustribus,* ch. 2, MPL 23, 639.

[9] Vg. et Er. Cf. *Von der waren Seelsorge,* BDS 7, 113 (*ti*). Cf. aussi Van't Spijker: *Goddelijk recht,* p. 12s.

infirmum fuerit *sanetur,* quod *robustum* est et *pingue foveatur* [Mt 10,6.8; Ez 34,15–16][10]. Hoc est[d1]: ad ecclesiam adducatur quicquid adduci poterit, et quod adductum est, ab omni malo custodiatur et liberetur et in bono omni promoveatur – adeo, ut ne corporis quidem necessaria cuiquam desint.

/8r./ 120. Hoc munus et haec cura debet esse communiter[e1] omnium presbyterorum, sed hoc magis episcopi quod oportet hunc velut caput et ergodioctem [!][f1] esse, cum presbyterorum tum aliorum ordinum in ecclesia, atque adeo ecclesiae[g1].

121. At quia dispensatio verbi et cura disciplinae tam late patet, tantumque diligentiae [h1]et operae[h1] poscit, apostoli statim ministerium illud, quo necessaria corporis curantur[i1] iis, qui illis in ecclesia indigent – quod et ipsum scilicet[k1] pastorali cura continetur – aliis hominibus commettendam [!][l1] esse decreverunt, quam iis, qui presbyteri munus gerebant. 122. Hos itaque vocarunt «diaconos», id est, ministros simpliciter, cum tamen mensae ministerium his peculiariter commendatum esset, ut legis Act. 6 [1–7]. Unde Hieronimus, loquens de diaconi munere ad Evagrium[m1]: «Quid» – inquit – «patitur mensarum et viduarum minister?»[11].

123. Hisce igitur, qui diaconi vocabantur, ecclesiae committere solebant quicquid sancti[n1], necessitatibus[o1] ecclesiae conferebant, tam solemnibus illis collationibus[p1], quae fiebant ad sacram caenam, quam alias. Et haec dispensabant diaconi partim pro generali constitutione ecclesiae, partim etiam[q1] pro iussionibus episcopi, ut quotidie novae necessitates sanctorum sublevandae esse episcopo et presbyterio[r1] iudicarentur. De quibus omnibus rationes et[s1] accepti et expensi diaconi diligenter reddebant episcopo et presbiterio[t1].

124. Et postquam ditiorum hominum et principum liberalitatibus ecclesiae opes evasissent auctiores – immo etiam antequam principes christiani facti essent – caeperunt diaconis hypodiaconi adiungi [u1]nam et Cyprianus hypodiaconorum meminerit[u1][12] quibus utrisque postea praefecti sunt archidiaconi.

[d1] ut *add. au-dessus de la ligne* P. – [e1] *om.* P. – [f1] εργοδιωκτον [!] *souligné* P; id est operis exactorem *add.* A. – [g1] totius *add.* P. – [h1–h1] *om.* P. – [i1] *précédé de* utantur *barré* L. curentur P. – [k1] in *add.* P. – [l1] commitendum P. – [m1] *inséré* H *dans lacune du texte, marquée par carré* ▯ (*barré, suite à l'insertion*) L. *om.* [!] P (*faisant de* Ad *le début de la citation*). – [n1] *suivi de* pio *barré* L. pro *add.* P. – [o1] *corr. de* necessitate L. – [p1] *corr. de* collectionibus L. – [q1] *om.* P. – [r1] *corr.* H *de* presbytero L. presbitero P. – [s1] *om.* P. – [t1] *corr. de* presbiteris L. presbitero P. – [u1–u1] *add.* ▯ L *et* A (A: n'e' divus C' h' meminit. –

[10] Ez. Vg. BiMun et traduction originale de Bucer, Mt Er. Interprétation selon *Von der waren Seelsorge,* BDS 7, 141–168, en part. 141ss.

[11] *Ep.* 146, para 1, CSEL 55, 308; MPL 22, 1193. Cité in *Decreti* 1a pars, dist. 94, can. 24, Friedberg 1,327. – Pour le diaconat et son histoire v. *Von der waren Seelsorge,* BDS 7, 114–116.

[12] P. ex. Ep. 20 [14] para 3; Ep. 34 [28] para 4 [3], CSEL 3:2, 528. 570; MPL 4, 263. 301.

125. Horum proprium munus erat opes ecclesiasticas colligere, asservare, et dispensare. 126. Verum qui[v1] ecclesiae opes administrabant, et episcopo atque presbyteris adiuncti erant, etiam[w1] in caeteris ecclesiae rebus – ut in admonendis et castigandis fratribus – opera eorum adhibebatur, ita ut ad communionem[x1], aedificationem pietatis, hoc quoque munus temporalia dispensandi et [!][y1] debet accomodari. /8v./

127. Hinc quo maior horum authoritas esset, quoque[z1] in administratione sacrae caenae suas partes obibant[a2], fere dispensationem calicis, ut in historia [b2]divi Laurentii et aliis veterum scriptis legitur[b2][13]. [c2]Recitare enim lectiones evangelicas et alias ad sacram caenam olim lectorum munus erat, ut apud divum[d2] Cyprianum videre est[14].

128. Id quoque apud divum Gregorium in epistolis legimus[15]. His quandoque visitationes ecclesiarum commissas fuisse: de qua re ad Petrum subdiaconum Siciliae et ad alios [e2]tum diaconos admodum[e2] multae epistolae extant divi Gregorii[16]. 129. Ex quo instituto supersunt illae iurisdictiones archidiaconorum, quae in plerisque diocesibus existunt[17].

[f2]130. Quae solae de vero munere diaconi supersunt, sed ut omnia caetera depravatae[f2]. 131.[g2] Nam curam dispensandi opes ecclesiasticas in usus pauperum ad munus[h2] pertinere paucissimi sane archidiaconi vel diaconi hodie norunt[18].

132. Fuit olim etiam ordo in ecclesia, sed non tam communis, acoluthorum[i2], qui episcopum consectabantur. Lectorum ordo, et vetustior et praestantior habitus est[19]. Habuerunt ecclesiae etiam suos exorcistas, et alia quaedam munia, quorum nihil nunc fere superest, quam innane [!]

[v1] *add.* ▯ H *au lieu de* quare *barré* L. quia P. – [w1] *suivi de* qui *barré* L. – [x1] *précédé de* episcopi *barré* L. *Ibid.* ▯ *un carré et une croix: pour marquer une lacune?* Communem P. – [y1] *ajouté au-dessus de la ligne* L. *om.* P. – [z1] *barré en cet endroit* P. *inséré après* administratione A. – [a2] et *add.* P. – [b2–b2] *add.* ▯ L. *dans le texte* P. – [c2] *début para.* 127 P. – [d2] *om.* P. – [e2–e2] condiaconos P. – [f2–f2] *Ce para est inscrit après le para 131; une ligne indique la place qui lui revient* L. – [g2] *numéro om.* P. – [h2] suum *add.* A. – [i2] *en partie écrit par* H. –

[13] Jacques de Voragine: *Legenda* ch. 117, para 5, éd. Graesse p. 494. S. Augustin: *Sermo* 304, para 1, MPL 38, 1395. Cf. p. ex. S. Cyprien: *De lapsis*, ch. 25, CSEL 3:1, 255; MPL 4, 485.

[14] P. ex. Eps. 23 et 39, para 4, CSEL 3:2, 536 et 584; MPL 4, (Eps. 16 et 34) 269 et 325; et cf. *supra* note 4.

[15] *Registre*, livre 13, Ep. 50, MGH Ep. 2, 415; MPL (13,45) 77, 1297.

[16] A Pierre, p. ex. *Registre* livre 1, Eps. 42 et 71, MGH Ep. 1, 62s. et 91; MPL (1,44 et 1,73) 77, 499ss. et 527s. – A Anthème et Savinus: *ibid.* livre 9, eps. 105 et 120, MGH Ep. 2,112 et 123; MPL 77 (10,20 et 13,24), 1079s. et 1277. – Ap.: Witzel: *Typus*, p. 48 (*i, r* à Grégoire, nom de Pierre).

[17] Pour un exposé des thèses traditionnelles concernant l'histoire de l'archidiaconat et pour leur critique, v. Fournier: *Origines*, ch. 3, pp. 42–52.

[18] Peut-être ap.: Gropper: *Enchiridion*, f. 195v. (même plainte en conclusion d'un traitement du diaconat qui présente plusieurs traits communs avec le nôtre).

[19] Peut-être ap.: Witzel: *Typus*, p. 48 (*i*, mais sans indication d'ancienneté).

nomen et ociosae ceremoniae imitationes[k2]. 133. Hodie itaque, si rem spectes, munera ecclesiasticorum omnia continentur munere episcopali, archidiaconorum, presbyterorum[l2], lectorum et psallentium, praefectorum caenobiis et praepositorum[m2] variarum provisionum, quae indigentibus constitutae sunt, ut pupillorum, morbidorum, peregrinorum et similibus necessitatibus laborantium[20]. 134. Inter quos[n2] tamen nulli plus sacri muneris retinuerunt quam presbyteri qui administrant parochiis[o2] sacras conciones et divinarum literarum enarrationes – utcunque etiam horum functiones [p2]iam pridem[p2] innumeris superstitionibus et abusibus per antichristum contaminatae[q2] sunt.

135.[r2] Primum itaque de eo munere, in quo[s2] plusculum sacri /9r./ ordinis reliquum est dicemus, deinde de episcopali et reliquis, quantum de illis adhuc in ecclesiis superest[t2]. 136. Et initio de ipsa sacra initiatione[u2]. 137. Haec solemnis collatio est, per symbola impositionis manuum, unctionis, et aliarum quarundam observationum, facultatis spiritualis administrandi rite evangelium, sacramenta, et disciplinam ecclesiasticam, tum etiam opes ecclesiasticas, habens promissionem adfuturae opis Paracleti[21]. 138. Ista observatio, cum ex[v2] institutione Paracleti in ecclesia recepta est, habebitur piis omnibus sacrosancta et ob nullam impietatem negligenda.

139. Porro, quod antichristus institutum hoc divini Spiritus, ut omnia, pervertit, et eo ad ingerandam [!][w2] fiduciam operis externi, et[x2] obtrudendum ecclesiis *mercenarios* et qui *oves* tantum *rapiunt* et *mactant* [Io 10,10–12] abutitur, pii dolebunt, et quibus poterunt cum fructu hanc perversionem antichristi detegent, precibus et verbo eam constanter oppugnabunt. 140. Interim tamen[y2], quia[z2] institutum est Spiritus sancti, quod ut dictum[a3][22] nulla[b3] abutentium impietas usui[c3] sanctorum depellere potest, non aspernabuntur sancti sacram ordinationem, cum viderint se ad ministerium vocari. 141. Videbunt autem se vocari, cum locus offertur

---

[k2] *corr. de* imitationis [!] H, *précédé de* imitationes *partiellement corr. en* initiationis *puis barré* L. initiationis P. – [l2] presbiterum [!] P. – [m2] propositorum P. – [n2] hos P. – [o2] parochias P. – [p2-p2] *add. en écriture minuscule dans lacune, marquée par un carré* ▯. *om.* P. – [q2] *add.* ▯ *pour remplacer* contaminandae *barré* L. – [r2] *précédé du titre:* De ordine L. *add.* P. – [s2] scilicet *add.* P. – [t2] *précédé de* est *barré* L. – [u2] *inscrit* ▯ *pour remplacer* imitatione *barré* L. – [v2] *om.; les mots suivants:* i'P'i'e'r' *soulignés* P. – [w2] *corr. de* ingenerandam [!] L. ingerendam P. – [x2] *remplace* sed L. ad *add.* P. – [y2] *préc. de* quam *barré* L. – [z2] quoniam P. – [a3] est *add.* P. – [b3] *corr. de* nullam L. – [c3] usus P. –

[20] Adv.: Calvin: *De sacerd. papali abiiciendo* CR 33, 299ss. (énumération, là uniquement critique).

[21] Cf. Van't Spijker: *Ambten*, 377–382, faisant surtout état de telles formules dans des écrits postérieurs au nôtre. – Adv.: Calvin: *De sac. papali abiiciendo,* CR 33, 282 (là: il ne s'agit que de mitres, d'anneaux, etc.).

[22] Cf. *supra*, paras 13ss.

[d3]verbi Dei praedicandi[d3] et sacramenta administrandi ut munus parochorum[e3], ecclesiastarum[23], et doctorum. Haec de vocatione[f3] et initiatione[g3].

142. Iam de usurpatione huius muneris dicemus. Et quia de pastoris officio maior difficultas est, de eo praecipue agamus; nam huius muneris difficultate discussa satis patebit, ut muneris ecclesiastarum et doctorum difficultas discuti debeat. 143. Fateor, infiniti horroris res est pio et intelligenti quod[h3] munus veri pastoris requirat, hoc munus in ista captivitate babilonia[i3][24] suscipere. 144. At nulla omnino perversione antich[r]isti[k3] fieri possit, ut ulli christianorum liceat [l3]*prodere oves* Christi [Io 10,12][l3][25] si ulla detur illas Christo colligendi facultas. 145. Vere autem prodit eas qui destituit eas suo ministerio, /9v./ cum ad id ulla ratione vocatur, et non adest, qui[m3] melior [n3]hoc sacrum munus[n3] susciperet.

146.[o3] Vetant sancti canones sacram ordinationem suscipere ab haereticis et simoniacis[p3][26]: sed hoc locum habet cum non[q3] desunt episcopi[r3] et simoniacae labis puri, [s3]in [!] quibus[s3] [t3]ad sacram functionem instituatur[t3][27]. 147. Nunc autem, cum in ecclesia Dei regnent ubique antichristi loco episcoporum, – 'nec fugere, nec fugare eos liceat'[28] – ab his ordinari oportebit, aut ministerio prorsus desistere. 148. Iam desistere sacro ministerio, cum ad id voceris, et non adest qui idoneus id suscipiat, nihil aliud est, ut diximus, [u3]quam *prodere oves* Domini nostri Iesu Christi[u3] [Io 10,12][29]. 149. Nec proditionis huius liberabit id quod ministerium sacrum[v3] hodie tantis[w3] superstitionibus obnoxium sit[x3], quas[y3] etiam ne detegere quidem satis licet, nedum removere. 150. Nota[z3]: Est enim ratio,

---

[d3-d3] predicandi verbi P. – [e3] *corr. de* parrochiarum L. – [f3] *corr. de* evocatione L. evocatione P. – [g3] *add.* ▯ H *pour remplacer* imitatione *barré* L. – [h3] quid P. – [i3] babilonica P. – [k3] *corr. de* antich[r]istis L. – [l3-l3] *souligné* P. – [m3] *corr. de* quid L. *Barré ici et inséré après* melior A. – [n3-n3] munus hoc P. – [o3] *para marqué* ▯ *d'un trait* P. – [p3] *corr.* H *de* symoniariis L. – [q3] *inséré* H. – [r3] *suivi de lacune* P, ▯ *une ligne, ensuite barrée, marque la lacune. Dans la lacune* catholici *add.* A. – [s3-s3] *suivi de* in *resté par mégarde lors de la correction d'une dittographie* L. *barré* P *et remplacé par* per quos A. – [t3-t3] *La phrase s'est d'abord modifiée* 1) ad sacram instituatur; 2) a's' instituantur; 3) a' sacra i'. *La terminaison* ur *a été supprimée, puis rétablie* L. a's'f' instituare [!] P. – [u3-u3] *souligné* P. – [v3] *inséré* ▯ H *pour remplacer* suum *barré* L. – [w3] *corr. de* talibus L. – [x3] *om.* P. – [y3] *corr. de* quod L. quod P. – [z3] ▯ L. *om.* P. –

[23] Au sens hiéronymien et érasmien de «prédicateur». Pour les postes spéciaux de prédicateurs institués plus particulièrement dans et par les villes, v. Moeller: *Reichstadt* p. 20, et notes 8–9.

[24] Au sens luthérien de «tyrannie papale»: v. les renvois dans WA 6, 485.

[25] ErP.

[26] V. p. ex. le «*Canon Apost.*» 28 (30) [= can. 2 de Chalcédoine] in: *Decreti* 2a pars, canon 1, qu. 1, can. 8, et Cyprien *Ep.* 72:2 *ibid.* causa 1, qu. 7, can. 1, Friedberg 1,359s. et 426. L'ensemble des deux questions citées traite de ce problème.

[27] Cf. les *Dicta Gratiani* loc. cit. qu. 7, en part. cols. 429s. et 434.

[28] Cf. *supra* para 22.

[29] Cf. note 25.

qua citra[a4] superstitionem iis rebus utare, quibus vulgus fere cum summa superstitione et impietate abutitur. Hanc rationem infra exponemus, cum disseremus de usu ceremoniarum tertii generis[30].

[a4] *inséré* H *pour remplacer* ut ea [!] *barré* L.

[30] Chs. 39 et ss., paras 375 et ss.

CHAPITRE 10

[a]QUOD OFFICIUM PASTORALE HODIE RECTE IN ECCLESIIS PAPISTICIS POSSET AGI[a 1]

151. Ratio autem, qua ista, si pastorem agas, pie administres, haec fuerit.
152. 1[b]: Primum diligenter inculcabis salutem nobis constare sola Dei misericordia [c]per Christum nobis[c] exhibita, quam certa fide amplecti oporteat, et agnoscere nostra [d]et omnia[d] creaturarum merita nobis nihil prodesse posse, nisi Pater coelestis propter mortem Filii sui nobis peccata remittat, et inter filios suos numeret. 153. 2[e]: Deinde nunquam non urgebis quod[f] *diligendi* nobis *proximi* sunt[g], *sicuti nos ipsos* diligimus [Lv 19,18; Mt 22,39]; et[h] oportere omnia opera nostra ita servire saluti et utilitatibus proximi sicut saluti et utilitatibus propriis[2]. /10r./ 154. Ex his[i] duobus fundamentis [k]pulchre revocabis[k] homines ab omni fidutia vel suorum vel alienorum meritorum. 155.[l] Tum etiam impelles, ut se et sua omnia impendant proximis; eoque pacto id quoque efficies, ut religiose[m] homines oblationes suas iam non in res[n] inutiles (ut in culinam sacrificulorum non egentium, et frustraneum ornatum templorum) sed in necessitates egentium dispensent. 156. 3[o]: Tertio, [p]et illud diligenter[p] commendabis, ceremonias sanctas[q] ecclesiae debere observari gratia excitandae et confirmandae *fidei* in Christum *quae efficax sit per dilectionem* [Gal 5,9][3] ad omnia opera bona. 157. Sine qua fide et dilectione nihil prorsus ad salutem prodesse possit [cf. 1 Cor 13,3]; sacras autem ceremonias etiam noxias esse propterea quod, cum observantur sine devotione fidei, singularis admittatur contemptus Dei suae bonitatis per ceremonias admonentis. 158. 4[r]: Quarto, singularum ceremoniarum significationes ad excitationem pietatis saniore interpretatione accommodabis.

[a-a] *om.* P. – [b] ▯ L. *om.* P. – [c-c] *add* ▯ H. *om.* P. – [d-d] *corr.* ▯ H *de* in omni L, et omnium P. – [e] ▯ L. *om.* P. –[f] *corr.* H *de* quoniam L. quoniam P. – [g] *corr. de* sumimus L. – [h] *om.* P. – [i] *corr.* H *de* hiis L. – [k-k] r′p′ P. – [l] *om.* L. – [m] religiosi P. – [n] *add.* ▯ H *pour remplacer mot barré* L. – [o] ▯ L. *om.* P. – [p-p] d′ et i′ P. – [q] cunctas P. – [r] ▯ L. *om.* P. –

[1] Adv.: Calvin: *De sac. papali abiiciendo,* CR 33, 292–6 (là: image totalement négative des fonctions du bas clergé. Les quelques tentatives de mieux prêcher sont sans effet; en part. col. 295: « . . . conditio ecclesiae . . . Christo restitui non potest . . .»).

[2] Ap.: S. Thomas d'Aquin: *S. Th.* 2a 2ae, qu. 26, art. 4, s.c. et in co. (*i*! *t*); peut-être adv.: Luther: *In Ep. ad Gal. Commentarius* (ad 3,15) WA 40:1, 460s., et (ad 5,14) WA 40:2, 72s.

[3] Vg. Luther, WABi 5,680; et ap.: Luther: *In Gal. Commentarius,* WA 40:2, 34,36. Cf. aussi ErAn ad loc. et cf. supra ch. 2, n. 22.

159. Haec omnia quo facias inoffensius[s] et maiore cum fructu, uteris ad commendanda ista authoritatibus patrum ubicunque [t]licebit: id est[t], licebit autem facile in omnibus, si scripta illorum diligenter excutias.

160.[u] Praeterea et[v] scholae authoritate utendum est hoc illius axioma identidem iactandum, puta[w].

161. Nihil omnino salutiferum [x]vel intra[x] [y]vel extra[y] templum fieri aut percipi[z] posse ab eo, qui non sit [a1]in dilectione Dei[b1] et gratia[a1] [4]. 162. Ingeres et illud identidem, quod habent diplomata pontificis:'rite [c1]contritis et confessis'[c1] [5]. 163. Nam haec: esse in gratia, agere ex dilectione Dei, esse rite contritum et confessum, continent in se veram idem, [d1]fideique verae[d1] ad omnia usum, ut vel his solis conditionibus possis christianos abunde omnes a cuncto abusu quarumlibet ceremoniarum ad verum usum revocare.

---

[s] *corr. de* inoffensus L P. – [t-t] liceat P, *qui fait débuter le n° 160 par le* Licebit *suivant.* – [u] *cf. var.* [t]. – [v] *corr. de* ex L. ex P. – [w] *inséré* H. *om.* P. – [x-x] *add.* ▯ H. – [y-y] *om.* P. – [z] *corr.* ▯ H *de* praecipi L. – [a1-a1] *souligné* P. *et* ▯ infra 391. 433 *add.* A. – [b1] *inséré* H, *om.* P. – [c1-c1] *souligné* P *et* ▯ 435 *add.* A. – [d1-d1] veraeque fidei P.

[4] Cf. Pierre Lombard: *Sent.* 4, dist. 24 ch. 3; pp. 394s. – Cortese: *Sent.* 4, *De sacr. ordinis,* présente cette doctrine comme celle des scotistes, et que les thomistes nient. Mais cf. aussi S. Thomas: *S. Th.* 3a pars, qu. 82, art. 6 *in co.* – Pour le sens donné à l'expression par Hubert, v. ch. 11, note 2.

[5] C'est une règle communément admise: v. p. ex. Biel: *Can. miss. exp.,* lectio 7 D et ss., t. 1, pp. 53ss., qui cite de nombreuses autorités scolastiques. V. aussi Cajetan: *Summula de peccatis* s. v. *praedicatores,* 2e cas (f. 181v. et s.). Le document papal auquel Bucer fait allusion est sans doute la bulle *Unigenitus* concernant les indulgences: *Extrav. Commun.,* livre 5, tit. 9, ch. 2, Friedberg 2, 1304: «vere poenitentibus et confessio». Cette bulle ne concerne que les bénéficiaires, pas les ministres.

CHAPITRE 11

[a]Qua ratione missae et eucharistia administranda [!] pio pastori[a]

164. 5[b]: Quinto, cum in nullis fere ceremoniis plus /10v./ idololatriae admittatur quam in missis et reliquo usu et[c] veneratione eucharistiae, iis ceremoniis, quae sunt consecratae divis, et [d]quaè fiunt[d] mortuis, erit in his singularis cautio adhibenda.

165. Quicquid igitur in missis et reliquo usu et[e] veneratione eucharistiae corrigi nondum poterit, illud omne pius pastor ipse quidem suo animo pie et sancte usurpabit – quod, qua ratione fieri queat, infra dicemus, cum de abusibus eucharistiae nominatim agetur. [f]«De consecratione» multa in hac re praeclara legis[f][1]. 166. Tum verum eucharistiae usum populo diligenter commendabit, nunquam non admonens *reos fieri corporis et sanguinis Domini, qui* sacramentis hisce *indigne,* hoc est sine fide et poenitentia communicent [1 Cor 11,27] – sive id visu modo et externo cultu faciant, sive etiam sacramenta *sumendo* [ib.]. 167. Et illud studiosissime semper ingeret[g]: fructum huius sacramenti ad eos tantum pervenire, qui sacramento coniungentur[h] per fidem et dilectionem, suntque[i] viva *membra Christi* [1 Cor 6,15], id quod et schola docet[2]. 168. His cum [k]ecclesiam suam pius pastor[k] communierit, nullam fovebit impietatem, dum missas suas (quas omittere non potest, nisi pastoris munus abiicere velit) bona conscientia faciens[l], ostentationes[m] et pompas [n]huius sacramenti[n] exhibebit. 169. Nam haec non in se ut infra dicetur[o], sed ex[p] abusu antichristianorum impia et noxia sunt.

[a-a] *om.* P. – [b] *om.* P. – [c] atque P. – [d-d] *corr.* ▯ H *de* fiant L. fiunt P. – [e] atque P. – [f-f] *sous forme de titre* L; ▯ Non debet esse titulus *add.* H. *om.* P; ▯ 725 *add.* A. – [g] H *remplace* iungeret *barré* L. – [h] coniunguntur P. – [i] et sint P. – [k-k] pi′ pa′ e′ s′ P. – [l] faciet P. – [m] que *add.* P. – [n-n] s′h′ P. – [o] *remplace* docetur *barré* L. – [p] *suivi de* aliquo *barré* L.

[1] En vue de ce qui suit on peut penser surtout à la dist. 2, et en part. aux canons 14ss., Friedberg 1, 1319–1322.

[2] P. ex. Pierre Lombard: *Sent.* livre 4, dist. 9, en part. ch. 1, éd. Quaracchi 2, 286ss. S. Thomas: *S. Th.* 3a pars, qu. 79, art. 8, *in co* et *ad 1;* qu. 80, art. 2 *ad 2,* art. 3 *ad 1* et *ad 2;* art. 4 *in co.* V. aussi Cajetan: *Summula* s. v. *communio sacramentalis* (f. 30v.). Et cf. De Kroon: *Studien,* p. 59 et n. *ibid.* – Cf. aussi *inf.* ch. 42 n. 17.

CHAPITRE 12

[a]DE CEREMONIIS DIVORUM ET INVOCATIONE[a]

170. In ceremoniis divorum pius parochus nullas historias de divis falsas populo exponet. Cum autem tales historiae populo alias notae et commendatae sunt, libere testabitur, quae in illis aut indubitata mendatia sunt, aut etiam incerta. /11r./ 171. In eo tamen hac moderatione et cautione [b]utetur semper[b], ne cuiquam ex religiosis hominibus appareat contemptor divorum, etiamsi absque periculo ab antichristis hic liceat liber[c] esse.

172. Maximopere enim religiosi animi opinio querenda et conservanda est ei, qui velit *oves* Christi ex tanta errorum et superstitionum *dispersione* ad Christi sinceram fidem *colligere* [cf. Ier 23,2s.; Io 10,12]. 173. Cum itaque incident[d] festa divorum, et memoriae superstitioni et mendaciis singulariter obnoxia[e], admonebit populum diligenter, si non studeant esse in gratia et dilectione Dei – hoc est, si non viva fide pendeant toti a Christo – si non sint 'rite contriti et confessi'[1] – hoc est, si non vivant in iugi paenitentia – nihil posse eos a divorum «intercessione et meritis»[2] expectare commodi. 174.[f] Cum enim divi [g]Deum super omnia[g] diligunt, non posse velle quenquam fovere in offensione Dei[h], quod autem facerent, si[i] longam vitam, secundam valetudinem, opes[k], et huismodi impetrare iis cuperent, qui hiis omnibus ad contumeliam Dei abuterentur[l], ut[m] faciunt omnes impenitentes. 175. Iam remissionem peccatorum ut sibi impetrent, [n]iis tantum[n] optare possent[o], qui ex animo hanc ipsi quoque expetunt – id quod nemo facere poterit, nisi quem peccatorum suorum vere poeniteat. 176. Ista saepe, et religiosissima cautione, inculcare populo, et per authoritates patrum confirmare, pius pastor studebit. 178.[p][3] Cum vero certae existunt ex cultu divorum idololatriae vel leipsanae latriae[q][4] et[r] manifestis

[a-a] *om.* P. – [b-b] s' u' P. – [c] libero [!] L. – [d] inciderint P. – [e] obnoxiae P. – [f] ▯ Nota *add.* P. – [g-g] s' o' D' P. – [h] *suivi de* hoc est si non viva fide pendeant *barré* L. – [i] *corr. de* sic L. – [k] *précédé de* sic *barré* L. – [l] abutuntur P. – [m] *add.* ▯ *remplace* at *barré* L. – [n-n] *inséré* H, *remplace* eos standum *barré* L. eos sperandum P. – [o] posse P. – [p] 177 rectius P; *le décalage se maintient dans la suite de ce chapitre et aux ch. suivants.* – [q] λειψανολατρειαι P, id est reliquiarum cultus *add.* A. – [r] *corr. de* etiam L. et cum P. –

[1] Cf. ch. 10, n. 5.

[2] Expression commune des oraisons pour certaines fêtes des saints; p. ex. pour la Saint-Léodégar citée par Bucer in *Florilège* ch. 23, n. 1 et 13. Cf. l'expression «meritis precibusque» du canon de la messe.

[3] Le numéro 177 est omis par erreur. Cf. var. [p].

[4] De λείψανον, reste (mortel); souvent utilisé *in bonam partem* des reliques, dans la patristique grecque: v. Lampe: *Lexicon* s. v. n° 3b.

mendaciis excogitatae[s], pastor populum admonebit, quo ad omnino poterit, citra labefactationem opinionis fidelis et religiosi pastoris, de vanitate aut saltem incertitudine eorum, quae de certis facultatibus homines iuvandi, quae divis tribuuntur, conficta sunt.

179. Deinde de pompis quoque, quae ad fovendas huiusmodi[t] superstitiones institutae sunt, quantumcumque[u] fidelis cura pro plebe sibi credita permiserit, detrahet. Et, si ullo pacto citra impedimentum pastoralis officii queat, instrumenta harum superstitionum, ut statuas, imagines, et reliquias divorum, quibus sua numina affinguntur[v], facile submovebit a conspectu et cultu vulgi[5]. 180. Quae vero citra maiorem oblesionem religionis in populo subtrahere non poterit, illa ad verum et salutarem divorum cultum verbo Christi pertrahet. 181. Idque ex hisce fontibus: noxium esse quicquid vel a Christo ipso vel [w]a divo[w] petas ante pietatem. /11v./ 182. Dominum esse, qui nos variis morbis et afflictionibus in hoc percutit, ut ad ipsum nos vera paenitentia convertamus. Idem ergo divos in nobis cumprimis expetere. 183. Divos[x] qui pro vero [y]cultu Christi[y] sanguinem fuderunt, [z]hunc in primis[z], a studiosis sui requirere. 184. Cumque nobis divi Christi opem exorare, non suam conferre velint[a1], Christo quoque [b1]latam nobis[b1] opem transcribi postulare; indeque Christi studium in nobis grandescere. 185. Et ut in hac vita inopibus omnia[c1] largita[d1] sunt, hoc est, Christo in *minimis suis esurienti, sitienti,* etc. [Mt 25,34–40], ita nunc nullis oblationibus magis gaudere[e1] quam [f1]ut[g1] quis recreet[f1] egentia *membra Christi* et ipsorum [cf. 1 Cor 6,15]. 186. Recte itaque sanctos patres[h1] cultum divorum admiratione et predicatione Christi – qui tanta per illos in salutem suorum perfecit – et pietates[i1] illorum imitatione definisse[k1] [6].

187. Tertio, cum in festis divorum[l1] concionandum est, quia semper [m1]lectio Evangelii[m1] legitur, in ea explicanda amplius immorabitur, et de divis commemorabit ea modo, [n1]quae, cum[n1] divorum insignem[o1] laudem continent, praecipue etiam faciant ad excitationem pietatis. Idque testabi-

[s] ▯ H *remplace* excitatae *barré* L. excitatae P. – [t] *corr.* H. *de* huius mundi L. – [u] *corr. de* quantum et cumque L. quantum etiam cumque P. – [v] affiguntur P. – [w-w] *souligné* P. – [x] divosque; *para marqué* ▯ *d'un trait* P. – [y-y] *corr. de* cultum [!] Dei L. – [z-z] habent imprimis P *barré et rempl. par* ista. – [a1] volunt [!] P. – [b1-b1] n' l' P. – [c1] illi *add.* A. – [d1] largiti [!] P. – [e1] sanctos *add.* A. – [f1-f1] quibus recreantur P. – [g1] *inséré* H. – [h1] H *remplace* patrum L. – [i1] *corr. en* pietatis P. – [k1] definivisse P. – [l1] sanctorum P. – [m1-m1] E' l' P. – [n1-n1] quaecumque P. – [o1] in se *add.* P; *phrase marquée* ▯ *d'un trait* P. –

[5] Cf. *Das einigerlei Bild,* 1530, BDS 4, en part. pp. 170–174. V. aussi Stirm: *Bilderfrage,* pp. 156–159. Il convient cependant de souligner mieux le contraste avec l'attitude de Luther: v. Campenhausen: *Bilderfrage,* en part. pp. 389ss. et 401ss.

[6] Ap.: Bucer: *Defensio,* f. E2r (là *e* de S. Augustin: *De vera religione* ch. 55, paras 107s., CCL 32, 256; MPL 34, 169).

tur se facere exemplo divi Augustini. Hic enim hunc morem observavit, ut in Homiliis super Iohannem et Psalmos videre est[7].

188. Quarto, quo praemissa omnia maiore cum fructu et minore cum[p1] offensione sanabilium praestet, dabit operam identidem probata divorum exempla honorificis verbis, quaeque ardentem in divorum laudem[q1] animam[r1] referant, afferre et commendare. 189. Eoque probatas divorum historias, ut Laurentii, Vincentii, Agnetis, et aliarum[s1], populo familiares reddere curabit[8]. 190. Quod etiam eo valebit, ut populus sensim a superstitiosa admiratione confictorum divorum[9] ([t1]atque non[t1] confictorum[10]) inducatur ad religiosam et salutarem venerationem eorum divorum, qui[u1] extiterunt, et digna veneratione fecerunt[11]. /12r./ 191. Hac cautione[v1] et religione non dubitarim pium et cordatum pastorem posse bona conscientia *oves* Christi *pascendas* [Io 21,17] suscipere, non obstante superstitione illa in divos, qua una maxima alioqui impietas in ecclesiam invasit. 192. Non existimo quenquam aliam viam facile indicaturum, ut nunc tyranni et[w1] antichristi ecclesiam tenent, qua oves Christi fidelis pastor ab isto omnium certe periculosissimo precipitio superstitionis in divos reducere ac revocare[x1] queat[12].

[p1] *om.* P. – [q1] laudem *rempl.* laudibus *barré* P. – [r1] animum P. – [s1] *corr. de* aliorum L; aliorum P. – [t1-t1] *corr. de* nec ut, *puis* utque nos (?) L. acc etiam non P. – [u1] boni *inséré* A. – [v1] *add.* ▯ H, *rempl.* contione *barré* L. – [w1] *om.* P. – [x1] *add.* ▯ H, *rempl.* remittere *barré* L. remittere P.

[7] *Tract. in Ioan.* par ex. le Christ comme vraie lumière, les hommes comme luminaires dérivés: Tr. 35, 1–3; et 54,4; la mort des martyrs comparée à celle du Christ, Tr. 84, 1–2; CCL 36, 317s.; 460; 537s.; MPL 35, 1657s.; 1782; 1846ss. *Enarr. in Ps.*, p. ex. les prières des saints jointes à celles du Christ: 85, v. 24; les saints doivent tout à Dieu: 120, v. 4; CCL 39, 1196s.; 40, 1789; MPL 37, 1099s.; 1607.

[8] Le choix des personnages pourrait être dicté par l'antiquité de leurs légendes: cf. p. ex. Prudence: *Peristephanon* 2, 5 et 14, CSEL 61, 296–317; 334–354; 427–431; MPL 60, 294–340; 378–411; 580–590. Pour la connaissance que Bucer avait de Prudence, v. BCor 1, 109ss. et Florilège, ms. p. 499. V. aussi la n. suiv.

[9] On peut songer ici à certains chapitres de la *Légende dorée*, p. ex. S. Christophe (ch. 100) ou les 10 000 martyrs (ch. 183) éd. Graesse, pp. 430ss., 858. Le critère d'élimination était sans doute l'absence de sources anciennes. On peut aussi penser aux leçons admises et éliminées du *Bréviaire* du cardinal Quiñones: v. la table dans l'éd. Legg, pp. 203ss. Cf. aussi les *Canons provinciaux* de Cologne 1536, *De vita clericorum* chs. 6 et 11, f. 8r./v.; et *De disseminatione verbi* ch. 23, f. XXIVv. et ARC 2, 216s., 219, 254.

[10] Cf. p. ex. la préface et la postface de Luther: *Die Lägend von S. Johanne Chrysostomo*, 1537, WA 50, 52–54 et 61–64, et CAVar (1540), art. 21, CR 26, 373. Mais v. aussi le décret de Latran 5, session 11, (1516), *Can. et decr.* p. 612 qui se plaint des prédicateurs de «conficta miracula».

[11] Peut-être ap. et adv.: Witzel: *Typus*, pp. 62ss. où des témoignages patristiques sont invoqués de manière analogue, mais moins critique. NB la mention de S. Agnès et de S. Laurent, p. 63.

[12] Peut-être adv.: Gropper: *Enchiridion*, f. 267r.v., qui propose une autre voie pour passer de la superstition à un usage positif de la commémoration des saints. Cf. *ibid. inf.* 268r. aussi la liste de témoins patristiques. Pour l'arrière-plan érasmien de telles idées, v. p. ex. Bierlaire: *Les colloques*, pp. 227–234.

CHAPITRE 13

De exequiis moderandis[a]

193.[b] Iam exequias mortuorum in quibus etiam summa obtinuit impietas, pius pastor ita repurgare moderarique studebit. 194. Primum diligenter et saepe inculcabit illud Augustini: suffragia pro mortuis iis tantum [c]prodesse, qui hic, ut sibi prodessent, meruerunt[c]; illisque frustra impendi, qui sine *fide, quae[d] per dilectionem operatur* [Gal 5,6], et religiosa communione sacramentorum de corporibus exierunt; ut legitur in Sermone 32.[e] de verbis Apsotoli[1]; In Psalmum[f] 48., concione prima[2]; in libro De cura pro mortuis agenda[g] [3]; et alibi.

195. Deinde eos salubriter 'pro vivis et mortuis'[4] orare aut offerre, 'qui sunt in gratia'[5] et dilectione Dei, eoque in nullo proposito peccandi. 196. Tertio ex Augustino, ac etiam aliis et[h] recentioribus doctoribus, ut Gersone[6] atque similibus[7], docebit moderandam esse pompam funebrem, et convertendos sumptus in usus pauperum. 197. Quarto[i] in exequiis mor-

---

[a] mortuorum P. – [b] *paras numérotés* 192–197 P. – [c-c] *souligné* P. – [d] *inséré*H *rempl.* quam *barré* L. – [e] 12° P. – [f] Psalmo P. – [g] gerenda P. – [h] *om.* P. – [i] docebit *add.* P. –

[1] Désormais *Sermo* 172, para 2, MPL 38, 936s. Le renvoi dans P est faux.

[2] Plutôt *Sermo* 2, paras 1s., CCL 38, 564–6; MPL 36, 535s.

[3] Ch. 1, para 2, CSEL 41, 622s.; MPL 40, 593.

[4] Dans la prière commune qui suit l'offertoire «Suscipe sancte Pater»: «pro vivis et defunctis».

[5] Cf. p. ex. Gerson: *Sermo 1 de defunctis, Opera* 3, 1554 B.

[6] Gerson: *op. cit.,* col. 1555 B; *Sermo 2 de defunctis, ibid.* col. 1565BC insiste sur la valeur de l'aumône; mais *loc. cit. supra,* col. 1557A, il admet la valeur de cérémonies qui se font «solemnius et magis ad honorem Dei ac sanctorum...». Pour l'importance de l'aumône v. aussi p. ex. *Alphabetum divini amoris,* ch. 7, lettre «L», *ibid.* col. 780A.

[7] Les auteurs «récents» promoteurs de réformes morales, et qui de ce fait seraient les plus proches de Gerson, ne semblent pas répondre mieux que ce dernier aux visées de Bucer. Ainsi Antonin de Florence: *Summa,* 3e partie, tit. 10, ch. 1, para 2 souligne l'importance de legs en faveur des pauvres, sans les opposer aux pompes funèbres. De même Geiler de Kaysersberg, s'il prône l'aumône en tant que préparation à la mort, approuve les monuments funéraires qui vantent les mérites des défunts: cf. *De arbore humano* (*Ausgew. Schriften* 1, 269s.) avec *Der Pilger* (*ibid.* 3,211s.). Pour Geiler, v. aussi Pfleger: *Kirchengeschichte,* pp. 182–185. Pelbart de Temesvár: *Sermones, Sermo* 88 (2e pour le jour des morts). *Circa tertium principale* cite S. Grégoire (*Dialogues,* livre 4) dans le sens voulu ici, mais sans s'y rallier. En revanche Bodius: *Unio,* cite S. Jean Chrysostome (Hom. 85/84 sur Jean) dans le sens voulu ici et s'y rallie par des manchettes: «Mortuis nihil emolumenti ex impensa funeris» et «Ornamenta mortuorum est eleemosyna»; et les statuts de Cologne 1536, 7e partie, chs. 28 et 29, ARC 2, 264s. vont prudemment dans le même sens. Seul Erasme: *De sarcienda ecclesiae concordia,* LB 5, 500F et s. se prononce ouvertement et en son nom propre dans le sens visé ici.

tuorum precipue debere nos excitari ad penitentiam: cum hic *mors, peccatorum merces* [Rm 6,23][8], singulari luctu ob oculos ponitur; tum[k] commemoratione mortis et resurrectionis Christi confirmari in fide resurrectionis; indeque ad meditandam novam ac coelestem vitam inflammari[9]. 198. Et quidem omne[l] hoc studium in defunctos nullo certo Dei verbo, nec aliquo satis claro exemplo commendatum, [m]cum tamen per se cum nullo Dei verbo[m] pugnet. Dum nimirum id omne[n], quod[o] defunctis quaeritur, collocatur in misericordia Dei et merito Christi, pius et salutis suorum studiosus pastor, quod /12v./ in his mutare non potest, corrigere quoad[p] licebit, et ad bonam adducere frugem laborabit.

[k] tam [!] P. – [l] omnino P. – [m–m] *souligné; deuxième* cum *om.;* ▯ Nota *add.* P. – [n] omnino P. – [o] *inséré* H, *rempl.* quam *barré* L. – [p] *corr.* H *de* quod L. quod P.

[8] ErAn. – Ap.: Erasme: Colloque *Funus,* 1, LB 810–817 (*i* générale du contraste entre fausse pompe et vraie pénitence du mourant) et en part. 816 CD (là: pénitence du péché, foi et espérance en Christ et en la résurrection).

[9] Cf. Van den Poll: *Liturgical Ideas,* pp. 54s.; Bornert: *Réforme,* pp. 580 et 586s.

CHAPITRE 14

[a]NON POSSUNT DAMNARI PRECES PRO DEFUNCTIS, ETIAM AD SACRAM CAENAM FACTAE[a]

199.[b] Id enim omnino[c] fatendum est, damnari istud non posse, ut preces ecclesiae publicae et privatae pro defunctis ad Dominum fundantur; deinde, ut memoria eorum in sacrificio eucharistiae – quod et mater Augustini sibi petiit[1] – habeatur. 200. Non enim[d] potest mens pia non commendare defunctos suos Christo, et quam expectant ii[e] optatam resurrectionem praecari; quodque ipse [!][f] pie facit, non potest non optare ab omni etiam[g] ecclesia fieri – et tum maxime, quando illa cum [h]Christo, Domino et sponso suo[h] agit familiarius in celebratione sacrae eucharistiae. 201. Et quamquam, ut dixi, non solum hic nos expressum oraculum Christi destituit[i], sed etiam clara exempla sanctorum, tamen[k] id nemo dubitaverit, illos solemnes luctus in funeribus patrum sanctorum non potuisse transmitti sine pia quadam intercessione eorum, votoque rursus eos olim conveniendi in regeneratione.

202. Proinde equidem non video, qui possit hic affectus commendandi defunctos Christo[l], tam publice quam privatim – presertim si ea quam nos praescribimus religione moderatus sit – non ipsi pietati et charitati adscribi[2]. 203. Presertim[m] cum hic affectus et mos in ecclesia iam inde ab initio obtinuerit, cum sanctissimi et divinarum rerum scientissimi patres in ea clarissime existebant.

[a-a] *om.* P. – [b] *paras numérotés* 198–202 P. – *Ce para marqué* ▯ *d'un trait* L. Nota *add.* P. – [c] *suivi de* damnari non potest *barré* L. – [d] *om.* P. – [e] eis P. – [f] ipsa P. – [g] *om.* P. – [h-h] D'C' et sponsa sua P. – [i] destituerit P. – [k] ▯ Nota *add.* P. – [l] *suivi de* non *barré* L. – [m] *corr. de* perspicuum L.

[1] *Confessiones,* livre 9, ch. 11, paras 27s., CSEL 33, 218s.; MPL 32, 775. – Peut-être ap.: l'*Unio dissidentium,* là *e* à la suite du passage de S. Jean Chrysostome (*supra* ch. 13, n. 7) éd. cit. p. 466! ou ap.: Gropper: *Enchiridion* f. XCIv. et s. (là *e*).

[2] Adv.: Calvin: *De abiiciendo sac. papali* CR 33, 298 (là: l'intercession pour les défunts soutient la superstition du purgatoire).

CHAPITRE 15

[a]De celibatus discrimine apud sacerdotes[a]

204.[b] Superest etiam maximus scrupulus, quod ad vitam attinet pastoris, ex eo, quod votum exigitur castitatis, aut sine voto castitas praecipitur, nec permittitur uxor[1]. 205. Hic pastori sancto obnixe[c] orandus Deus est, ut sibi largiatur posse coelibi vita vivere *propter regnum coelorum* [Mt 19,12][2]. 206. Nam cum modis omnibus pastori querendum sit, ut in se agnoscatur verum studium omnimodae sanctimoniae, profecto haud poterit in huiusmodi ecclesiis muliere uti sine gravissima offensione. /13r./ 207. Nec enim uxorem esse profiteri audebit. Si iam sinat illam haberi pro concubina, creditur vivere in confesso flagitio, nec ipse fidem habere iis, quae de paenitentia praedicat[d]. 208. Et cum talis pastor, qualem hic formamus, proculdubio odio malorum graviter obnoxius erit propterea quod christianismum[e] purius asseret – hoc amplius necesse fuerit, ut in omnibus rebus de[f] iure suo concedat, et malorum quoque infamiam sanctissime caveat, ne vituperetur ministerium suum. 209. Et propter hanc necessitatem, bona spes est Christum fideliter oranti largiturum omnia sine quibus ipse commode ministrare non possit: [g]ita etiam [h]coelibem vitam[h g].

210. Sed si quis forsan iam habeat uxorem, quam dimittere[3] non possit – aut, nisi uxorem ducat, recte et tranquille vivere nequeat – eiusmodi

[a-a] *om.* P. – [b] *paras numérotés* 203–213 P. – [c] enixe; *le mot suivant souligné* P. – [d] *corr. de* praedicant L. praedicantur P. – [e] quo *add.* A. – [f] *add.* ▯ H *remplace correction dans le texte* L. – [g-g] *om.* P. – [h-h] *inséré* H. –

[1] V. p. ex. *Decretales,* livre 3, tit. 1, ch. 13 et tit. 3, chs 1–8, Friedberg 2,452. 457ss. – Pour l'état de la question aux environ de 1540, v. Franzen: *Zölibat,* en part. pp. 50–58. La prise de position de Bucer ici ressemble à celle que les théologiens de la Ligue de Smalcalde avaient arrêtée en octobre 1540: *op. cit.* p. 56. – Adv.: Calvin: *De fugiendis impiorum sacris,* CR 33, 253 (*i*).

[2] Alors que le célibat des clercs est formellement sanctionné dès le 1er Concile du Latran, 1123 (Canon 7. v. *Conc. ac Decreta,* p. 167), la tradition exégétique concernant ce passage ne parle que du célibat sans mentionner la cléricature: v. p. ex. la *Glose* marg. et interl. et Lyre, ainsi que les *Postilles* de Hugues de S. Cher *ad loc.* En cela cette tradition suit les textes patristiques employés p. ex. in *Decreti* 2a pars, causa 35, qu. 5, can. 9, Friedberg 1,1253 ou *Catena aurea,* ad Mt 12, para 3 (éd. Guarienti 1,283). BEv 36, f. 150v. fait de même, mais oppose le célibat pour le service de Dieu à celui des réguliers qui y chercheraient des mérites. La jonction entre célibat et cléricature est opérée p. ex. par Major: *In Mt.* f. LXXIII v.b: «hoc est, qui servarunt virginitatem, castitatem, voto vel statuto se astrinxerunt, ut sacerdotes, religiosi, moniales, propter regnum coelorum». Chez les controversistes catholiques-romains cette position est courante, v. p. ex. Eck: *Enchiridion* ch. 19, CCath 34, 222.

[3] Selon les textes cités à la n. 1, en part. tit. 3, ch. 2, col. 457.

dabit operam pro virili, ut uxorem suam habeat quam minimo [i]poterit offendiculo[i]; cuius rei viam et modum Dominus[k] fideliter precanti[l] ostendet.

211. Nam neque propter hoc offendiculum *prodendae oves* Christi sunt [Io 10,12]. 212. Qui itaque ab hoc se offendiculo liberare non poterit, is compensare illud studebit omnibus caeteris sanctimoniae officiis, cum per se tum per uxorem, quam concubinae loco habere oportet, tum per familiares reliquos. 213. Et populo ingenue dicet: Videtis et in me multam infirmitatem. Id vos non[m] offendat. Plus valeat apud vos verbum Christi ad salutem vestram, quod[n] vobis fideliter administro, quam meum peccatum, quod vobis non nisi vestro peccato nocere poterit. Ne dubitetis tamen, me in omni vita mea huc eniti, ut Christo, Domino meo, eam approbem et in nullo[o] velle flagitio vivere.

214. Sic si agat[4], et uxor omnem vitae sanctimoniam et sedulam curam in pauperes praestet, minimum[p] de hoc offendiculo relinquetur, quod uxorem necesse sit haberi[q] loco concubinae[r].

[i–i] o′ p′ P. – [k] *corr. de* Domini L. – [l] *corr.* H *de* precandi [!] L. – [m] *inséré* ▯ H. – [n] *inséré* H *remplace* quod si [?] *barré* L. – [o] *précédé de* ullo velle *barré* L. – [p] *inséré* ▯ H *rempl.* nimium *barré* L. – [q] *corr. de* habere L. habere P. – [r] *suivi d'une partie du para 215, barrée* L.

[4] On pourrait aussi ponctuer: ... agat et uxor: omnem... – Le problème des clercs sous discipline romaine, secrètement mariés à leurs concubines (leurs «cuisinières»), est souvent évoqué à cette époque: V. Rockwell: *Doppelehe,* pp. 138–143 et notes *ibid.*

CHAPITRE 16

[a]De obedientia prestanda a pastoribus suis episcopis et de[b] communione cum impiis collegis[a]

215.[c] Sunt non pauca etiam offendicula ex obedientia prestanda episcopis, et societate atque communione servanda cum /13v./ sacrificulis impurioribus. Sed pius vir et prudens, fretus Scriptura, priscis canonibus[1], et sententiis patrum, tum[d] innocentia vitae, ea offendicula cuncta ope Christi sic superabit, ut possit, quoad[e] Domino visum sit, ovibus eius bona conscientia ministrare[f]. 216. Hactenus institutum Domini hoc sacri ordinis[2] suscipiendum et usurpandum esse iudico iis, qui ad id vocantur, hoc est, quibus ulla occasio praebetur, ut in eo Domino serviant.

[a–a] *om.* P. – [b] *inséré* ▯ L. – [c] *paras numérotés* 214–215 P. – [d] tamen P. – [e] ▯ H *rempl.* quomodo *barré* L. – [f] *suivi d'un sous-titre amorcé* Vocatio *barré* L.

[1] Le renvoi aux canons anciens joue un rôle important dans la pensée de Bucer «réformiste», dès l'époque des mémoires pour le roi de France, 1534, et de la correspondance avec Louis du Tillet, 1538: v. Pollet: *Etudes,* 2, 508 et 530. Cette idée garde toute son importance par la suite; p. ex. dans *Von Kirchengütern* (v. la digression à ce sujet f. [C4] r.–H3v.) et lors de l'élection d'Erasme de Limbourg à l'évêché de Strasbourg en 1541: v. *Pol. Cor. Str.* 3, 208–214.

[2] Bucer suppose ici la théorie, courante du moyen-âge aux temps modernes, que le sacerdotium du «presbytre» s'identifie à l'ordo, les évêques n'étant que les surveillants et de ce fait aussi les ministres des ordinations: v. p. ex. Pierre Lombard: *Sent.* livre 4, dist. 24, en part. chs. 1–3 et 11–15; S. Thomas: *S. Th.* Suppl. qu. 37 en part. art. 2, et qu. 38, art. 1. Pour l'arrière-plan, v. Reynolds: *Presbyterianism.*

CHAPITRE 17

[a]De munere episcopali[a]

217.[b] Iam dicendum de reliquis muneribus sacris, quae in[c] solis nominibus et otiosis ceremoniis supersunt; et primum de episcopali[d] [1]. 218. Quibus huius muneris est[e] iusta vocatio[f], et sentiant[g] sibi animum esse ecclesias fideliter procurandi, his non dubitarim imponi ea vocatione necessitatem muneris huius suscipiendi, quantumlibet hoc munus superstitionibus[h] et[i] antichristi laqueis obnoxium sit. Nam in hoc munere est praecipua ecclesias iuvandi facultas.

[a–a] *ce sous-titre après ce para, cf. var.* [d] P. – [b] *paras numérotés* 216–217 P. – [c] ▯ H *rempl.* non *barré* L non P; nisi *add.* A. – [d] cf. [a–a]. – [e] *inséré* L. *om.* P. – [f] contigerit *add.* P. – [g] sentient P. – [h] superstitionis P. – [i] *om.* P.

[1] Pour ce chapitre et le suivant, v. Dankbaar: *Het bisschopsambt bij Martin Bucer* (in: *Hervormers,* 141–152) et cf. ch. 16, n. 2.

CHAPITRE 18

[a]QUAE IUSTA SIT VOCATIO AD EPISCOPATUM[a]

219.[b] Porro[1], iustam vocationem voco occasionem quamlibet munus hoc recipiendi, cum facultate administrationem ecclesiarum procurandi, quae coniuncta sit (ut dictum[c]) cum animo administrationem eiusmodi procurandi fideliter, tantum ut desit foeda mercatio et ambitio, quae procurationis huius fidem et successum impediat. 220. Qui enim *episcopatum desiderat*[d] bonum opus *desiderat* [1 Tim 3,1]. Quare – cum ecclesiae sint hodie tam[e] miserae destitutae, nec sit ullis aliis post principes maior potestas et commoditas ecclesias iuvandi, quam episcopis[2] – qui hodie *episcopatum desideraverit,* ac petierit, *opus* profecto ecclesiis summe necessarium et salutare *desideraverit* [ib.] et petierit. 221. Nec refert a quo munus hoc et petat et accipiat, postquam ecclesiis pridem sua canonica electio per antichristum sublata sit[f][3]. /14r./ 222. Initiari itaque sacra ordinatione et ad hoc munus, si constiterit[g] de qua dixi vocatio, nemo pius refugiet. Est enim[h] eadem ratio initiationis[i] huius, eius quae est ad munus presbyterii, de quo[k] supra dictum est[4], utcumque pluribus symbolis et caeremoniis haec perficiatur. 223. Iam quantum adtinet ad administrationem verbi, sacramentorum, et disciplinae ecclesiasticae[l], tum etiam opum ecclesiasticarum: si pius episcopus hanc ipse sic obeat, et obeundam[m] per subiectos sibi presbyteros pro sua virili curaverit – uti eam rationem huius administrationis descripsimus in munere presbiterorum – erit indubie, ut ecclesias Dei magnopere iuvet. 224. Quae vero sunt propriae episcopalis praeeminentiae[5] – ut ordinare presbyteros, visitare ecclesias, exercere iurisdictionem, curare provisiones constitutas pauperibus – [n]haec huiusmodi ratione[n] procurabit.

[a-a] *om.* P. – [b] *paras numérotés* 218–242 P. – [c] est *add.* P. – [d] *inséré* ▯ H. – [e] *om.* P. – [f] est P. – [g] ▯ H, *rempl.* constituit L. – [h] *inséré* H. – [i] ▯ H, *rempl.* imitationis L. – [k] qua P. – [l] ecclesiae P. – [m] obeundum P. – [n-n] huiusmodi moderatione P. –

[1] Le passage qui suit jusqu'à la citation biblique: Ap.: ErP *ad loc.:* (*p*).

[2] Cf. Fraenkel: *Zwischen Altkatholizismus . . .*

[3] Aussi bien dans ses écrits (p. ex. *Von . . . Seelsorge* BDS 7, 134–140) que dans sa collection de matériaux (p. ex. *Florilège* ms. pp. 223, 231–233, 357–361), Bucer insiste sur le rôle des fidèles dans l'élection canonique et sur le fait que ce rôle très ancien est garanti par le droit canon. Selon *Von . . . Seelsorge* pp. 138s., les défauts dans les usages contemporains résideraient surtout dans les nominations «d'en haut» par le clergé et les chapitres. Ici Bucer semble penser aussi au patronat et au droit de présentation.

[4] V. paras 151ss.

[5] Cf. *supra,* ch. 16, n. 2.

225. Primum: neminem ordinabit quem non possit agnoscere[n*] pium et verbi administrationem religiose gesturum.

226. Qua in re se contra antichristum decretis et canonibus ecclesiae tuebitur[6], tum his ipsis verbis et caeremoniis, ac etiam iuramentis que in sacra ordinatione dici, et geri, et fieri consueverunt[7]. 227. Eandem severitatem prestabit erga eos, qui cum ordinati sunt, parochias et alia sacerdotia in eius diocesi invadunt[8]. 228. Cum autem duo praecipua mala sint[o], quae sacris canonibus severissime vindicantur[p]: concubinatus et simonia[9] – quo possit episcopus hanc severitatem severius exercere, necesse erit ipsum cognosci ab utroque alienissimum. 229. Porro, ubi per pontificis et principum authoritatem pseudopresbiteri obtrusi fuerint, ferenda vis erit; et tamen nihil omittendum quo ecclesiis idonei pastores contingant et non idonei[q] [r]ab eis amoveantur[s r]. 230. Idem in visitationibus ecclesiarum observandum erit, et in[t] restituendis in usum[u] pauperum quae illis constituta sunt.

231. Iurisdictionem[10] per idoneos ministros[v] studebit quam sincerissime exercere[w]. Utcumque enim illa non ad /14v./ episcopos multis in rebus pertineat, tamen, quia[x] ius dicere [y]res sancta[y] est[11], qui hanc curam a se non poterit reiicere penitus, pie fecerit, si eam procurari det operam per viros huiusmodi, qui eam procurent legitime.

[n*] cognoscere P. – [o] sunt [!] P. – [p] vindicentur P. – [q] *corr. de* idoneis L. – [r-r] abiiciantur P. – [s] *inséré* H. – [t] *inséré* H. *om.* P. – [u] usu [!] P. – [v] administros P. – [w] *corr. de* exerceri L. exerceri P. – [x] *corr. de* ex eo [??] L. – [y-y] s' r' P. –

[6] Cf. p. ex. *Decreti* 2a pars, causa 21, qu. 3 et causa 1, qu. 1, can. 116, Friedberg 1, 855ss. et 403, ainsi que les autres matériaux réunis dans le *Florilège* ch. 16, *Le clergé*.

[7] Cf. *Pontificale, De ordinatione presbyteri* prévoit (notre éd. f. 18v.) un contrôle des candidats selon les termes de l'exhortation générale (notre éd. ff. 4v. et ss.) qui exclut les excommuniés, ceux qui n'ont pas droit aux bénéfices; les hérétiques, schismatiques, simoniaques; divers genres de criminels (assassins, etc.) et de gens immoraux (alcooliques, impudiques); les illetrés etc.; finalement ceux qui n'ont pas été examinés et présentés par l'archidiacre . . . A la fin de l'ordination se placent la récitation du «Credo» («fidem quam predicaturi sunt») et les promesses d'obéissance (f. 23r.v.).

[8] Cf. *Decreti* la pars, dist. 70–73, et 2a pars, causa 21, qu. 2, Friedberg 1, 256–262 et 854s.

[9] P. ex.: Concubinage: *Decreti* 1a pars, dist. 27 et 28 et dist. 32 can. 1–6, Friedberg 1, 98–106 et 116–119; *Decretales* livre 3, tit. 3, Friedberg 2, 454–457. – Simonie: *Decreti* 2nda pars, causa 1, qu. 1, can. 1–43 et causa 2, Friedberg 1, 357–375, et 411–418; *Decretales,* livre 5, tit. 3, Friedberg 2, 749–767.

[10] Cette remarque paraît viser les principautés ecclésiastiques, constituées principalement dans le Saint-Empire. Bucer plaide pour la séparation de l'épiscopat d'avec la principauté dans sa lettre à Frédéric Nausea de janvier 1541: *Epistolae miscellaneae,* pp. 297s. Il faut penser que c'est lui (avec Capiton) qui est à l'origine de l'alinéa correspondant, inséré dans l'article 22 du *Livre de Ratisbone* (ARC 6, 85. CR 4, 234: déjà dans la version de Worms, fin 1540, v. Lenz: *Briefwechsel* 3,71) qui n'a – bien entendu – pas de pendant dans l'*Enchiridion* de Gropper, alors même que les pouvoirs civil et ecclésiastique y sont soigneusement distingués; p. ex. f. 85r. et ss.

[11] V. *Pandectes* livre 1, ch. 1, § 1,1, Cl. C. 1,29 (Les juristes «sacerdotes») et Budé: *Annotationes, ad loc., Opera* 3, p. 9B. Cf. aussi de Kroon: *Studien,* p. 87 et renvois *ibid.*

232. Quod autem innumerae nihilominus impietates[z] et abominationes obtinebunt – etiam ubi pii episcopi quae praediximus pro virili sua curaverint[a1] omnia – eas impietates et abominationes, [b1]quas non datur submovere[b1], Dominus non postulabit praestari ab eo episcopo, qui nihil [c1]corrigere poterit[c1], quod contra omnem[d1] impietatem facere queat. 233.[e1] Et infinito praestiterit ut qui hoc loco sunt, ea saltem episcopalis muneris exhibeant ecclesiis, quae pio episcopo exhibere licebit, si bona fide in id incumbat; et ferre interim impietates et abominationes, quas non datur submovere, quam cum hisce impietatibus et abominationibus etiam concedere, ut oves Christi vel tantula procuratione ecclesiae – quam pio[f1] episcopo praestare licebit – destituantur; et ita impio alicui locus detur, impietates illas et abominationes accumulandi[g1]. 234. Postquam enim mihi dubium non est (nec aliis esse debere credo[h1]) quin in hisce ecclesiis omnibus, pontificia tyrannide pressis, sint multi *filii Dei* [cf. Rm 8,14] et verae *oves* Christi: consequitur apud me necessario, hos *prodi Sathanae* [cf. 1 Cor 5,5; 1 Tim 1,20] ab omnibus piis, qui[i1] vel aliquem *pascendi* [cf. Io 21,17] et instaurandi eos locum consequi queant, nec [k1]velint suscipere eum[k1], vel reiiciant susceptum, modo sint ad hanc rem vel aliqua facultate praediti. Nam animus nulli Christianorum deesse potest *lucrifaciendi*[l1] Domino quoscunque possit et quibuscumque possit modis [cf. 1 Cor 9,19–22]. 235. Iam nemo inficias iverit hodie nullos alios plus loci et commoditatis habere administrationem ecclesiarum instaurandi, quam eos[m1] qui episcopali potestate pollent. 236. Ita equidem non dubitarim, quin[n1] Christo Domino rem gratissimam fecerint, et sibi pro sua vocatione /15r./ et salute necessariam quicunque ad episcopatum vocantur, vel in eo iam sunt, si ista cautione et religione, quam supra exposui, munus pastorale cum ipsi obeant, tum obeundum impetrent aliis, apud quos [o1]eos Dominus dederit[o1] aliquid posse. 237. *Potestas omnis a Deo ordinata est* [Rm 13,1][12]: proinde quod eiusmodi episcopus sua episcopali authoritate et potestate corrigere non poterit, id nec praestare eum Christus postulave-

---

[z] *corr. de* impietatibus L. – [a1] *corr. de* curaverunt L. – [b1–b1] *barré? (par mégarde?) d'un très léger trait* L. *om.* P; submovendas *inséré* A. – [c1–c1] praeterit P. – [d1] communem P. – [e1] *para marqué* ▯ *d'un trait* L. – [f1] ▯ H *rempl.* pro *barré* L. – [g1] cumulandi P. – [h1] *om.* P. – [i1] *inséré* H *rempl.* quam *barré* L. – [k1–k1] volunt eum suscipere P. – [l1] *corr. de* lucrifaciendo L. – [m1] ▯ H *rempl.* et *barré* L. – [n1] quoniam P. – [o1–o1] D′ d′ e′ P. –

[12] L'application de ce passage à l'autorité ecclésiastique remonte au commentaire de Pélage *ad loc.* (v. Affeldt: *Weltliche Gewalt,* pp. 96ss.). Alors qu'elle est absente du texte remanié joint aux œuvres de Jérôme dans les éditions modernes (v. Fraenkel: *Le schéma,* p. 350), cette exégèse figure dans les éditions hiéronymiennes d'Erasme. – Au 16e siècle c'est un lieu commun chez les adversaires de la Réforme (Fraenkel: *loc. cit.*). Dans BRom Bucer suit l'exégèse classique et reproche même (p. ex. pp. 597s.) aux adversaires de porter atteinte à la suprématie de l'Etat; et il combat (pp. 568s.) l'usage fait de notre texte biblique dans la bulle *Unam sanctam* (*Extrav. comm.* livre 1, tit. 8, cap. 1, Friedberg 2,1245). V. à ce sujet De

rit – tantum sit in eo, quod Christus dabit posse, fidelis[p1]. 238. Hoc est, curet[q1] bona fide, ut nec instaurationem ecclesiae sic praecipitet, ut ipse se loco et munere iuvandi oves Christi deiiciat, et infinitis se laboribus et periculis una fuga eximat, indeque sibi[r1] quidem carnis tranquillitatem [cf. 2. Cor 7,5], ecclesiae autem, quam deserit, sempiternam perniciem paret. 239. Nec ita lente [s1]eam et tepide[s1] procuret, ut magis [t1]suae carnis[t1] a periculis servandae quam ecclesiae negotium agere et salutem ovium Christi promovere videatur. 240. Proinde, ut huiusmodi episcopus summum in ecclesia munus obit, quodque semper quidem satis periculosum est, hac autem tyrannide antichristi periculosissimum: ita necesse illi fuerit, primum se Christo penitus immolare, et passurum in hoc munere extrema sibi ante destinare; deinde praecibus et sacrae lectioni diligenter[u1] incumbere; postremo summa cura undique conquirere viros in Domino prudentes et cordatos, quorum consilio et ope indies maiorem vim inferat tyrannidi antichristi et regnum Christi apud suos excitet.

241. Sed ne id ei quidem negligendum fuerit, cum *omnis potestas a Deo sit* [Rm 13,1], potestatum favoribus ad adserendam potestatem Christi abuti[13]. 242. Eandem rationem servandam existimo etiam aliis praelatis, quibuscunque vocentur nominibus, qui aliquam portionem episcopalis muneris gerunt: ut sunt archidiaconi, abbates, priores, et id genus praefecti in ecclesiis, quibus nimirum parochiae aliquae et alii coetus hominum religiosorum commendati sunt.

/15v./ 243. In quibus muneribus omnibus, [v1]ut est[v1] aliqua portio muneris episcopalis, ita initiatio[w1] ad ea sacra ordinatione pie poterit ab his suscipi, qui ista munera volunt pie, et ea quam exposui religione obire.

[p1] esse *add.* P. – [q1] *inséré* H, *rempl.* cur et *barré* L. – [r1] *corrigé* H *de* si L. – [s1-s1] et t' e' P. – [t1-t1] c' s' P. – [u1] diligentissime P. – [v1-v1] uti P. – [w1] □ *rempl.* inciotatio [!?] *barré* L. imitatio [!] P.

Kroon: *Studien,* pp. 91–113. – Cependant, dès le *Consilium* pour Du Bellay d'août 1534, ce passage biblique est utilisé d'une manière qui pouvait laisser entendre qu'il s'applique aussi à l'autorité ecclésiastique, comme le fit remarquer Bullinger: v. Pollet: *Etudes,* 2, 510 et cf. *ibid.* 526.

[13] Cf. pourtant BRom *ad loc.,* cit. *supra,* pp. 573s. sur la «cura religionis» du magistrat; et cf. De Kroon: *Studien,* en part. ch. 1, pp. 1–36.

CHAPITRE 19

[a]De iuramento praelatorum Romano pontifici[a]

244.[b] Superest tamen singularis scrupulus in maioribus praelaturis: quod peculiari[c] iuramento se Romano pontifici addicere coguntur[1]. 245. Verum dum ille habet ius deferendi iuramentum impium, et verba iuramenti eius sic[d] sint[e], ut nihil diserte contra pietatem in se contineant[f], poterunt pii praelati id iuramentum pio sensu facere, ita ut canones ipsi docent iuramentum non posse esse vinculum impietatis[g] [cf. Is 58,6][2]. 246. Nec licet pio iudicare esse contra sedem Romanam et pontificis statum, quod a Christo requiritur. Et necessarium est veri episcopi officium, qui debet pro gloria Christi, iuxta suam vocationem contra omnem impietatem dimicare[3], *nulla* admissa *personarum acceptione* [1 Pt 1,17]. 247.[h] Proinde praelati pii in huiusmodi[i] iuramento considerabunt pontificem non ut antichristum querentem quemquam sibi obstringere contra Christum, sed ut supremum ministrum Christi et ecclesiae[4], qui nihil contra ecclesiam aut possit aut velit, sed omnia pro ecclesia poscat et iubeat. 248.[k] Ut enim antichristus est, nulla potest esse piis cum eo communio; ut autem Dominus eum tanta adhuc potestate [l]in sua ecclesia[l] pollere vult, est eis multis in rebus cum illo[m] communio et ad imperium illius subiectio necessaria. 249. Idem iudicandum est de patriarchis, archiepiscopis, episcopis et omnibus, qui aliqua potestate sive in caeteros ministros ecclesiae, sive in plebem tantum[n] christianam pollent. 250. *Omnis* siquidem *potestas ex*[o] *Deo* est, cui parere oportet in omnibus, et qualiscunque[p] fuerit; *subiecti sunt...*[q] [Rm 13,1–2; 1 Pt 2,13][5].

[a–a] *om.* P. – [b] *paras numérotés* 243–249 P. – [c] *om.* P. – [d] ▯ H, *rempl.* sui *barré* L. – [e] sunt P. – [f] contineat P. – [g] ▯ ☞ *add.* L. iniquitatis P. – [h] *para marqué* ▯ *d'un trait* L. ▯ Nota *add.* P. – [i] eiusmodi P. – [k] ▯ Nota *add.* P. – [l–l] *om.* P. – [m] *rempl.* eo *barré* L. – [n] *om.* P. – [o] ut a P. – [p] *corr. de* qualescumque L. – [q] *une croix* ▯ *add.* L[5].

[1] Les prélats en général: *Extrav. comm.* livre 1, tit. 3, cap. 1 Friedberg 2, 1239; les évêques: *Decretal.* livre 2, tit. 24, cap. 4, *ibid.* col. 360. La rubrique précise de ce dernier serment: «hodie omnes recipientes dignitatem a Papa sibi iurant».

[2] *Decreti* 2a pars, causa 22, qu. 4, en part. can. 1–8, Friedberg 1, 875–877; Is 58,6 cité dans contexte semblable *ibid.* causa 15, qu. 6, can. 2, col. 755.

[3] Cf. la formule qui accompagne dans le *Pontificale* la remise de la crosse lors de la consécration épiscopale: «Accipe baculum . . .».

[4] Cf. la formule «servus servorum Dei», et v. De Kroon: *Studien,* p. 140 et renv. *ibid.*

[5] Pour l'interprétation de Rm 13 (et 1 Pt 2) v. supra, ch. 18, n. 12. Le texte ici est de toute évidence corrompu, ce que marque aussi la croix en marge de L. Il semble contenir un écho de BRom ad 13,1: «Cum igitur quaeritur cui parendum, non est spectandum qualis sit...».

CHAPITRE 20

[a]De ordine psallentium et lectorum[a]

[b]Restat ordo psallentium et lectorum in ecclesia, in quo, si rem spectes[c], sunt hodie fere omnes[d] canonici, vicarii[1], et sacrificuli alii, exceptis solis his, qui simul docendi munus gerunt, curam pauperum, et aliquam iurisdictionem. /16r./ 251.[e] Hi ergo ut nichil revera in ecclesia administrant quam[f] sacras lectiones et cantiones, certe[g] non debent sacramentum sacerdotalis functionis sic pro ludibrio habere, ut faciant se initiari[h] ad munus sacerdotale, si nihil quam lectores et cantores in ecclesia esse velint. 252. Si cui autem animus sit Christo in pastorali munere ministrandi, et speret se locum huius hoc citius consecuturum, si sacerdos ordinatus sit, et[i] canonicatum vel vicariatum (qui hodie nihil quam legendi et psallendi munus sunt[k]) hoc animo, ut inde se pastorali muneri consecret[l], suscipiat – huic ita licebit media[m] ad episcopatum (hoc est quodcunque pastorale munus[2]) pie usurpare, sicut *bonum opus expetit, qui expetit episcopatum* [1 Tim 3,1][3]. 253. At si quis iam ordinatus sit, et ista sacerdotia (canonicatus, vel vicariatus) habeat, poterit proventibus huiusmodi ad sustentationem sui – si non possit alias commode vivere – uti, et interim pro virili proximis ad regnum Dei adesse. [n]Quid vero in sacris precibus et cantionibus[o] observandum sit, ne admittatur impietas, mox dicemus[4]. 254.[p] Caeterum adeo non est horum munus, qui vel sacerdotes vel diaconi ordinati sunt, sacris cantionibus operam dare, ut divus[q] Gregorius presbyteros et diaconos, qui cantionibus ecclesiasticis inservirent[r], et non potius verbo Dei praedicando insisterent[s] anathemate ferierit, assentiente concilio[t] [u]quod Romae[u] celebravit anno imperii Mauricii 13.: quod decretum legis

---

[a–a] *om.* L P; *add.* A. – [b] *para numéroté* 250 P. – [c] spectas P. – [d] ociosi vel *add.* A. – [e] *om.* L, *adest* P. – [f] *inséré* H. praeter P. – [g] certo P. – [h] ▯ H *remplace* invitari *barré* L. – [i] *barré (?)* L. ad [?] H. – [k] *inséré* ▯ H. *om.* P. – [l] *corr.* H *de* conferret (?) L. – [m] *souligné et marqué* ▯ *d'une croix, mais sans correction* L. – [n] ▯ 254 *add.* P. – [o] cantationibus P. – [p] *ce para et le suiv. numérotés* 255, 256 P. – [q] *corr. de* dominus L. – [r] inserviant P. – [s] insistant P. – [t] *corr.* H *de* consilio L. – [u–u] *rempl.* quod et honore legibus *barré* L. –

[1] Il s'agit bien entendu de vicariats dans des cathédrales ou des églises collégiales. V. Van't Spijker: *De ambten,* pp. 256ss. *De reformatie van de kapittels.*

[2] Pour l'idée que tous les ministres sont évêques v. *op. cit.* p. ex. pp. 164ss., 242s., 394ss. et Dankbaar: *Bisschopsambt,* in *Hervormers,* en part. pp. 143–147.

[3] Cf. ErP.

[4] V. *inf.* ch. 26, paras 290s.

distinctione 99., canone «In romana ecclesia»[5]. 255. Si cui vero aliquid de proventibus canonicatuum vel aliorum sacerdotiorum, quae nullum locum praebent curandis animabus, ad fovenda bona studia alia ratione quam per sacram ordinationem, qua presbyteri munus solemni sacramento iniungitur, contingere [non] possit, nec aliunde habere possit, unde se ad [v]frugem bonam[v] vitae[w] sustentet et instruat: quia *Domini est terra*[x] [Ps 23,1; 1 Cor 10,26] et *puris* sunt *omnia pura* [Tit 1,15][6] poterit is benedictione Domini etiam [y]de iis[y] proventibus cum gratiarum actione uti [cf. 1 Tim 4,3–5].

[v–v] b′ f′ P. – [w] rite P. – [x] «et plenitudo eius» *add.* P. – [y-y] *rempl.* ex istis *barré* L. ex istis P.

[5] Plutôt *Decreti* la pars, dist. 92, can. 2, «In sancta Romana ecclesia», Friedberg 1, 317s. En appliquant ce décret non seulement aux diacres mais aussi aux presbytres, Bucer suit la *Glose* du *Décret* (en partie glose *p* et l'addition marginale dans l'éd. de Rhenanus, f. 92v.) qui précise que la prédication appartient aux *sacerdotes*. La date est celle de l'incipit complet, *Registre,* livre 5, Ep. 57a, MGH Ep. 1, 362; MPL (Appendix) 77, 1334.

[6] Er.

CHAPITRE 21

[a]Usus bonorum ecclesiasticorum[a] [1]

256.[b] Uti, inquam, cum gratiarum actione. Id vero est ex proventibus illis nihil amplius usurpare quam necessaria alimenta et tegumenta, et haec ut te usibus[c] proximorum in gloriam Christi vel pares vel exhibeas. /16v./ 257. Quae enim ultra haec ab ecclesia accipies[d], aliis ad similem usum impertire oportet. Quod qui[e] neglexerit, sacrilegii se obstringet[f], capiens[g] et detinens quae sunt ecclesiae et «patrimonii crucifixi»[2].

[a-a] *om.* P. – [b] *paras numérotés* 257–258 P. – [c] *les deux dernières lettres* H. – [d] accipias P. – [e] *corr.* H *de* quam L. – [f] *corr.* H *de* obstringat L. obstringit P. – [g] rapiens P.

[1] Ce ch. ap.: Bucer: *Von Kirchenguetern* passim; cf. p. ex. le début du premier dialogue, f. B3v. avec *r* au *Décret* (*i*: les biens de l'Eglise sont «der Kirchen Christi und der armen»).

[2] S. Bernard: *De consideratione*, liv. 4, ch. 4, para 12, MPL 182, 782 A. Cité dans *Von der Seelsorge*, BDS 7, 107 1.14 (non relevé par les éditeurs).

CHAPITRE 22

[a]QUID AGENT SACRIFICULI AD STIPEM MISSANTES[a]

258.[b] Quoniam autem sunt non pauci sacro ministerio initiati, qui tamen nullum certum munus habent quod in ecclesia gerant, nec etiam certos proventus recipiunt, sed tantum ad stipem quotidianam missas suas collocant: hos cum pietatem agnoverint, necesse est ab ista nundinatione missarum sibi prorsus temperare. Si tamen pastorale aliquod munus cum aedificatione sanctorum consequi queant, recte facient, si illud suscipiant.

[a-a] *om.* P. – [b] 259 P.

CHAPITRE 23

[a]PRIVATUM SUSCIPERE MINISTERIUM AN LICEAT[a]

259.[b] Si[c] etiam cui contingeret privatim Christi ministerium sinceriter obire in aliqua christiana familia[1], is vel eo loci oviculis Christi operam suam libenter collocare debet – tantum ut illos doceat publico ministerio recte uti, neque[d] se a reliqua ecclesia eiusque publico ministerio subducere[e]. 260. Huius privati ministerii usus quidam etiam est in secretis illis confessionibus, et quidem permagnus[2]. Hic igitur usus si cui concedatur, religiose conferendus erit [f]cum eo incommodo, quod ex missis et[f] aliis superstitiosis ceremoniis ad oves Christi pervenit. Cui si praeponderet, iam quod publice non conceditur, in privato illo catechismo efficiendum est:[g] ut oviculae Christi pium usum omnium ceremoniarum discant. 261.[h] Haec autem deliberatio[i], ut etiam[k] infra dicemus, summa religione et ardentissima atque perseveranti prece facienda est: ne quis, dum sibi cum Christo videtur colligere, cum antichristo potius dispergat [cf. Ier 23,1; Io 10,12], nec etiam, dum cavere instituit ne dispergat, iniunctam[l] sibi collectionem deserat. 262. Et quod iam dixi de parte sacri ministerii, quae in confessionibus exerceri potest, hoc de quavis alia parte[m] huius ministerii iudico, sive illud in[n] ecclesia publice gerendum sit[o], sive in certis domibus concedatur. Scopus hic semper erit, ut *Christo aliquos*[p] *lucrifacias* [1 Cor 9,19–22][3], et neminem abstrahas. 263. Quod si sacerdotibus nullos certos proventus habentibus non contingat pastorale munus, nec ulla pars eius, /17r./ in qua[q] aedificationem sanctorum [cf. Eph 4,12s.] procurare possint, quae-

---

[a–a] *om.* P. – [b] *paras numérotés* 260–273! P. *Cf. vars* [s, x, g1, h1, m1]. – [c] *corr. de* sic L. – [d] *corr. de* ne *et suivi de* inter *barré* L. ne P. – [e] parent *add.* A. – [f–f] *souligné et marqué* ▯ Nota A. – [g] et *add.* P. – [h] *trait* ▯ P. – [i] *les deux premières lettres ajoutées* ▯ H *à* liberatio L. libratio P. – [k] *om.* P. – [l] *préc. de* et *barré* L. – [m] *préc. de* re *barré* L. – [n] *inséré* H. – [o] *om.* P. – [p] *la dernière lettre ajoutée* H. – [q] quo P. –

[1] Les chapelains ou aumôniers privés, anciennement attachés aux seuls papes et souverains, étaient à l'époque nombreux chez les particuliers, auprès des guildes, etc. En général, les réformistes y voyaient plutôt un abus: v. les statuts de la Province de Cologne 1536, 2e partie ch. 27, ARC 2, 224.

[2] A ce sujet, l'attitude de Bucer a varié. Ainsi, en 1533, la confession privée subsiste pour lui seulement comme une des formes possibles à côté de la confession publique et celle faite «directement» à Dieu. La liturgie strasbourgeoise ne prévoit qu'une confession générale au début des offices: v. Wendel: *L'Eglise de Strasbourg,* pp. 161, 209. En 1541, le contre-article C au *Livre de Ratisbonne* CR 4, 354 propose cependant au nom de tous les Protestants le maintien de l'absolution privée. Cf. aussi Bornert: *Réforme,* pp. 397–404.

rant aliud vivendi institutum. Non enim potest eis licere, ut missis suis privatis, aut aliis superstitiosis quaestibus, victum sibi parent. 264. Perpendendum his[r] est – si Apostolus *laborare manibus* maluit quam videri tantum aliis *onerosus esse* [1 Cor 4,12; 1 Th 2,9; 2 Th 3,8][3] quibus tamen evangelium praedicabat – quam necessarium sit ipsos quemvis laborem manuum suscipere potius quam ut vivant de impietate. [s]Paulo[t] minus est misera conditio eorum, qui illa sacerdotia habent[u], quae nihil quam privatas missas requirunt. [v]Quod enim illi[v] ad contingentem quotidie conductionem, hoc faciunt isti perpetua conductione sacerdotii, stipendium faciendo abusu horrendo caeremoniae omnium[w] divinissimae. 265.[x] Dum enim docere his verum usum eucharistiae non licet[y], quid aliud faciunt missis suis, quam quod[z] fovent pernitiosissimam illam fiduciam huius perversionis sacrae caenae – utcunque ipsi et verbis et sacris symbolis suae pietati[a1] in missis suis commodare quaeant[4]? 266. Quapropter utrisque – tam his ex obligatione praebendarum quam illis propter quotidianam stipem missas facientibus – necessarium est, ut alia[b1] conditione vivere instituant[c1]; quod etiam illis, qui decantandis horis canonicis tantum mancipantur, dictum esse volumus. 267.[d1] Nam etiam hi, licet suo spiritui psalmis illis et precibus queant prodesse [cf. 1 Cor 14,14s.], tamen serviunt aliorum superstitioni, qui hisce cantionibus[e1] et precibus impie fidunt[f1], dum verum usum in his nemo docet.

268.[g1] Iam Paulus non fert, ut spiritui tuo commodes in ecclesia tantum sine aliorum fructu, nedum cum aliorum damno [cf. 1 Cor 14,14–19][5]. 269.[h1] Si qui autem infirmi adeo sunt, ut hisce vivendi institutis decedere non ausint, caeterum ad Christum sinceriter suspirent: tales[i1] Domino nostro Iesu Christo nemo[k1] auferat[l1] [cf. Io 10,28][6]. Tamen ratio vivendi, in qua adhuc haerent, probari nullo modo debet[m1]. 270. Quanquam qui in

---

[r] hic P. – [s] *début du para* 266 P. – [t] Nihilo A *rempl.* Paulo *barré* P. – [u] habeant P. – [v–v] *corr.* (H?) *de* ad (*mot illisible*) illis L. – [w] *om.* P. – [x] *paras numérotés* 267 *et ss.* P. – [y] *suivi de* quem habitum gerunt presbiterorum, et purioribus intersint sacris, praesertim et se publicis et solemnibus *barré* L. [*cf. para* 272]. – [z] *ajouté* □ H. *om.* P. – [a1] *corr. de* pietatis L. pietatis P. – [b1] *préc. de* illa *barré* L. – [c1] *début du para* 269 *introduit ici* A. – [d1] *pas de nouveau para* P. – [e1] cantationibus P. – [f1] □ H *rempl.* vivunt *barré* L. vivunt P. – [g1] 270 A *rempl.* 269 *barré* P. – [h1] *para marqué* □ *d'un trait* L. *Numéroté* 270 P; *corr. en* 271 A. – [i1] et *add.* A. – [k1] *om.* P. – [l1] *sic* P, *remplacé par* se offerant A. – [m1] *Notre para* 272 (*selon numér. dans* L) *est inséré ici comme le n°* 271 P. *Cependant un* □ c [*corrigé de* b] *lui assigne sa place après les deux paras suivants* [272, 273 *dans* P] *précédés respectivement par* □ a *et* □ b.

[3] Vg., Er.

[4] Les «termes» et «symboles» visent sans doute les arguments en faveur de la messe comme sacrifice fondés d'une part, sur l'idée que le terme «missa» est dérivé de l'hébreu *mas*, d'autre part sur l'interprétation de gestes rituels, telle l'élévation, comme à la fois bibliques et sacrificiels: v. p. ex. Eck: *De sacrificio,* livre 2, ch. 2 et livre 3, ch. 6, CCath 36, 84ss. et 160ss.

[5] Cf. l'emploi de ce passage dans un contexte semblable *Conf. Tetrap.* 21/22 et son *Apologie,* BDS 3, 149a et 295s.

[6] Ap.: ErP *Ad loc.* (*i*: thème des faibles lié à ce v.).

hoc[n1] genere vivendi iam sunt, nec habent quo illud recte commutent, nec est eis unde alias[o1] vivant – hos, si sacris ecclesiae precibus atque cantionibus[p1] eo animo atque[q1] religione vacent, quam[r1] infra describam, perinde atque privatos et laicos hac in re habendos esse confido[s1]. /17v./ 271. Neque enim horum propriae[t1] administratio[u1] [!] istarum ceremoniarum utcumque, administrationi[v1] pro sua portione serviunt[w1] sed[x1] eum in ecclesia locum retinent[y1], quo illis non datur melior, et serviunt hic, habenturque[z1] paulo aliter quam laici[7]. 272.[a2] Sed si sacerdotes illi, qui nec munus gerunt in ecclesia, nec proventus ullos recipiunt, a nundinatione illa impia missarum alioque[b2] superstitioso questu abstinentes, piis se exercitiis mancipaverint, id eis innoxium fuerit, quod habitum gerunt[c2] presbiterorum, et purioribus subinde intersint sacris, presertim publicis et solemnibus.

[n1] H *rempl.* haec *barré* L. – [o1] *om.* P. – [p1] canti *inséré* ▯ H *pour corriger* concionibus *partiellement barré* L. – [q1] ea *add.* P. – [r1] ▯ H *rempl.* quid *barré* L. quae P. – [s1] *rempl.* censeo *barré* L. – [t1] *corr.* H *de* proprie *gâce à un signe* ▯ L. proprie P. – [u1] *ou* administratione [?] *corr. de* administrationi *et suivi par* pro suo per sed *barré* L. est *add.* P. – [v1] *corr. de* administratio L. – [w1] servire P. – [x1] *rempl.* sed *d'abord corr. en* et *barré* L. – [y1] retinere P. – [z1] H, *rempl.* herentque *barré* L. herentque P. – [a2] *cf. var.* [m1]. – [b2] *corr. de* aliaquae *ou* ali[a]e quam L. – [c2] gerant P.

[7] Sur les relations des clercs et des laïcs, v. Van't Spijker: *Ambten*, pp. 37–76, en part. 32–37 et 58–64.

CHAPITRE 24

[a]VESTIS ET CORONA[a] (les messes privées et d'autres cérémonies)

273.[b] Si enim caetera verbo et vita Christum rite profitentur quantum feret[c] eorum vocatio, non potest[d] eis ut professio impietatis imputari – quam facto a se reiecerunt – quod sacerdotali habitu et insigniis utuntur[1]. 274.[e] Neque enim insignia haec impio sacerdotio propria sunt, nec ullam in se continent impietatem. 275.[f] Quare, dum citra opinionem contemptae religionis apud bonos abiici[g] non possunt, gestari a piis debent.

276.[h] Porro cum etiam cunctis prope sacris muneribus antichristus hanc difficultatem alligarit: ut, si munera retinere quis velit, oporteat eum privatas missas[2] et alia superstitiosa multa, aut per se aut per alios, facere.

277.[i] Haec difficultas certe tanta est, ut ubi defuerint qui[k] oves Christi ab omni superstitione [l]verbi administratione[l] ad veram[m] in Christum[n] fidem revocent, omnino decedendum erit istis muneribus, in quibus non liceat[o] aliud, quam superstitiones antichristi confirmare et Christi regno nulla in re commodare[p]. 278.[q] Nec enim satis fuerit, ut iam dictum[3], ut tu citra superstitionem ista usurpes tibi, dum publicam interim in aliis superstitionem foves – quando scilicet nec tu nec alius rerum istarum veriorem usum docet, quae pridem totae superstitionibus antichristi serviunt. 279.[r] Nam longe aliud est privatum[s] in ecclesiis etiam quibuslibet ceremoniis adesse ex necessitate communionis Christi cum sanctis, quos publicus adhuc error tenet retinendae et colendae (id quod[t] nos concedimus), quam vel[u] ullam ceremoniam impietati publicae servientem administrare, si[v]

[a–a] *om.* P. – [b] *n°* 274 *om., paras numérotés* 275–287! P; ▯ Nota *add.* A. – [c] fert P. – [d] poterit P. – [e] ▯ Nota *add.* A. – [f] *pas de nouveau para ici* P. – [g] ▯ H, *rempl.* subiici *barré* L. – [h] 277 (*corr. de* 278) P. – [i] *n°* [278] *om.; cf. var.* [q]. – [k] *corr.* H *de* quae L. verbi administratione *add.* P. *Cf. var.* [l–l]. – [l–l] *om.* P *cf. var.* [q]. – [m] verum [!] L. – [n] Christo P. – [o] *corr. de* luceat *précédé de* hoc *barré* L. – [p] *corr. de* commendare L. – [q] *paras numér.* 279ss.; ▯ Nota *add.* A. – [r] *trait* ▯ P. – [s] A, *rempl.* primatum *barré* P. – [t] *suivi de* non eo *barré* L. – [u] *om.* P. – [v] ubi P. –

[1] On ne connaissait pas encore d'habit ecclésiastique généralement prescrit; cependant Latran IV avait déjà imposé aux clercs (outre la tonsure) le port d'habits peu voyants, sans ornements, et «ni trop longs ni trop courts». (Repris dans *Decretales,* livre 3, tit. 1, cap. 15, Friedberg 2, 453). Un siècle plus tard, les *Clémentines* (livre 3, tit. 1, cap. 2, Friedberg 2, 1157) renouvellent la règle de la «decentia habitus». Un concile provincial comme celui de Cologne 1536, 2e partie ch. 26, ARC 2, 223, se contente de rappeler la règle de 1215.

[2] Peut-être une allusion aux *Decretales,* livre 3, tit. 41, cap. 3 (Friedberg 2, 636); la *Glose, ad loc.,* parle p. ex. d'une messe supplémentaire «si, dicta [sc. missa] de die, superveniat aliqua magna persona, quae velit missam audire».

[3] *Supra* ch. 11, paras 166s.

remedium doctrinae sanae – qua verus usus doceatur – neque per te neque per alios adhiberi possit. 280. At vero, cum[w] datur, ut quis per se vel alios piam doctrinam administret; et, si munere suo decedat, /18r./ destituantur illae oves Christi pascuis vitae aeternae [cf. Io 10,9][4]: Omnia tentanda prius erunt quam committendum, ut *prodantur Sathanae oves* Christi [Io 10,12; 1 Cor 5,5?][5].

281. Proinde eiusmodi[x] difficultate constrictus praelatus vel pastor, aut quamcumque aliam presbyterii portionem gerens, de privatis illis missis et superstitiosis[y] aliis ceremoniis detrahet quantum omnino poterit; nec conducet ad ullas missas aut ceremonias, qui palam impuri[z] sunt; verumque usum quarumlibet ceremoniarum nunquam non inculcabit et inculcandum[a1] curabit. 282.[b1] Sique eo pacto queat a se superstitiosarum ceremoniarum procurationem reiicere, si proventus eos quibus illae redemptae sunt caedat, id studiose faciet. 283. Summa in eo est: qui in ista detinetur[c1] perplexitate, librabit intra[d1] se hoc: quid[e1] ovibus Christi qualicumque evangelii administratione et superstitiosarum ceremoniarum moderatione commodare queat, et quid[f1] superstitiosarum ceremoniarum[g1] permissione vel procuratione per se vel per alios incommodare. 284. Et si tum agnoscat a sua administratione sic permixta et perplexa ad oves Christi plus venire nocimenti (hoc est confirmationis in impietate) quam utilitatis (hoc est provocationis ad fidendum Christo et vivendum sancte) relinquendum profecto munus – quodcunque illud fuerit – quo contra Christum facere et *dispergere oves* eius oporteat [Io 10,12]. 285. Si vero[h1] ostenderit Dominus plus sperandum fructus quam timendum esse damni[i1], si quis in eo munere persistat: persistendum in eo erit, et iugiter orandus Christus, ut indies plus fructus afferre largiatur, et ut condonet quae per se serviunt offensioni, et ut quam minimum obsint[k1] efficiat. 286. Nec dubitandum, quod[l1] Christus sinceriter orantem se suo oraculo et explicatione ex ista perplexitate destituat. Tamen[m1] religiosissime id quisque, qui in ista perplexitate continetur, consideret; et inter se conferat, quid doctrina pietatis quantulacunque ovibus Christi commodare queat, quid superstitiosae ceremoniae incommodare; et illud toto pectore querat, hoc fugiat.

---

[w] non *add.* A *au-dessus de la ligne* P. – [x] *corr. de* unius modi (?) L. – [y] *corr.* (H?) *de* superstitionis L. – [z] *corr.* (H?) *de* puri L. – [a1] inculcandam [!] L. – [b1] *le n° et les suivants jusqu'au 304 y compris, corrigés de* 281–303 L. *Trait* ▯ P. – [c1] *corr. de* detinentur L. – [d1] inter P. – [e1] quod P. – [f1] quod P. – [g1] vel *add.* P. – [h1] *om.* P. – [i1] *corr. de* damnis L. – [k1] obsit P. – [l1] *corr.* (H?) *de* ut L; ut P. – [m1] Tantum P.

[4] Selon l'interprétation de S. Augustin *Tract.* 45, 15, CCL 36, 397; MPL 35, 1726, repris dans la *Glose marg., ad loc.,* où le thème de la vie éternelle (cf. Io 10,10s. et 27s.) est relié à celui de la pâture.

[5] ErP; cf. *supra* ch. 9, paras 144, 148 et n. 25 et 29 *ad loc.*

CHAPITRE 25

[a]DE OFFICIIS DIACONI[a]

287.[b] Hactenus de his ecclesiasticis muneribus, quae vel verbi vel ceremoniarum administrationem aliquam habent /18v./ reliquam. Restat, ut[c] de iis muneribus dicamus[d], in quibus superest aliqua provisio indigentium, ut pupillorum, morbidorum, peregrinorum[e], et aliis necessitatibus[f] obnoxiorum. 288. Qui huiusmodi munera gerunt, his imprimis incumbant[g], ut ad usus inopum revocent quicquid illis antichristus abstulit.

289. Verum enimvero, cum etiam ista munera missis et aliis superstitiosis ceremoniis contaminata sunt: ubi non conceditur, ut per doctrinam pietatis [cf. 1 Tim 6,3] curetur, quod superstitiosis ceremoniis ovibus Christi noxiae infertur[h], certe non video ut quisquam sacerdotum in talibus muneribus maneat, etiam si ipsi[i] liceret [k]ex tali[k] provisione pauperibus multum commodare.

[a-a] *om.* P. – [b] *paras numérotés* 288–290 P. – [c] *inséré* H. *om.* P. – [d] *inséré* H. *om.* P. – [e] perigrinorum [!] L. – [f] -us *inséré* H. – [g] incumbit P. – [h] *corr. de* affertur L. – [i] *rempl.* per se *barré* L. – [k] *rempl.* (H?) extare *barré* L. externa P.

CHAPITRE 26

[a]Psallendi et orandi institutum[a]

290.[b] Sequitur[c] de instituto orandi et psallendi, quod et ipsum antichristus et superstitionibus innumeris oppressit, et ad turpem questum prostituit. 291. At, quia tamen est institutum Spiritus Christi[d], ut ex 14. Prioris ad Corinth. [v. 14–16] et prior. Timo. 2 [v. 1s.] et aliis locis [cf. e.g. Eph 5,19; Col 3,16][1] liquet, sancti illo pie utentur.

292. Nam de munere admistrandi haec[e], quod hodie fere solum clericorum maior pars gerit, dictum supra est[2]. 293. Tum ergo sancti psalmis atque precibus in ecclesia pie utentur, cum se et alios quo[f] ad licet [g]horum usu[g] ad pietatem excitare studebunt: hoc est, ad veram *aedificationem,* de qua 1. Cor. 14. [v. 3–5, 12, 16s., 26s.], reiecta interim omni superstitione et questu. 294.[h] Superstitionem autem a se et aliis reiicient cum, repudiata fidutia operis operati[3], ea que [!] superstitiosius dicta, sacris precibus et cancionibus [!] admixta sunt, cum[i] sibi tum aliis, qui veritatem in his sustinent, ad pium sensum interpretabuntur. 295.[k] Sunt autem[l] novissimis cantionibus non pauca nimium[m] impie dicta immixta. Tamen, sicut nullum – quamlibet pie dictum – [n]est quod[n] non possit ab impio ad [o]impium sensum[o] detorqueri: ita etiam nullum tam impie dictum in sacris cantionibus et precibus immixtum est, quod non ad pium sensum pius facile pertraxerit.

296. Quid possit dici durius quam [p]hyperbole illa[p] ad divam Virginem: «vita et spes nostra»[4], et similes? At illico pio animo /19r./ succurret: Ideo

---

[a–a] De oratione et cantu ecclesiastico P. – [b] *paras numérotés* 291–301 P. – [c] nunc *add.* P. – [d] *précédé de* sancti *barré* L P. – [e] hoc P. – [f] *corr. de* quod L. – [g–g] per horum usum P. – [h] ▯ Nota *add.* A. – [i] tum P. – [k] *para marqué* ▯ *d'un trait* L. ▯ Nota *add.* A. – [l] quidem P. – [m] nimis P. – [n–n] *om.* P. – [o–o] s' i' P. – [p–p] hiperbolae illae P. –

[1] Cités dans la *Disputatio de precatione* qui suit l'exposition de Ps 5, *S. Pss. libri quinque,* 1532, f. 34r., où 1 Cor 14 est évoqué f. 35r.

[2] Cf. ch. 18, paras 219ss.

[3] V. la définition la plus courante chez Altenstaig: *Lexicon,* s.v.: «. . . est opus vel signum exterius exhibitum, quod fit ad significandum aliquid, et valet ex institutione et pacto, sicut sacramenta novae legis valent ex opere operato, hoc est, ex vi sacramenti conferunt gratiam, si nihil aliud impediat . . .»

[4] L'antienne *Salve, regina.* Au 16e siècle elle n'avait pas encore de place fixe dans les Heures canoniales, mais faisait partie de célébrations para-liturgiques très populaires chez les uns, fortement combattues par les autres: v. Eck: *Enchiridion* ch. 15, CCath 34, 176s., variante r[1] (ajout de T. Smeling 1529 et 1532) et renvois à la littérature *ibid.*

ducant[q] Virginem sic appellari, quod peperit eum, qui ʳvere vita et spes nostra estʳ[5]. 297. Sic et cum divis quae Christi sunt verbis tribuuntur, pius animus statim ea ad Christum referet, quem divi predicarunt et confessi sunt, et in quibus Christus effecit omnia[6]. 298. Quod vero nimirum[s] verborum in hisce precibus et cantionibus funditur, quam *battologiam* Christus ipse prohibuit [Mt 6,7][7]: sancti, dum restringere hanc *battologiam* non possunt, dabunt tamen operam quoad omnino poterunt, ut mens iis inhaereat, quae verbis precantur et psallunt. 299. Porro, questum, qui ex hoc instituto Domini summa cum impietate fit, toto corde execrabuntur, et ab eo quos licet revocabunt.

300. Ita cum reiecta haec sunt: fiducia operis externi[t], per se impius sensus eorum verborum in sacris precibus et cancionibus[u] (quae gloriae Christi derogare[v], et, quae Christi sunt, hominibus[w] tribuere videntur) incogitantia eorum, quae ore proferuntur, et questus – nihil iam reliquum manet in hisce cantionibus et[x] precibus quam institutum Spiritus[y] Christi [cf. 1 Cor 14,14–16; 1 Tim 2,1s.; Eph 5,19; Col 3,19] et opus sanctorum [cf. Lc 18,7?].

---

[q] divam P. – [r-r] vera est v′ et s′ n′ P. – [s] *rempl.* ut (?) L *et* multiloquia H *barrés* L. nimium P. – [t] P *ponctue:* operis externi per se, impius. – [u] *corr. de* concionibus L. – [v] *corr. de* derogantur L. – [w] -us *inséré* H. – [x] H (?) *rempl.* ex *barré* L. – [y] *précédé de* Spiritus S. *barré* L.

[5] Ap.:Smeling in Eck: *Enchiridion, loc. cit.* (*i* p. ex. le Christ lumière par excellence, les saints de manière dérivée).

[6] Cf. *supra,* ch. 12, en part. paras 182–187.

[7] Cf. p. ex. l'*Apologie de la Tétrapolitaine,* BDS 3, 295 (*ti*), alors que l'*Enarr. in Mt ad loc.,* f. 58v.–59v. évoque la psalmodie et la prière liturgique, mais sans insister sur ce point précis.

CHAPITRE 27

[a]De vero usu ieiunii et collectarum[a]

301.[b] Ad eundem modum sancti observabunt et ieiunia; collectisque et oblationibus, quae ad usus veros ecclesiae fiunt, libenter communicabunt. Superstitionem autem et sordidum questum, quae his institutis Domini antichristus affixit, detestabuntur, et detestanda docebunt quos poterunt.

[a–a] *om.* P. – [b] 302 P.

CHAPITRE 28

[a]De disciplina ecclesiae[a]

302.[b] De disciplina ecclesiae nihil prope reliquum mansit quam privata confessio, quales[c] quales visitationes, quas episcopi magis lucri causa quam emendandorum vitiorum per officiales suos faciunt[d][1].

303. Item excommunicationes, quibus ii[e] tantum eiiciuntur, qui erga sacrificos et episcopos non satis reverentes sunt, aut etiam monitionibus et sententiis eorum de creditis, vel aliis seculi rebus, non paruerint[2]. 304. Quantum haec ad id faciant[f], ut homines humilientur, et veniam peccatorum ab ecclesia petant, [g]utque recipiantur quum[g] peccaverunt! Item, ut id faciant aut ommittant quod alioqui facere aut ommittere debent ex officio[h] /19v./ christianismi – christianis neque hae disciplinae ecclesiasticae reliquiae negligendae sunt. Sed deplorabunt interim, quod tam parum huius rei adeo necessariae superest, et quod id, quod superest, tantae superstitioni tamque[i] impiae tyrannidi atque nundinationi obnoxium factum sit.

305. Proinde studebunt [k]diligenter etiam[k] omnes hasce labes ubi cum fructu potuerunt[l] detegere, et quae sit vera ecclesiae disciplina quique legitimus usus reliquiarum huius, quae utcunque supersunt, fideliter docere[3].

[a–a] *om.* P. – [b] 303; *le para suiv. non numéroté mais lié à celui-ci par une accolade* (*ainsi dès* 304 *la numérotation coïncide à nouveau avec celle de* L) P. – [c] *inséré* H. – [d] *précédé de* ef [*amorce d*'efficiunt?] *barré* L. – [e] *corr. de* iis L. – [f] faciunt P. – [g–g] et recipiant qui P. – [h] Christiani *add.* H *en guise de réclame* L. – [i] ▯ H, *rempl.* tamquam *barré* L. tanquam P. – [k–k] e' d' P. – [l] poterunt P.

[1] Cf. les tentatives de réprimer de tels abus, par les assemblées des évêques à Ratisbonne 1524, article 38, ARC 1, 344; et les statuts de Cologne 1536, 1ère partie, ch. 4 et 14e partie, chs 20 et 22, ARC 2, 203. 302. 304; ainsi que la *Formula visitationis* 1537 en appendice aux *Canones concilii provincialis* 1538, f.IIIIr.

[2] Cette plainte fait partie déjà des *Gravamina nationis Germanicae,* p. ex. à la Diète de Nuremberg 1522–3, in DRT 3, 645–688, ici en part. chs 22, pp. 664s. Elle se trouve admise aussi bien par l'épiscopat de l'Empire réuni à Aschaffenburg en 1524, que par la *Constitution* impériale d'Augsbourg de 1530, où se trouve formulé le fond commun aux revendications des Etats séculiers et spirituels: ARC 1, 444 et 527ss., en part. 532.

[3] Cf. p. ex. *Von d. Seelsorge* BDS 7, 219ss. ainsi que la *Ziegenhainer Zuchtordnung, ibid.* pp. 266–271 et en part. la liste des causes d'excommunication, pp. 268s.

TROISIÈME PARTIE: DEUXIÈME CLASSE DES CÉRÉMONIES

CHAPITRE 29

CÉRÉMONIES DE LA DEUXIÈME CATÉGORIE

306. Hactenus de ceremoniis institutis in ecclesia certo oraculo et iussu Christi. Nunc agemus de ceremoniis introductis a sanctis hominibus, partim imitatione Domini et apostolorum, partim etiam imitatione cultus mosaici, partim excessu quodam affectuum piorum. – Et primum de confirmatione.

CHAPITRE 30

De confirmatione[1]

307. Haec imitatione quadam apostolorum in ecclesiam[a] recepta est. Ut enim hi[b] baptizatis *manus imponebant*, ut *Spiritum sanctum* plenius *perciperent* [Ac 8,17, cf. 19.5s.][2], ita caeperunt postea episcopi expatiari[c] [?] «ad eos, qui longe in minoribus urbibus et vicis per presbyteros et diaconos baptizati» 'essent, et illis ad invocationem Spiritus sancti manus imponere': id quod legis apud divum Iheronimum in Dialogis adversus Luciferianos[3]. 308. Idem tamen scribit eodem loco, hanc observationem «ad honorem potius sacerdotii quam ad legis necessitatem» observari[4]. 309. Utcunque autem hoc habeat: si hodie episcopi pueros baptizatos curarent sacro catechismo rite institui, et ubi idonei essent ad faciendam publice[d] fidei professionem[e], eam ab illis susciperent, eosque solemni invocatione Spiritus sancti ac manuum impositione, ceu publice in fide Christi confirmarent, et ecclesiae tanquam eos, qui nunc propria fide Christum glorificaturi essent, commendarent: Ad hunc – inquam – modum, si factum apostolorum imitarentur, nihil esset utique in hac observatione non sanctum et christianis dignum[5]. 310. Nunc autem, cum nihil quam chrismate ungunt et alapam impingunt, cruceque signant, additis verbulis, quae ex vulgo nemo intelligit[6] – et huius tamen operis singularem fiduciam homini-

---

[a] m *ajouté* H. ecclesia P. – [b] in P. – [c] ▯ H, *rempl.* exponere *barré* L. excurrere P. – [d] *corr. de* publicae L. – [e] ▯ H, *rempl.* promissionem *barré* L; promissionem P. –

[1] Pour la confirmation chez Bucer v. surtout Hareide: *Konfirmasjonen*, pp. 103–142, en part. pp. 120–123, 129–132, et surtout 137–142; Bornert: *Réforme du culte*, pp. 361–370. – Ici: Ap.: *Articles de Leipzig 1539*, ch. 6, pp. 96s. (*i* et *tt* et sources mentionnées aux nn. 2–5 déjà combinés).

[2] Cf. les termes de *plenus* et *plenitudo* employés dans ce contexte chez Pierre Lombard: *Sent.*, livre 4, dist. 7, chs 3s., Quaracchi 2, 278s., et S. Thomas: *S. Th.* 3a pars, qu. 72, art. 1 *ad 2* et surtout art. 11 *in co* où notre passage biblique est cité. Cf. aussi la note suiv. – Ap.: Witzel: *Typus* pp. XIVs. (*t* bibl. et *i* selon les *Sent.*).

[3] Ch. 9, MPL 23, 172 BC. NB la leçon des éds. anciennes, note 3. (*ep*). *Ib. sup.* ch. 8, l'interlocuteur luciférien renvoie aux passages des *Ac* cités à la n. préc. Cf. aussi la n. suiv.

[4] *Ib.* col. 173A (*e*). – Ap.: Witzel: *Typus* pp. XIVs. (*r* et *i* comme ici et à la n. préc.).

[5] Ap.: Erasme *Pio lectori*, préface à la P Mt, LB7, sign. **3v. (*i* catéchèse postbaptismale et confession personnelle); et ap.: Witzel: *Typus* p. XVI (*i* de combiner ces éléments avec la confirmation traditionnelle). Cf. Hareide: *Konfirmasjon*, pp. 59–66 et 129–136.

[6] *Pontificale*, f. iij r., les candidats sont emmenés au faldistoire où siège l'évêque, qui demande leurs noms aux parrains et leur adresse individuellement les paroles qui accompagnent les gestes rituels: «Signo te signo crucis et confirmo te chrismate salutis. In nomine . . . ut replearis eodem Spiritu sancto et habeas vitam aeternam.» Puis: «Pax tecum».

bus ingerunt suae /20r./ dignitatis et questus caussa; huiusmodi[f] ludibrium ex hac patrum observatione faciunt, ut sancti dum licet[g] merito se et suos ab ista observationis perversione subducunt. 311. Porro, ubi id non licet absque eo, ut cum offensione bonorum habearis sacramenti contemptor – quicquid ex ista patrum observatione reliquum est tanquam ab ipsa ecclesia reverenter suscipies, deplorans apud te et eos, quibus id sit aedificationi, omnem observationis huius perversionem quam pseudoepiscopi invexerunt[7].

---

[f] eiusmodi P. – [g] *rempl.* libet *barré* L.

[7] Cf. Maurer: *Gesch. d. Firmung*, en part. pp. 19–22 concernant l'attitude d'Erasme.

CHAPITRE 31

[a]De ordinis consecratione, chrismate, unctione infirmorum[b], et consecratione rerum[a]

312. Idem modis omnibus sentiendum et faciendum est de impositione manuum, qua sacra munia committuntur; de chrismate, unctione infirmorum, consecratione rerum quibus ad sustentationem corporum utimur. 313. Sunt enim in hisce omnibus observationibus imitatione quadam apostolorum symbola adiuncta praecationi et verbis bene ominatis, quibus ordinatis facultas Spiritus sancti ad iniunctum munus rite obeundum[1]; baptizatis unctio Spiritus[2] ad gnaviter proficiendum in christianismo; infirmis sanitas [cf. Iac 5,13–15][3]; et utentibus rebus sanctificatis[c] salutaris usus[4] solemniter et ecclesiae nomine orabatur. Indeque nomine ecclesiae, quae non dubitat [d]se exorare[d], id quod fide orat[e], conferebatur.

314. Pii itaque id animo complectentur, quod in hisce observationibus est instituti veteris et puri, repudiata omni superstitione et abusione, qua pseudoepiscopi his rebus affinxerunt. In qua[f] praecipua est fiducia operis externi: quod vel ad remissionem peccatorum, vel ad conciliandam gratiam Dei [g]singularem, vel[g] sanctitatem rebus afferendam hae res valeant.

[a–a] *om.* P. – [b] H, *rempl.* rerum *barré* L. – [c] santificatis [!] L. – [d–d] *corr. de* separare L. – [e] ▯ H *remplace* [!] orat *barré* L. – [f] ▯ Supra 83 *add.* A. – [g–g] singularemve P.

[1] V. p. ex. la formule qui accompagne l'onction des mains lors de l'ordination presbytérale: «ut quecunque benedixerint, benedicantur . . .» *Pontificale,* 1542 f. xxii r. – Ap.: Gropper: *Enchiridion,* f. CCXVI r. (*i*: diverses onctions traitées ensembles, allusion à l'A.T.; cf. notre para 306); adv. Calvin: *De fugiendis imp. sacris,* CR 33, 254 (= là, rejet simple).

[2] Cf. la formule de l'Ordonnance de Cassel pour la confirmation, BDS 7, 313: «Nimm hin den heiligen Geist . . .» Cf. n. 1.

[3] Versets cités dans l'oraison qui suit les suffrages dits après les onctions dans l'ordre de l'Extrême-onction: *Rituale Rom.,* tit. 5, ch. 2, para 12.

[4] P. ex. dans les oraisons de bénédiction de vêtements, de mets, etc.: *Rituale Rom.,* appendice, pp. 58*–66* où l'idée de l'«usus» est courante.

CHAPITRE 32

[a]De collegiis virginum et viduarum[a]

315. Est[b] et illud ex apostolorum et primorum sanctorum imitatione, quod in ecclesiis habentur collegia virginum et viduarum. Quae, si veris pietatis officiis absque superstitione insistant, atque matrimonio ideo se subducant ut *regno coelorum* expeditius serviant [Mt 19,12] – hoc est[c] precibus liberius et perseverantes[d] incumbant, et iuvandis *membris Christi* [1 Cor 12,27] sese plenius addicant – sancta professio est[c]. /20v./ 316. At, cum[e] vel coelibatus vel aliorum operum fiducia[f] admittitur, et coelibatus ceremoniarumque servitus per vota imponitur, servitus est antichristi[1]; [g]a qua liberatio piis [h]modis omnibus[h] querenda est. 317. At, si illa citra offensionem graviorem bonorum, aut etiam citra magnum discrimen vitae ad gloriam Christi rite degendae contingere non possit – ita ut videas te [i]in hac captivitate divinitus teneri – enitendum erit quoad conceditur ad puriorem illam rationem vivendi in huiusmodi[k] instituto, quae apud veteres erat[2]; et reiiciendae erunt superstitiones, quas antichristus huic instituto attulit. 318. Idem iudicandum et faciendum in observationibus quae in ecclesiam[l] pridem pervenerunt imitatione traditionum mosaicarum. 319. In his omnibus est quidem, ut diximus, aliqua traditionum mosaici populi imitatio; sed quae pridem superstitionibus et abusionibus[m] antichristi, ut omnia, est[n] misere contaminata: quarum caput est fiducia[o] externi operis.

[a-a] *om.* P. – [b] enim *add.* P. – [c-c] *souligné* et ▯ Nota *add.* A. – [d] perseverantius P. – [e] dum P. – [f] *souligné* P. – [g] *le para* 317 *commence ici* P. *Inscrit ici mais déplacé par trait et signe* P *à l'endroit indiqué plus loin* L. – [h-h] o' m' P. – [i] *inséré* H? – [k] eiusmodi P. – [l] ecclesia P. – [m] *corr. de* abusionibus *corrigé d'abord en* abusibus quibus L. – [n] *add.* H? – [o] *souligné* P.

[1] Ap.: Articles de Leipzig, chez Cardauns: *Zur Geschichte,* art. 11., pp. 104s. (*i* corruption du monachisme dès les temps de S. Augustin et «das ewig verloben hat weder wort noch exempel in der schrift».)

[2] Ap.: Witzel: *Typus,* les deux chs *Von dem Monachismo* pp. 82–86 et en part. 84: «Wie sich aber jene Monastica mit itziger Zeit Müncherey und Nonnerey vergleiche, lasse ich die offentliche warheit selbs richten».

CHAPITRE 33

[a]De ieiuniis et aliis afflictionibus carnis ad exemplum legis mosaicae[a]

320. Deinde pro humiliatione commoda carnis, quae esse debebant in observationibus primi generis, nihil superest vulgo, quam vel[b] frustranea valetudinis afflictio, vel quaedam castigationis illusio.

321. Nam pro ieiuniis – quibus populus vetus et postea ecclesia quoque se ad serias supplicationes accomodabant, diem totum [c]ut a[c] cibo abstinentes, ita audiendo verbo Dei et fundendis precibus in sacro coetu vacantes[1] – hoc vulgo reliquum est: ut certis diebus abstineatur[d] a carnibus, et tantum prandeatur[e]; quamquam caenae tempore eiusmodi repotia[f] interdum sumantur, ut ea a iustis caenis parum distent[2]. 322. Adiectum est et illud ludibrii: cum ecclesia sua ieiunia ita susceperit et observarit, ut post nonam horam diei, perfecto *vespertino sacrificio* [cf. Esd 9,4s.] primum cibum in [g]ieiuniorum diebus[g] sumeret[3], pseudoepiscopi fecerunt pridem vesperas ante sextam horam anticipari[4], nihil veriti[h] anathemata quae in aliquot conciliis in eos decreta sunt, qui vespertinas preces antequam vespera esset in diebus ieiuniorum haberent[5], ac ita fraudem legi ieiuniorum facerent. /21r./ 323. Sic etiam pro delectu ciborum, potuum, vestium, locorum, et temporum, qui in veteri populo vel ad iuvandam valetudinem,

[a–a] *om.* P. – [b] ut P. – [c–c] *corr. de* a se L. – [d] abstineant P. – [e] prandeat [!] P. – [f] repotia; symposia A *rempl.* reposia *barré* P. – [g–g] d' i' P. – [h] *corr.* H *de* veri L. quod (*peut-être barré?*) *add.* P. –

[1] Ap.: BEv, Mt 4,2 et 6,16, f. 28v.–30r. et 65r.–67r. (*rri* : – là: chaînes AT [p. ex. Idc 20,26; 1 Sm 7,6] NT [p. ex. Lc 2,37; 2 Cor 6,5] f. 65r.v. – durée 29r. 65r. [avec renvoi à Eusèbe *H.E.*]; f. 67r. medio: lien entre jeûne et prière.

[2] Ap.: *loc. cit.* f. 66r.v. en part. 66v.: *Quarta impietas* (*pa*) et Calvin: *De fugiendis imp. sacris*, CR 33, 253.

[3] V. p. ex. S. Thomas: *S. Th.* 2a 2ae, qu. 147, art. 7, allègue en faveur de cette coutume, le can. cité à la n. 5.

[4] V. p. ex. Cajetan: *Summa* s.v. *Horae canonicae*, 4e article: Il est un péché grave de retarder la récitation des heures. «Prevenire tamen, ut quietius aut devotius dicatur, consulitur a iure in capite 'Presbyter'» [*Decretales*, livre 3, tit. 41, cap. 1, Friedberg 2, 635].

[5] *Decreti* 3a pars, dist. 1, can. 50 censément d'un Concile de Chalons, en fait du *Capitulaire* de Théodulphe d'Orléans, Friedberg 1, 1307, et cf. n. 564 *ibid.*, auquel se réfère S. Thomas: *loc. cit. supra* n. 3. – Ap.: S. Thomas ou *Decretum* (*ip*!) NB que l'allusion à Esd. 9,4s. et parall. [Ps 140,2?] ne se trouve ni dans le canon ni dans son commentaire. – On ne voit pas clairement quels autres conciles Bucer vise ici: peut-être celui d'Agde: v. *Decreti* 3a pars, dist. 5, can. 13, Friedberg 1415, qui suppose un horaire fixe des offices.

vel ad humiliandam carnem, vel ad conservandum populum a contagione incredulorum, vel ad excitandum religionis studium, introductus erat, et observabatur[6], antichristus eum delectum ciborum et rerum aliarum invexit, qui[i] nihil quam illusionem[k] huiusmodi traditionum in se continet aut ad[l] frustraneam modo[m] labefactationem[n] valetudinis valet et ad[o] servitutem plus quam iudaicam. 324. Nam qui religiosiores sunt, et volunt praeceptis istis ecclesiae, ut habentur, parere – hi, dum totam Quadragesimam et alios multos dies sine carnibus et ovis transmittant[p], dum[q] nocturnas vigilias, vestium asperitatem, habitationis incommoda et alia id genus perferunt, valetudinem suam nulla de causa atterunt[7].

325. Caeteri in cibis tantum species lautitiarum, in vestibus colorem et figuram commutant. Cumque omnino coena negatur, in prandio caenam praesumunt. A vigiliis et aliis molestioribus exercitiis se facile subducunt: ut vespertinas preces ante meridiem ita deputatas primo gallicinio demurmurant orto die. Et sic defunguntur hisce exercitiis omnibus, ut nihil quam hisce traditionibus, quas profitentur, illudere videantur.

326. Sancti igitur quicquid in his observationibus religiosae castigationis carnis servire ipsis quoque poterit, id suapte religione observabunt, et observandum a fratribus docebunt – [r]quod, quantum ad ipsos attinet frustraneae *servitutis* et afflictionis fuerit, dum id eis valeat ad *lucrifaciendum* fratres [1 Cor 9,19] et cavendam *offensionem,* quae promovendo regno Christi obstet[s] [cf. ib. 8,9; 9,12][8]. [t]Concedant hoc[t] ius suum gloriae Christi et saluti fratrum. Et cum divo Paulo in *aeternum nec carnem edent nec vinum bibent necquid aliud* quamlibet per se *licitum usurpabunt,* quod sit coniunctum cum *offensione* proximi, salutem eius *impediente* [Rm 14,21; 1 Cor 8,13; 9,12][9].

327. In hac autem observatione quos poterunt ad verum usum abstinentiae et humiliationis adducent, usique[u] ad id authoritatibus patrum, quae plurimae de hac re extant[v][10]. /22v./ 328. Porro, quae superstitionis et

---

[i] quod P. – [k] *corr. de* allusionem L. – [l] *inséré* ▯ H. – [m] *om.* P. – [n] labefactionem P. – [o] *ajouté* H. *om.* P. – [p] transmittunt P. – [q] dumque P. – [r] *début d'une nouv. phrase qui va jusqu'à* fratrum P. – [s] *rempl.* obest *barré* L. – [t-t] concedent hic P. – [u] utque *corr. de* ubique P. – [v] utantur *add.* P. –

[6] Peut-être ap.: Erasme: *Ichtyophagia,* LB 1, 790 C–E; et S. Thomas: *S. Th.*, 1a 2ae, qu. 102, art. 6, *in co* et en part. *ad 1* (première partie), *ad 5, ad 6, ad 8, ad 9* (*i*). – V. aussi Markish: *Erasmus,* 27–31 et 43–46; Bierlaire: *Colloqus* pp. 237–244.

[7] Ap.: BEv Mt 4, f. 29v. (medio) (*i*: contre les excès d'austérité), mais surtout Erasme: *Ichthyophagia,* LB1, 789BC et 806s. (*i* dangers pour la santé).

[8] EpFab.

[9] BRom; EpFab; ErP (9,12).

[10] V. p. ex. les passages réunis dans le *Florilège patristique,* pp. [du ms.] 155–160. Cf. Witzel: *Typus 1540,* f. LXXV et s. qui établit de même un lien étroit entre le jeûne, la prière et l'aumône dans l'Eglise ancienne.

perversionis sunt, ea, ubicunque cum fructu poterunt, detegent et a fratribus depellent. 329. De servitute et superstitione monastica iam dictum est supra, propositione [316][w] [11].

---

[w] *La référence reste inachevée, un carré, répété* ▯ *y attire l'attention* L. 316 *add.* P.

[11] Cf. *supra*, ch. 32.

CHAPITRE 34

[a]DE SYMBOLIS IN ECCLESIA EX MOSAE MUTUATIS[b][a]

330. Ita facient de symbolis illis mysticis a Mose mutuatis[c]: significationem eorum salutarem amplectentur et amplectendam docebunt; superstitionem reiicient.

[a–a] *om.* P. – [b] H, *rempl.* imitatis *barré* L. – [c] ▯ de quibus supra 62 et in sequentibus *add.* A.

CHAPITRE 35

[a]Usus luminum, incensi, aquae et salis[a]

331. In *unctionibus*[b] dona Spiritus *sancti* [cf. 1 Io 2,20][1], in *lucernis illuminationem* divinam [cf. Ps 26,1; 118,5], in *suffitibus fragrantiam* bonae vitae et laudis divinae [cf. Eph 5,1s.; Ps 140,2–4][2], in aqua benedicta *aspersionem sanguinis Christi* [1 Pt 1,2][3], in sale rectum iuditium et condimentum aedificatricis prudentiae in vita nostra[4], et cogitabunt et a Domino precabuntur. Utque idem [c]quoque alii[c] studeant, verbo[d] exemplo et precatione ad Deum efficere studebunt.

[a–a] *om.* P. – [b] *souligné* P *de même que les autres termes liturgiques:* lucernis, suffitibus, aqua benedicta, sale. – [c–c] a′q′ P. – [d] et *add.* P.

[1] Selon Lyre aux termes *a sancto:* «supple 'Spiritu' quae data est vobis in baptismo» et cf. le cantique *Veni Creator,* v. 2 «spiritalis unctio»: Daniel: *Thesaurus* 1,213. Dans le rituel de l'ordination sacerdotale du *Pontificale* (notre éd. f. 21v. et s.), le chant de ce cantique précède immédiatement l'onction des mains du candidat. Cf. aussi S. Thomas: *S. Th.* 3a pars, qu. 66, art. 10, *ad 2* sur l'onction baptismale en part. la citation d'Innocent III.

[2] Cf. Marbach: *Carmina,* p. 247 sur l'emploi fréquent des versets psalmiques, en part. lié au thème d'une vie sainte lors de l'encensement de l'autel à la messe.

[3] Peut-être ap.: Durant.: *Rationale,* liv. 4, ch. *De aque . . . aspersione* (*i* au moment du rite et du chant de l'*Asperges,* il convient de penser à la passion du Christ).

[4] Il doit s'agir ici du sel du rite baptismal plutôt que de celui qui entre dans la préparation de l'eau bénite. L'interprétation que Bucer en donne ici ne correspond pas à celle qu'il offre *ad* Mt 5,13ss. (passage biblique qui sous-tend d'ailleurs notre paragraphe ici): le sel symbolise la foi ou la souffrance. L'interprétation ne repose pas non plus sur le symbolisme attribué le plus souvent au sel du rite baptismal, e.g. Hughes de S. Victor: *De sacramentis,* livre 2, partie 6, ch. 10, MPL 176, 457 et Gropper: *Enchiridion,* f. LXXX v. (le sel préserve de la corruption du mal et symbolise la sagesse); S. Thomas: *S. Th.* 3a pars, qu. 71, art. 2 *in co* (la réception de la doctrine); Ripelin: *Compendium,* livre 6, ch. 9 (notre éd. f. 273r.: illumination de la raison).

CHAPITRE 36

[a]USUS ORNAMENTORUM[a]

332. In[b] ornamentis illis externis reverentiam et verum cultum Dei omnibus vitae ornamentis exhibendum excitare in se et[c] aliis ac promovere studebunt, [d]depulsa, ubicunque id Dominus concesserit, cuncta superstitione et perversione[d]. 333. Nam in his omnibus praeter fiduciam externi operis, est etiam illa perversio, quod quae fovendo *Christo* in *minimis suis* [Mt 25,40.45] debentur, frustra in huiusmodi ornamenta insumuntur[1].

[a-a] *om.* P. – [b] ita ex P. – [c] in *add.* P. – [d-d] *om.* P.

[1] Un des arguments des plus anciens et des plus constants de Bucer concernant le luxe dans les cérémonies. V. p. ex. *Grund und Ursach* BDS 1, 233s.; *Apologie de la Tétrapolitaine, ibid.* 3,202. Cf. Erasme: *Convivium religiosum,* LB 1, 486 F et s.; *Declaratio ad Censuras* (de la Faculté de théol. de Paris); 9,936 DE; 949 A–C.

CHAPITRE 37

[a]VENERATIO SACRORUM LOCORUM ET VASORUM[a]

334. Eadem ratio est de veneratione sacrorum locorum et omnium religionis instrumentorum, cum nihil [b]prius nobis[b] religione debeat haberi. Sancti quaecunque religionis instrumenta essent semper sancta habuerunt, idque certis signis venerationis testati sunt[c]. In quo verbum Domini secuti sunt, qui volebat *omne*[d] *instrumentum* [e]*tabernaculi et*[e] *tabernaculum* ipsum *sanguine testamenti aspergi* et ita *sanctificari sanctumque haberi omni populo* suo [Hbr 9,19–23][1].

335. [f]Semper enim Deus nos pro ingenio quod ipse indidit ducit. Ingenium autem hoc nobis indidit, ut si qua res vel actio nobis habeatur eximia et in summo precio, omne instrumentum eius rei vel actionis /22r./ aliqua veneratione dignemur. Ita interioris[g] aulae principum sceptra, arma, et quaecunque principalis potestatis vel symbola vel praecipua[h] instrumenta sunt, ab iis, qui principes vere colunt, in veneratione habentur[2]. 336.[i] Ut autem in omnibus aliis rebus ecclesiasticis factum est, ita etiam accidit circa venerationem locorum et instrumentorum religioni[k] sacrorum: quod studium circa haec ipsa, quae[l] ex se gignit pietas, convertit antichristus in superstitionem. 337. Hanc igitur oportet sanctos prodere, et a proximis avertere ubi poterunt; ita tamen, ut quod vere ex ipsa religione pervenit, id non damnent, aut alienum a se ducant. 338. Nam etsi veneratio ista locorum et instrumentorum religionis non sit [m]verbo nobis[m] ut veteribus praescripta, hoc tamen magis nos ea decet quam veteres, quo[n] par est, religionis studium in *nobis, qui videmus et audimus,* quae illi *videre et audire*

[a–a] *om.* P. – [b–b] n'p' P. – [c] *début para* 335 P. – [d] omnino [!] P. – [e–e] *corr. de* tabernaculum ut L. – [f] *ce para et le suivant marqués* ▯ *d'un trait* L, *et réunis par une accolade pour former le para* 336 P. – [g] interiores P *qui place une virgule après* principum. – [h] *om.* P. – [i] *paras* 336–340 *numérotés* 337–341 P. – [k] *corr. de* religionis L. – [l] *inséré* H. *om.* P; *dans ce cas il faut ponctuer:* sacrorum, quod . . . pietas: convertit. – [m–m] n' v' P. – [n] *corr. de* quid [?] L. –

[1] Trad. Bucer (*tp*!). Cf. surtout Ex 24,3ss. et Lv. 5,11ss.

[2] Cf. p. ex. le voyage du cardinal d'Arragona, Beatis: *Die Reise:* le 18 mai, p. 94, on visite la «guardarobba» impériale d'Innsbruck où se trouve entre autres l'armure dans laquelle un roi d'Ecosse fut tué, don du roi d'Angleterre à l'empereur; *inf.* la fonderie des célèbres statues des saints et de la Maison impériale destinées à une chapelle; le 11 septembre, p. 134, on visite le trésor de l'abbaye de S. Denis qui contient les robes de couronnement et le sceptre des rois de France, mais aussi l'épée de Pépin «e altri armi di paladini».

magnopere *expetiverunt nec tamen viderunt et audierunt* [Mt 13,17][o][3] debet merito esse flagrantius.

339. Impium enim esset cogitare venerationem hanc non ut officium pietatis priscis sanctis a Deo praescriptam esse. 340. Diligenter sane discernendum est in his rebus inter id[p] quod superstitio in huiusmodi veneratione spectat, et illud[q], quo fertur religio[4]. 341.[r] Superstitio veneratur ista religionis instrumenta tanquam inesset illis quaedam vis per se, a qua, si quis eam colat, opis aliquid percipere possit – etiam si mens a vero Dei cultu et adoratione aliena sit, ut est mens omnium[s] se[t] placitis Dei[u] non penitus addicentium[v]. 342.[w] At religio, quia Christum toto pectore respicit et dona eius habet maximi, non potest non venerabunde aspicere et tractare quicquid dispensandis donis Dei quovis modo adhibetur) cum non ignoret tamen rebus istis per se nihil inesse [x]veneratione dignum[x], sed conditas esse ad usum ministeriumque nostrum.

---

[o] ▯ imo *add.* H *barré.* – [p] *barré* L *réécrit* H. – [q] *inséré* H. *om.* P. – [r] *suite non numérotée du para* 341 *précédent* P. *Les deux premiers mots soulignés* P. Nota ▯ *add.* A. – [s] H, *rempl.* omnis [??] *barré* L. – [t] *corr. de* si L. – [u] Deo P. – [v] tium *correction d'une forme antérieure rendue illisible puis barrée* L, *récrit* H. – [w] *numérotation des paras rejoint celle de* L, P. *Les mots* religio *et inf. de* istis per *à* veneratione *soulignés* P. – [x-x] d'v' P.

[3] Version *ad hoc* de Bucer.

[4] Peut-être ap.: Witzel: *Typus,* p. LXX; Gropper: *Enchiridion* f. CCLXX v. et de là *Livre de Ratisbonne,* ch. 20, ARC 6, 78s. (*i*?, là des reliques et tombeaux des saints: pieux, ancien, risque de superstition).

CHAPITRE 38

[a]De confessione privata[a]

343. Iam ad ea veniendum est, quae excessu[b] quodam pio sanctorum in usum ecclesiae venerunt, et primum de confessione privata. 344.[c] In hac est ut dictum[d] [1], privatus quidam catechismus, et per evangelium consolatio, et a peccatis absolutio per sacrum ministerium ecclesiae, quae sanctis maximae consolationi esse solet; tum etiam nostri humiliatio. His sancti salubriter utentur; eundemque usum quibus licebit commendabunt. Quae autem superstitionis per antichristum adiecta sunt, ea missa faciant[e], et a quibus dabitur depellent. /22v./ 345.[f] Ut est fidutia operis externi, opinio de eluenda nostris[g] operibus poenalibus aut suffragiis ecclesiae, vel meritis divorum, poena temporaria, quae sit aeterna poena peccatis debita vi clavium commutata[2]. 346. Et illa quae sacerdos paenitentiarius tanquam pro satisfactione iniunget – quoniam ex [h]actionibus iis[h] semper esse solent, quae alioqui christianum decent: ut praecare [!][i], ieiunare, dare eleemosinas, et id[k] genus alia – pius faciet[l] quod officii sui esse agnoverit, et sacerdotem superstitiosum miserabitur. 347. Si autem is iniunget[m] redimere[n] missas, supplicare certis idolis[o], aut quippiam[p] aliud superstitiosum, orabit sacerdotem, ut sibi iniungat preces et ieiunia, vel alias corporis castigationes. Et si ille urgeat pecuniariam mulctam[3], petat sibi permitti,

---

[a–a] *titre placé entre paras* 343 *et* 344 P. – [b] excessui P. – [c] *para marqué* ▯ *d'un trait* L. – [d] est *add.* P. ▯ supra 64 *add.* A. – [e] facient P. – [f] *para marqué* ▯ *d'un trait* P. – [g] *suivi par* praecibus *barré* L. – [h–h] hiis a′ P. – [i] precari P. – [k] hoc P. – [l] id *add.* P. – [m] *suivi de* imp[ie?] *barré* L. iniungat P. – [n] *suivi de* posse *barré* L. – [o] *suivi de* ali *barré* L. – [p] quicquam P. –

[1] Ch. 23, para 260. Pour la part que l'examen des connaissances devait jouer dans la pratique de la confession individuelle, v. Vercruysse: *Schlüsselgewalt,* en part. 164s., et p. ex. *Unterricht d. Visitatoren,* 1528, WA 26, 220. La *Concorde de Wittenberg* mentionne, elle aussi, «ut imperiti erudiri possint» parmi les raisons qui militent en faveur de la confession privée: CR 3, 78. Cf. la contre-partie chez Bucer: *Catéchisme* 1537, Reu: *Quellen* 1:1, 77s., où l'usage des clés est lui-même incorporé à l'explication du *Credo.* Adv.: Calvin: *De fugiendis,* CR 33, 251s. (critique de la confession privée).

[2] V. p. ex. Altenstaig: *Lexicon,* s.v. *poenitentiae sacramentum* (2e art.) qui renvoie à Gerson. Bon résumé de ce point de vue, Eck: *Homiliae de Sacramentis, Hom.* 49, *de poenitentia,* f. 83r.v. V. cependant aussi la théologie plus ancienne, p. ex. S. Thomas: *S. Th.* Suppl. qu. 13 art. 2 *in co;* art. 5 *in co,* qu. 17, art. 1 *ad 3;* art. 2 *in co;* qu. 18, art. 1 *in co* (2e partie) et art. 2 *in co.* – Ici peut-être ap.: Gropper: *Enchiridion, De sacr. N.T.,* f. CLXII v.: Seule l'œuvre du Christ reçue par la foi abolit les peines éternelles; la satisfaction canonique «medetur peccati reliquiis et mitigat poenam temporalem».

[3] Sans doute dans le sens d'aumône sous forme de contribution à l'édification d'une église: v. p. ex. la discussion des indulgences dans ce sens chez Cortese: *Sent.,* livre 4, *De sacr.*

ut eam persolvat egentibus, quorum semper aliquos nominare poterit singularem necessitatem patientes. 348. Id quoque sedulo sanctis curandum est, ut sibi diligenter querant sacerdotem cordatum, et rerum spiritualium non (ita, ut vulgus sacrificulorum est) ignarum – cum etiam scholastici doctores delectum singularem iubeant fieri eorum, quibus peccata tua secreta[q] confitearis[4].

349. Et hic pie redemeris facultatem sacerdotis daeligendi[r] [!], apud quem peccata deponens remedia paenitentiae tibi queras[s]. 350. Neque enim indignum sanctis est ius suum a tyrannis redimere, quod gratis eis concedi debeat[5].

---

[q] *corr. de* secreto [?] L. secreto P. – [r] H, *rempl.* diligendi *barré* L. – [s] 519 *add.* A.

poenitentiae (à la ▯ *Bona spiritualia pro temporalibus*) et chez Altenstaig: *Lexicon*, s.v. *Eleemosyna* (qui s'y réfère).

[4] Bucer suit ici les théologiens et canonistes qui interprètent l'expression «proprio sacerdoti» de la décrétale *Omnis utriusque* (Latran IV, 1215); *Decretalium* lib. 5, tit. 38, cap. 12, Friedberg 2, 887s. dans le sens le plus large. S. Thomas: *S. Th.*, *suppl.*, qu. 8, art. 4, *s.c.* 1 et *in co* l'entend du curé paroissial et prévoit peu d'exceptions (art. 5). Biel: *Sent.*, livre 4, dist. 17, qu. 2, t. 4:2, 501–517, en part. art. 1, notabile 5, pp. 504ss. et art. 3, *dubium* 5, pp. 514ss. raconte les débats ultérieurs des théologiens, dont certains s'opposaient, en vain, au libre choix du confesseur, devenu pratique générale. Même débat chez les canonistes où p. ex. Hostiensis: *Commentaria, ad loc.*, f. 102r., col. a, para 12 n'envisage que les curés ou leurs vicaires, la *Glose ordinaire, ad loc.* (*Decretales epistolae*, f. 586r.) *glo. c.* dit «nisi ille sit imperitus: tunc de ipsius licentia . . . quaerat discretum»; et l'*additio* souligne: «Nec ei prodesset absolutio, quo ad Deum, ei qui quaerit indiscretum . . .». Une partie de la littérature spécialisée va plus loin encore et envisage un curé si inepte qu'il refuse la «licence»: dans ce cas elle est acquise «ipso facto» . . . «Tunc ergo qui vult confiteri meliori sacerdoti quam potest confiteatur»: Pépin: *Opusculum super confiteor*, 2e traité, 4e partie, ch. 2, lettre I. V. aussi la note suiv.

[5] Pour la situation confuse, tant juridique que réelle, qui avait pour effet de laisser à chacun le libre choix du confesseur, v. Duggan: *Fear and Confession*, en part. pp. 165–172.

CHAPITRE 39

[a]Nunc de veneratione divorum et reliquiarum eorum[a]

351.[b] Gloria Christi, quae in divis tam praeclare illuxit, non potest non singularem erga eos venerationem excitare in piis pectoribus, qui opera Christi, quae in illis extiterunt, digne reputent[c]. 352. Cum[d] hoc Christi opus in divis praecipuum sit, quod pro salute hominum procuranda nihil non et fecerunt[e] et passi sunt: fit, ut sancti memoriam [f]divorum celebrantes[f] hanc divorum voluntatem et curam – ut electi omnes redemptione Christi plenissime fruantur [cf. 1 Tim 2,4][1] – ardenti quodam /23r./ comprobationis et admirationis affectu recolant. Dumque simul recordantur, quod[g] dederit illis Christus in promovenda hominum salute apud se tam multum valere, fit et istud: ut singulari iucunditate cogitent quemadmodum etiam nunc divi apud Christum agentes expetant nos omnes in vita Christi proficere, et redemptione eius penitus perfrui. 353. Tum fit ex hisce venerationis, comprobationis, admirationis[h], iucundaeque recordationis affectibus erga divos, operaque[i], quae Christus ad salutem hominum *in* illis, *per* illos et *propter* [cf. Rm 11,36; Hb 2,10!] illos insigniore quadam benignitate fecit, excessus quidam animi, [k]ut illos quamvis absentes pius animus invocet, et iuvari se apud Christum expetat cum eorum intercessione[k] (quam recogitat apud Christum olim – dum illi hic agerent – tantum valuisse) tum etiam eorum meritis[l], quae tam liberaliter meminit a Deo remunerata esse[m] – non tantum in ipsis divis sed etiam in multis aliis, quorum divi curam agebant[2]. Quo pacto divorum merita plurimis[n] profuerunt iuxta promissionem illam: *Benefaciam diligentibus me et observan-*

[a-a] *écrit et numéroté para* 351 *et suivi du titre* De veneratione divorum et reliquiarum [*ces deux derniers mots barrés*] P. – [b] *paras numérotés (irrégulièrement!)* 352–361 P. – [c] reputant P. – [d] que *add.* P. – [e] fecerint P. – [f-f] c' d' P. – [g] quam [!] P. – [h] *om.* P. – [i] et opera P. – [k-k] *partiellement souligné et* ▯ Nota *add.* A. – [l] ▯ iuvari *add.* A. – [m] ▯ ut 361 *add.* A. – [n] utique *add.* P. –

[1] Selon l'interprétation de S. Augustin? V. p. ex. *Enchiridion,* ch. 27, para 103, CCL 46, 104ss.; MPL 40, 280s. (d'où pourtant le «plene fui», également augustinien, est absent).

[2] Ce para et le précédent (ainsi que d'autres dans ce chapitre) paraissent contenir quelques échos de sermons de S. Bernard, surtout *Sermo 5. in die Omnium SS.,* MPL 183, 476s. (para 1, col. 476: célébrer la grâce du Christ en eux; paras 5s., col. 478: mémorial avec joie; les saints nous attendent au ciel; paras 9s., cols 480s.: ils ont œuvré pour que le Christ soit notre vie, et prient pour nous) et *Sermo 2 in Translatione Malachiae,* para 1, cols 480s.: a tant œuvré pour le salut des hommes). Cf. aussi *inf.* n. 8. – Ap.: Gropper: *Enchiridion,* f. 109v. et 266r. (là *rr,* brefs *ee*).

tibus mandata mea in mille generationes. [o]Exodi. 20.[o] [v. 6, cf. Dt 5,9][3]. 354. Hic excessus animi olim in ecclesia tantum valuit, ut solennibus ceremoniis ac memoriis martyrum institutis ista [p]divorum invocatio[p] adiungeretur, ut apud omnes sanctos patres legere est[4].

355.[q] Quae invocatio, tametsi nullo verbo vel exemplo in Scripturis commendato expresse doceatur[5], tamen non video quomodo ea[r] impietatis damnari possit – cum hii, qui[s] sola intercessione nituntur, optant divos pro se Dominum secum orare: ita eos qui[t] iam in coelis[u] cum Christo regnant, sicut eos, qui etiamnum hic secum degunt in terra[6]. 356. Illud sane certum est: divos cum Christo Domino, capite suo perpetuo salutis nostrae desiderio teneri. Cum itaque optamus hoc desiderium divorum impleri, votum istud[v] nostrum Deo probari, ex eo satis certi esse possumus, quod Deus utique[w] vult eos[x] optare et *precari voluntatem* suam in *omnibus impleri* [cf. 2 Th 1,11][7] atque adeo[y] etiam in divis, atque ad id, ut nos in vita [z]Christi, Filii sui, proficiamus[z][8]. /23v./ 357.[a1] Cumque in Psalmis et aliis divinis scripturis videntur[b1] affectus sanctorum ita grandescere et se supra se efferre, ut etiam res inanimatas ad laudes Dei invitent [cf. Ps 148 passim[9]; Dn 3,52–90]. An huic dissimile sit affectum precantium Deum et opera Christi tam magnifica [c1]pro salute[c1] hominum per divos praestita recordantium et admirantium eo etiam excurrere, ut divos, agentes cum Christo, (quos licet nec videant nec sentiant) invocent[d1], ut secum Deum[e1] orent, et orent *sanctificari nomen eius* et amplificari *regnum eius* [Mt 6,9s.][10].

[o–o] *ajouté* H. *om.* P. – [p–p] *suivi de* Domini, *barré* L. *Souligné et* ▯ Nota *add.* A. – [q] *Ce para marqué* ▯ *d'un trait* L. *Début para souligné et* ▯ Nota *add.* A. – [r] *om.* P. – [z–z] *corr.* H *de* quae *ou* quam *ou* quorum? L. – [t] *suivi de* ad id *barré* L. – [u] et *add.* P. – [v] istum P. – [w] ▯ *rempl.* utque *barré* L. *om.* P. – [x] nos P. – [y] ideo P. – [z–] *on peut ponctuer et transcrire* Christi filii sui proficiamus L. – [a1] *para marqué* ▯ *d'un trait* L. ▯ Nota *add.* A. – [b1] videmus P. – [c1–c1] *corr.* H *de* per salutem L. – [d1] *souligné* P. – [e1] *corr. de* Dominum L. Dominum P. –

[3] Trad. propre à Bucer? Cf. *infra* n. 13.

[4] Les plus anciens matériaux insérés au *Florilège patristique* à ce sujet (pp. 145ss. du ms.) proviennent de S. Augustin: *Contra Faustum,* livre 20, ch. 21, CSEL 25, 562s.; MPL 42, 384s. *De civitate Dei,* livre 22, ch. 10, CSEL 40: 2,613s.; MPL 41, 779. Ap.: *Livre de Ratisbonne,* art. 20, ARC 6, 77s. et/ou: Ap.: Gropper: *Enchiridion,* f. 110r. (*ee* similaires).

[5] Ap. et adv. [!] BEv ad Mt 6,5ss. fol. 60r. (là: pas dans l'Ecriture, donc ne pas la pratiquer).

[6] Ap.: *Livre de Ratisbonne,* art. 20, ARC 6, 77 (2e alinéa) (*p*!); et Bucer: *Defensio* f. E2-v.–E3r.

[7] Vg. ErP.

[8] V. *supra* n. 2; et cf. en part. 5e Sermon pour la Toussaint, para 9, col. 480.

[9] Dans BPs 32, *ad loc.,* f. 330v. et s., Bucer ne parle pas d'invocation mais seulement du fait que les œuvres divines louent Dieu. – Ap.: Bucer: *Defensio,* f. [D7] r. (*i*).

[10] La «venue» du règne comme accroissement: Ap.: Erasme: *Precatio dominica,* LB 5, 1222 C (*i*) ni ap.: Bucer: *Catéchisme 1537,* Reu: *Quellen,* 1, 81, (là: encore imparfaitement venu); ni BEv *ad loc.* (là: nous est revenu [sous-entendu: grâce à la Réforme]). Le lien avec l'intercession des saints: Ap.: Bucer: *Defensio,* f. E2v. (*i*).

[f1]358. Iam de meritis sanctorum[f1]. [g1]Haec quanquam nihil aliud sint[h1] quam gratuita Dei dona[11], Deus tamen ipse ea sic in scriptura commendat, ut testetur se[i1] propter huiusmodi merita sanctorum non solum sanctis ipsis[12] sed etiam posteris eorum benefacturum et benefacere [cf. Ex. 20,6][13]. 359. Proinde[k1] sanctis etiam hodie excessus[l1] [m1]iste piae[m1] affectionis erga divos, petens se iuvari[n1] apud Christum intercessione et meritis[14] divorum, vitio dari non poterit[o1], si is intra eos limites consistat, in quibus ille olim in ecclesia constitit. Hoc est, ut sancti [p1]in primis[p1] Christum ipsum invocent, eiusque meritis penitus fidant, ac deinde[q1] eo affectu expetant divos [r1]secum Christum[r1] orare, quo merito expetimus omnes creaturas nobiscum [s1]optare et illustrare *sanctificationem nominis Domini*[s1] [Mt 6,9; cf. Ps 148 passim; Dn 3,52–90]. Deinde[t1] meritis eorum non aliter iuvari precentur, quam ut Dominus sua gratuita benignitate remunerare ea dignetur, etiam in se, qui iam pietatis cognatione [u1]ad sanctos[u1] attinent[15].

360.[v1] Ad hunc igitur modum pii venerationem et invocationem divorum instituerunt[w1] reiecta omni superstitione, de qua infra dicetur.

[f1-f1] *En sous titre sans numéro* (*le n° 359 étant omis*): De meritis sanctorum P; et de reliquiis *add.* A. – [g1] *paras numérotés (autrement!)* 360–361 P. – [h1] sunt P. – [i1] *om.* P. – [k1] Proin P. – [l1] ▯ H *rempl.* expressus *barré* L. – [m1-m1] *corr. de* ille (*ou* ante?) primo (*ou* prio?) L. – [n1] adiuvari P. – [o1] ▯ Nota *add.* A. – [p1-p1] *corr. de* primum L. – [q1] dein P. – [r1-r1] C′ s′ P. – [s1-s1] s′ n′ D′ o′ e′ i′ P. – [t1] Denique P. – [u1-u1] *om.* P. – [v1] 361 (= *n° du para précédent répété*) *barré et le para relié au précédent par une accolade* P. – [w1] *corr. de* instituerant L.

[11] S. Augustin: Ep. 194, ch. 5, para 19, CSEL 57, 190s.; MPL 33, 880s. – Ap.: *Florilège patristique* ms. p. 187 (*ap*, là *e*).

[12] V. p. ex. Eck: *Enchiridion* ch. 5, prop. 1, CCath 34, 84–89 pour un dossier biblique représentatif. NB. p. 87 n. 30 ligne pénultième lire «Para 19».

[13] Cf. *supra* n. 3: Ici: Ap.: *Livre de Ratisbonne*, art. 20, ARC 6, 77 premier alinéa (*a, p*! Là, renvoi à Dt 32 [13?]). NB: Le ms. hessois de la version de Worms (déc. 1540), Lenz: *Briefwechsel* 3, 70, dit «Dt 33»; dans Bucer: *Alle Handlungen* f. 55v., le passage est indiqué comme «Dt 23». Ce flottement, serait-il l'indice d'une confusion initiale entre Dt 32 [sans doute vv. 4–14] utilisé dans ce même contexte par Gropper: *Enchiridion* f. 266r. où il est résumé: Dieu seul doit être invoqué «qui solus sua virtute et non alius praeter eum protegat», etc., et Dt 20,6 qui convient mieux au *Livre de Ratisbonne, loc. cit.*? Cette confusion peut bien remonter à la première mouture du livre de décembre 1540.

[14] Cf. Canon de la messe, para *Communicantes* 'meritis precibusque'; «intercessione et meritis» se trouve dans des oraisons recopiées (quand?) par Brem dans le *Florilège patristique* ms. p. 489. Cf. aussi e.g. l'oraison pour la Ste-Catherine (25 nov.).

[15] Cf. *supra* para 358 et n. 11. – Ap.: Bucer: *Defensio*, f. E2v.–E3r. (*ip*).

CHAPITRE 40

[a]DE VENERATIONE RELIQUIARUM[a]

361.[b] Ita se habebunt etiam erga reliquias sanctorum, qui [!][c] in prisca ecclesiae in magna reverentia habitae sunt, propterea quod admonent donorum Dei, quae illis tam magnifica[d] collata fuerunt; tum precipue fidei, [e]eorumque operibus[f], quae imitanda recte proponuntur[g e 1].

362.[h] Et hoc studium priscae ecclesiae quamquam per antichristum postea maximis superstitionibus contaminatum sit, /24r./ tamen per se damnari non potest, aut eius [i]impia imitatio[i] iudicari, siquidem ea *ultra terminos patrum non excedat* [cf. Prv 22,28][2]. 363. Si enim alius amici mortui vel absentis annulum, alius vestem, alius aliud singulariter in precio habet, eo quod hae res amici admonent – non est profecto, ut [k]hunc affectum[k] hocque studium negemus religiosae memoriae eorum in quibus *Christus* mirabilia *fecit* [Mt 21,15] et vim suam praeclare adeo in salutem orbis exhibuit [cf. Ps 67,36][3]. 364. Iam sic quoque est ingenium naturae nostrae, ut rem eam, quae nos amici, quem magnopere amamus et veneramur, admonet, non solum chariorem sed et honoratiorem rebus aliis habeamus. Ac plerumque [l]ea in[l] re venerationis affectum – quem erga amicum habemus – singulari aliquo cultu, quem isti rei (immo amico ad eam rem) exhibemus, testari consuevimus. 365. Hinc monumentum amici[m] includimus auro et argento, nunc honoratiore aliquo loco suspendimus, plerumque ubi vel aspicimus vel in manus sumimus osculamur, dicereque solemus: Propter amicum huic rei singularem impendam honorem. 366.

[a–a] *om.* P. – [b] *para numérotés* 362–369; ▯ Nota *add.* A. – [c] quae P. – [d] *corr. de* magnifice L. – [e–e] eorum, quae nobis imitanda recte proponitur P. – [f] ▯ H. – [g] *corr. en* preponuntur H, *puis rétabli* L. – [h] *para marqué* ▯ *d'un trait* L. – [i–i] imit' imp' P. – [k–k] a' h' P. – [l–l] in ea P. – [m] nunc *add.* P. –

[1] Ap.: *Livre de Ratisbonne,* art. 20, ARC 6, 78, lignes 22s. et Gropper: *Enchiridion* (Décalogue: 1er Commandement) f. 270r.v. (*ip*).

[2] Trad. de Bucer? L'interprétation figurée traditionelle, p. ex. *Glo. interlin.: termino:* «id est fidei»... *patres:* «doctores», de même que la *Glo. marg.* (Ap. p. ex.: Lyre *ad loc.* et *Decreti* 2a pars, causa 12, qu. 2, can. 10, Friedberg 1, 689). Courante aussi chez les controversistes catholiques romains, p. ex. Eck: *Enchiridion,* ch. 2, CCath 34,37. – Ap.: *Livre de Ratisbonne* art. 20, ARC 6,79 lignes 9ss.; Gropper: *Enchiridion, loc. cit.* f. 270v. (*i*: développements superstitieux ultérieurs).

[3] Selon Lyre *ad loc.* et Luther: *Deutsche Auslegung des 67. Psalms,* WA 8, 35 (plutôt que SS. Pss. libri 5!) qui insiste sur l'identité du peuple chrétien (et par implication sur l'universalité de l'œuvre). – Ap.: Gropper: *Enchiridion loc. cit.* à la n. 1, f. 270v. (*ip*: vestis, annulus).

Iam simili affectu in divos ex pia erga illos observatione[n] veteres sancti ad memorias martyrum, sepulchris eorum vel reliquiis dicatas procubuerunt, tumbas et reliquias osculati sunt, et aliis signis venerationis – qua[o] erat in divos – venerationem[p] testati sunt. Sed haec omnia non nisi studio Christi qui in sanctis tam praeclare numen[q] suum exhibuisset[4]. 367.[r] Hunc itaque pii [s]in divos[s] affectus[t] excessum, et quam hic excessus venerationem, quaeque venerationis signa parit, nemo [u]iure impietatis[u] damnaverit. 368. Proinde[v], quoties periculum est certum offendendi eos, quos modis omnibus tibi conciliare debes, et conciliatos retinere – quo eos ad pleniorem Christi cognitionem adducas – nisi signa venerationis reliquiis et aliis[w] sanctorum monumentis /24v./ exhibeas (sive aperiendo caput et flectendo genua, sive etiam osculando) [x]accommodabis animum[x] imitationi sanctorum, qui hanc[y] pie venerati sunt, venerationisque suae signa huiusmodi pie exhibuerunt. Et deplorabis interim, quod tantum fuci et idololatriae his in rebus admixtum sit, de quo inferius dicetur.

---

[n] observantia P. – [o] *corr. de* quae L. – [p] *corr. de* veneratione L. veneratione P. – [q] munus P. – [r] *ce para et le suivant, marqués* ▯ *d'un trait* L. – [s-s] *om.* P. – [t] *suivi de* studium *barré* L. – [u-u] verae pietatis P. – [v] proin P. – [w] *corr. de* aliorum L. – [x-x] an′ ac′ P. – [y] haec P.

[4] Ap.: Gropper: *Enchiridion, loc. cit.* (*ip* exosculare).

CHAPITRE 41

[a]DE CURA PRO MORTUIS AGENDA[a] [1]

369.[b] In defunctos non est dissimilis excessus dilectionis ab excessu venerationis in divos. Quo dilectionis excessu fit, ut mortuos[c] nostros ultra quam verbum Domini in Scripturis expositum expresse doceat[d], officiis dilectionis prosequi studeamus.

370. Hinc non solum populus mosaicus[2], sed etiam prima ecclesia suorum funera solemni luctu, unctione[3] et accurata sepelitione honestavit, defunctosque[e] Christo solemni prece commendavit, memoria eorum facta in sacra eucharistia, uti apud divum Augustinum libro De cura [f]agenda pro mortuis[f] [4] et apud Dionisium De ecclesiastica hierarchia[5] legis. 371. Scribit igitur Augustinus Sermone 32. De verbis Apostoli[6]: «Hoc enim a patribus traditum universa observat[g] ecclesia: ut pro eis, qui in corporis et sanguinis Christi communione defuncti sunt, cum ad ipsum sacrificium loco suo commemorantur, oretur, ac pro illis quoque id offerri commemoretur». 372.[h] Hunc excessum dilectionis, et officia ex eo excessu profecta, si ea moderatione sancti praestent, qua prima ecclesia usa est, tum antichristi hic invectas superstitiones et inanes sumptus reiiciant, nihil fecerunt[i] impii[k] – id quod pluribus supra ostensum est[l], cum tractavimus qua ratione pius pastor exequias mortuorum pie administrare queat[7].

[a–a] *inséré lors de la révision à l'encre noire et à l'écriture plus cursive* L. *om.* P. – [b] *paras numérotés* 370–375 P. – [c] defunctos P. – [d] docet P. – [e] defunctos P. – [f-f] pro mortuis gerenda P. – [g] *corr. de* observavit L. – [h] *para marqué* ▯ *d'un trait* L. – [i] *barré* P *et remplacé par* facient A. – [k] *corr.* A *de* impii P. – [l] ▯ Supra 196 *add.* A. –

[1] Titre de l'ouvrage de S. Augustin (. . . *gerenda,* déjà dans l'édition Amerbach) cité souvent sous cette forme (qui se retrouve dans certains mss: v. CSEL 41, 621 apparat); p. ex. *Decreti* 2nda pars, causa 13, qu. 2, *dict. Gratiani* avant can. 29, Friedberg 1, 730. Cf. les nn. suiv.

[2] Cf. la note 4.

[3] Cf. la note 5. Melanchthon: *De ecclesia et autoritate verbi Dei,* CR 23, 613 attire l'attention sur cet élément.

[4] En part. ch. 1, paras 1–3, CSEL 41, 621–624, MPL 40, 591–593. – Ap.: Gropper: *Enchiridion,* f. 110v. (là *e* de ch. 1, para 1, et *r* au *r* à 2 Mac 12,43 fait par S. Augustin au para 3. *Ib.* f. 111r. et ss, d'autres *e, r* et *p* du même ouvrage). – et ap.: Witzel: *Typus* (1540), p. 88 (là *r*).

[5] Ch. 7, surtout paras 4–10, *Dionysiaca* 2, 1435–1465 (rite et pièces pour les défunts – y compris leur onction – et leur justification biblique); MPG 3, 560–565. – Ap.: Gropper: *Enchiridion* f. 110v. (là ▯ *r*).

[6] *Sermon* sur 1 Th 4,12, 172, ch. 2, para 2, MPL 38, 936 (cf. MPL 39, 2432 pour ancien *r*). – Ap.: Witzel: *Typus* 1540, là *r* et sans doute Ap.: Pierre Lombard: *Sent.* livre 4, dist. 45, ch. 2, para 3, MPL 191, 948s. (*e* là plus complet).

[7] Cf. *supra* ch. 13.

373. In his[m] igitur ceremoniis sancti admonitionem peccati, et *a peccato profectae mortis* [Rm 5,12][8] religiose amplectentur, tum fidem[n] resurrectionis instaurabunt[o]. Ad eumque usum cum sacras cantiones et preces, quae in illis fiunt, tum symbola, quae illic adhibentur – lumina, aspersionem[p] aquae, et herbarum aut florum, et caetera omnia –[q] sibi et aliis intelligenda et usurpanda esse agnoscent et docebunt. /25r./ 274. Ab iis autem, quae hic antichristus impie affinxit, de quibus inferius dicemus, se et alios subducent, ratione, quae item infra exponetur[9].

---

[m] H *écrit au-dessus de* hiis L. – [n] fide P. – [o] instaurabuntur P. – [p] aspersione [!] P. – [q] *on peut aussi placer la fin de l'incise ainsi:* florum – et (*ou encore*) caetera – omnia.

[8] Traduction employant des mots d'ErP.

[9] Cf. *infra* ch. 54.

QUATRIÈME PARTIE: TROISIÈME CLASSE DES CÉRÉMONIES

CHAPITRE 42

[a]De ceremoniis tertii generis aut potius perversionibus ceremoniarum[a]

375.[b] Venimus autem[c] nunc ad eas ceremonias, quae nihil sunt quam superstitiones[d], et[e] earum ceremoniarum, quas ecclesia vel instituto Domini vel commendatione sanctorum accepit, perversiones[1].

[a–a] De ceremoniis depravatis A. – [b] *para numéroté* 376 P. – [c] *om.* P. – [d] ▯ Supra 68 *add.* A. – [e]imo P.

[1] Ap. et adv.: Calvin: *De fugiendis imp. sacris,* CR 33, 252s. (sous la papauté les pires abominations).

CHAPITRE 43

[a]De abominationibus missae[a]

376.[b] Et primum de supremis et gravissimis abominationibus, quae superstitione et avaricia antichristi circa sacram eucharistiam invectae sunt. 377. Harum omnium caput est quod vulgo persuaserunt sacrificuli opus hoc[c] suum Christum, quoties missam faciunt, Patri pro peccatis[d] offerentium, esse generi humano tam salutiferum, ut huic nullum aliud ullo modo conferri possit[e] [1]. 378. Hinc enim fit, ut nemo tam scelerate vivat, qui non studeat operis huius beneficio iram Dei in se avertere, et fovere fiduciam benevolentiae et beneficentiae divinae – ita, ut hodie non sit aliud [f]in orbe[f] instrumentum impietatis et superstitionis (nec unquam fuerit) quod maiore contumelia Dei ac Christi et graviore ruina omnis pietatis ab hominibus colatur, quam missa[2]. 379. Nam quae res redemptionem nostri a peccatis augustissime nobis et[g] efficacissime commendare et exhibere debet, ut semel nos, ab omnibus perversis cupiditatibus abstractos, totos Christo ad meditandam totis viribus sanctimoniam addicamus – haec eo pervertitur, ut homines existiment, sola eius [h]externa peractione redemptionem[h] Christi sic conciliari sibi, ut iam ab ira Dei nihil[i] sibi metuere debeant, sed[k] sperare potius a placato ipsis iam Deo cuncta bona; quamlibet interim absque omni fide in Christum et innocentia vitae degant[3]. 380. Ita fit, ut, que ceremonia pro[l] regno Christi in nobis excitando[m] et confirmando unice et maxime instituta[n], ea ad evertendum regnum Christi in nobis, et ad excitandam[o] et confirmandam tyrannidem antichristi prae omnibus aliis usurpatur. /25v./ 381. Est quidem in sacra caena, dum ea rite administratur, *oblationis Christi,* qui in cruce *semetipsum pro nobis obtulit*

[a–a] *om.* P. – [b] *paras numérotés* 377–417 [!] P; *cf. inf. var.* [v1] et [w1]. – [c] hic P. – [d] hominum *add.* P. – [e] queat P. – [f-f] *om.* P. – [g] *précédé de* est *barré* L. – [h-h] *souligné et* ▯ *trait add.* P. – [i] *rempl.* nihil sibi in nostri *barré* L. non P. – [k] *précédé de* sed solum *barré* L. – [l] *om.* P. – [m] *corr. de* expectando L. – [n] est *add.* P. – [o] *suivi de* in nobis *barré* L. –

[1] Adv. p. ex.: Henri de Gorcum: *De effectibus eucharistiae,* propos. 1, in: *Tractatus,* fol. eiij r.v.; Biel: *Can. miss. expos.,* lectio 26, paras D–G, éd. Oberman 1, 242s.; Emser: *Auf Luthers grewel wider die . . . stillmess,* CCath 28,149s. Cf. aussi Franz: *Messe,* pp. 664–668.

[2] Ap. p. ex.: Luther: *Von Anbeten d. Sakraments,* 1523, WA 11, 441s.; *Ein Rathschlag,* 1526, WA 19, 441–444; Bucer et al.: *Messgutachten* 1525, n°s 6, 7 et 11, BDS 2, 472. 488. 490. 524; et plus près de notre date, Capiton: *De missa,* ch. 37, f. 120r.–129r. en part. 121r.v. et 124v.

[3] Ap.: Bucer: *Defensio,* f. F3 [mendose «2»] v. (*ip*); BEv ad Mt 15,1–9 et 24,23–28, f. 128r. et 175v. (*ip*).

[Eph. 5,2; 1 Pt 2,21; Hb 9,14][4] commemoratio et ad fideles commendatio, tum etiam dispensatione[p] sacramenti exhibitio: [q]ut[r] recte vetus ecclesia 'immolari in caena[q] Christum' libenter dixerit, caenamque ipsum[s] 'sacrificium' vocarit[5]. 382. Quamquam[t] ideo sacrificii[u] nomen actioni[v] caenae sacrae tribuerunt, quod in sacra caena laudes Dei, et quae fideles illic Domino ad usus pauperum conferunt per administrum caenae solemniter offerebantur...[6] De qua oblatione fidelium precationes illae sonant, quae ab offertorio usque ad praefationem dicuntur[7], et illae, quae in canone maiore de oblatione mentionem faciunt[8]. 383. Quod vero propter celebratam memoriam Christi caena sacrificium veteribus vocata sit, ex illo Cyrilli [w]admodum clare[w] patet[9]: «Adnunciantes[x] enim eam que secundum carnem mortem unigeniti Filii Dei, hoc est Iesu Christi, et ex mortuis resurrectionem inque caelos[y] assumptionem confitentes, incruentum in ecclesiis perficimus cultum; accedimusque sic ad mysticas benedictiones, et sanctificamur, efficimurque participes sanctae carnis et preciosi sanguinis nostri, omnium[z] Servatoris Christi[a1].»

384. Nec schola aliter sacram caenam vocari sacrificium intellexit, quam quia illa sit passionis Christi solemnis commemoratio, et *Christum, qui*

---

[p] dispensative P. – [q-q] *souligné* P, ▯ Nota *add.* A. – [r] et *add.* P. – [s] *sic* P. *Abrév.* ipm (ipsam?) L. – [t] etiam *add.* P. – [u] missae *add.* H, *puis barré* L. – [v] *om.* P. – [w-w] c' a' P. – [x] A *rempl.* Acceperunt [?] *barré* A; ▯ *trait* Epistola contra Nestorium *add.* A. – [y] ▯ *rempl.* oculos *barré* L. – [z] que *add.* P. – [a1] «et non quasi carnem communem accipientes – absit! – neque etiam quasi carnem viri sanctificati et copulati verbi [!] secundum unitatem dignitatis, hoc est quasi divinam inhabitationem assecuti, sed ut vere vivificam et propriam ipsius verbi etc.» *add.* A. –

[4] Les textes bibliques peut-être réunis grâce à une réminiscence du *Symbole de Nicée.*

[5] Les deux éléments les plus anciens (écrits par Lenglin) qui illustrent cet usage dans le *Florilège patristique* de Bucer sont S. Augustin: *Contra Faustum* livre 20, ch. 21, CSEL 25, 564; MPL 42, 385 (cf. *infra* n. 11); et *Decreti* 3a pars, dist. 2, can. 51–53, Friedberg 1, 1332s. (textes tirés de S. Augustin, Prosper et S. Ambroise). – Cf. Jungmann: *Oblatio,* en part. pp. 345s. et 348s. – Ap.: Bucer: *Defensio,* f. F2v. (*i*). – Peut-être aussi: Melanchthon: *De ecclesia et autoritate verbi Dei,* CR 23, 600s.; 615 (là S. Cyprien; S. Irénée; Liturgie orientale) ou Witzel: *Typus* (1540), pp. 27s. (S. Jérôme, S. Ambroise); ou encore Luther: *Dass diese Wort Christi,* 1527, WA 23, 273 (*ar* à S. Augustin).

[6] La phrase est incomplète. – Ap.: Bucer: *Defensio,* f. 2r.v. (*i*) et Melanchthon: *De ecclesia et authoritate verbi Dei,* loc. cit. (*i*).

[7] Les prières de la messe romaine: *Suscipe sancte Pater* et *Suscipe sancta Trinitas.* Cf. Biel: *Can. miss. exp.,* lectio 16, D, E, éd. Oberman, t. 1, pp. 131ss, qui essaie de trouver une voie médiane entre des opinions divergentes concernant l'objet et le pourquoi du sacrifice.

[8] Bucer vise ici sans doute le début, *Te igitur,* qui mentionne «haec dona, haec munera . . .» – Ap.: Zwingli: *Canonis missae epicheiresis,* CR 89, 569s. (*i*). Adv. p. ex.: Emser: *Canonis missae defensio,* CCath 28,52.

[9] ▯ *Cyrillus.* – *Ep.* 17 (à Nestorius) MPG 77, 113 C. NB que Bucer en cite l'expression θυσία ἀναίματος dans son *Florilège,* p. 51 du ms. La version ici n'est pas celle de Sichard: *Antidotum* (f. 149r.), ni celle de Crabbe: *Concilia* (t. 1, f. 316r. A). – Cf. Haenel: *Catalogi,* cols. 447 (Eps. d'Ambroise, Cyrille, etc.); 449 (eps. d'Eusèbe, Cyrille, etc.); 453 (divers écrits dont certains de Cyrille), qui ne précise pas la langue de ces épîtres, comme il le fait parfois lorsqu'il a trouvé du grec mêlé au latin.

semetipsum pro nobis obtulit [1 Pt 2,21; Hb 9,14] exhibeat[10]. 385. Hinc Thomas Aquinas parte 3., questione 73., articulo 4.[11], sic scribit: «Sacramentum eucharistiae vocatur 'sacrificium' respectu praeteriti, in quantum scilicet est memorativum dominicae passionis». Et ad tertium argumentum scribit: «Hoc sacramentum dicitur sacrificium in quantum repraesentat ipsam passionem Christi[b1]. Dicitur autem 'hostia' in quantum continet ipsum Christum, qui est *hostia salutaris*» [Lv 10,14]. 386. Haec videtur ex divo[c1] Augustino pro more suo desumpsisse, qui solet scribere Christum dici[d1] immolari [e1]in sacra caena ⟨quod immolationis in cruce factae solemnis fiat in sacra caena⟩ commemoratio[e1]. Quam sententiam, cum [f1]aliis multis[f1] in locis, tum Contra Faustum, libro 20., capite 21.[12] /26r./ hisce verbis expressit[g1]: «Huius sacrificii caro et sanguis ante adventum Christi per victimas similitudinum promittebatur[h1], in passione Christi per ipsam veritatem reddebatur[i1], post ascensum Christi per sacramentum memoriae celebratur[k1]». 387. Hiis autem locutionibus antichristi abusi: obtruserunt vulgo hanc opinionem, quasi sacerdos quilibet[l1] missam, celebrans, Christum 'pro vivis et mortuis'[13] immolet[m1], eoque salutem eorum mirifice promovent[n1] [!], etiamsi illi de vera fide et penitentia nihil soliciti sint et fuerint[14]. Eoque pacto tanta examina ubique excitarunt qui missas hominibus vendant[o1]; et effecerunt, ut vulgus audiendo missas omni religioni[p1] defungi velit et in eo cunctam spem[q1] salutis ponat. 388. Nam innumeri sunt, qui[r1] magno studio missas sibi pro[s1] vivis et mortuis[15] redimunt eisque[t1] quotidie diligenter adsint – quos interim videas in gravissimis

---

[b1] Domini [!] P. – [c1] *om.* P. – [d1] *om.* P. – [e1–e1] *Le texte en* L *a évolué comme suit:* 1) in sacra caena commemoratio. 2) i' s' c' quod [*inséré au-dessus de la ligne*] c'. 3) i' s' c' q' commemorative [*corr.* H]. 4) *rajout* ▯ [*notre texte en coudes*] *se terminant par* commemoratio. 5) *Ce dernier mot barré et remplacé par* X, *qui est répété dans le texte sous le* quod *inséré que l'on a omis de barrer, tout comme on a oublié de rétablir la leçon* commemoratio *du texte original. Ainsi le ms. lit en fait:* i' s' c' quod ⟨quod i' i' c' f' s' f' i' s' c'⟩ commemorative L. – [f1–f1] m' a' P. – [g1] ▯ *de la citation accolade et* ☜ *add.* A. – [h1] promittebantur P. – [i1] reddebantur P. – [k1] celebrantur P. – [l1] *corr. de* quamlibet L. – [m1] ▯ Nota *add.* A. – [n1] promoveat P. – [o1] *mal corr. d'une autre leçon* [reddant?] L. – [p1] religione [!] P. – [q1] ▯ H *rempl. même mot barré* L. – [r1] *corr. de* quam L. – [s1] *om.* P. – [t1] *corr.* H *de* usque L. –

[10] Ap.: Pierre Lombard: *Sent.* livre 4, dist. 12, ch. 5, MPL 192, 866 (ch. 7), surtout la formule liminaire du Lombard (*p* avec adjonction du terme thomiste «exhibere»).

[11] ▯ *Thomas Aquinas. – Loc. cit., ad 3.* – NB que les éditions modernes lisent «hostia suavitatis» selon Eph 5,2, référence qui se trouve aussi dans les éditions anciennes (y compris la *Piana*) qui lisent «salutaris». – Peut-être ap.: Bucer: (Felinus) *Sacrum Pss.* ad Ps 4,6 (là *r* et *pa*); plutôt: *Defensio* f. F3 [mendose «2»] r. (là *p* et r. à qu. «83»).

[12] Cf. *supra* n. 5. Le passage cité ici reprend la dernière partie de celui qui figure dans le *Florilège*.

[13] Cf. l'offertoire de la messe, *Suscipe sancte Pater* (pro vivis atque defunctis).

[14] Altenstaig: *Lexicon* s.v. *De valore missae,* réunit les témoignages de Pierre d'Ailly, de Gerson et d'autres docteurs «récents» qui s'opposent à de telles notions évidemment populaires.

[15] V. *supra* n. 13.

vivere sceleribus et flagitiis. 389. Certum igitur est hos sibi salutem a missa expectare, etiamsi de immutanda[u1] vita nihil cogitent quicquam[v1] serio[16]. 390. Multo sanior hac in re schola fuit, quae fructum huius sacrificii nullis aliis concedit, quam qui coniunguntur[w1] huic sacramento per fidem et charitatem. De qua re Thomas, parte 3., questione 79., articulo septimo, ad 2.[x1] argumentum sic scribit[17]: «Sicut[y1] passio Christi prodest quidem omnibus quantum ad sufficientiam et ad remissionem culpae et ad adeptionem gratiae et gloriae, sed effectum non habet nisi in illis, qui passioni coniunguntur per fidem et charitatem; 391.[z1] ita» et sacramenti caenae «sacrificium, quod est memoriale dominicae passionis, non habet effectum, nisi in illis, qui coniunguntur huic sacramento per fidem et charitatem». 392.[a2] Est itaque gravissimus omnium et plane horrendus sacrae caenae abusus, [b2]fiducia ista oblationis[b2] Christi, quam sacrificuli in omnibus missis hominibus vendunt citra ullam seriam admonitionem de vero intellectu et legitima perfruitione huius oblationis, quae nimirum [c2]a nullis[c2], quam vera fide eam[d2] suscipientibus percipi potest. /26v./ 393. Proinde sancti hunc abusum omnium maxime abominandum et detestandum [e2]apud missas et alias[e2] ex animo deplorabunt, et[f2] detegent ubicunque id salubriter[g2] poterunt. 394. Eoque omnes privatas missas fugient, satisque habebunt ad publicam missam testari communionem cum membris Christi, quae existunt in ecclesiis, in quibus ista abominatio adhuc obtinet.

395. Alter[h2] abusus est [i2]fiducia praesentiae[i2] Christi in sacramento, quam item citra fidem et paenitentiam sacrificuli salutarem fecerunt. Unde homines, quibus nulla cura de pietate est, tanti tamen faciunt[k2] Christum in sacramento videre et externe colere. 396. Quae superstitio id quoque efficit: ut ad elevationem corporis et sanguinis Christi homines tantopere accurrant[l2]; ut sacramentum in locis ornatioribus asservent; interdum in aris prostituant et in pompis circumferant; et ad depellenda publica mala – pestilentiam, hostes, incendia, inundationes aquarum, et similia – proferant[18]. 397. In hiisce [!] omnibus observationibus sancti istam abominatio-

[u1] mutanda P. – [v1] *corr. de* quidem [?] L. quidem P. – [w1] coniungatur P. – [x1] a[lterum] P. – [y1] ▯ Supra 161 *add.* A; *cit. marquée* ▯ *par une accolade* P. – [z1] *pas de nouveau para* P. – [a2] *à partir d'ici, même numérotation* L *et* P. – [b2–b2] *souligné* P. – [c2–c2] *précédé de* in illis *barré* L. nullis P. – [d2] *om.* P. – [e2–e2] *sic* P *corr. en* in missis apud alios A. – [f2] *om.* P. – [g2] salutariter P. – [h2] *suivi de* et[iam?] *barré* L. – [i2–i2] *souligné* P. – [k2] ▯ sic 726 *add.* A. – [l2] accurrunt P. –

[16] Ap.: Bucer: *Defensio,* f. F4r. (*p*).

[17] ▯ *Thomas Aquinas*. – *Loc. cit.* (*e* interrompu par *p*) – Cf. *supra* ch. 10, n. 4 et ch. 11, n. 2 – Ap.: Bucer: *Defensio,* f. F4r. (là *ape*).

[18] La plupart de ces usages étaient alors relativement récents. Voir Browe: *Verehrung,* pp. 24s. (adoration de l'hostie dans le Tabernacle); 91–111 (procession de la Fête-Dieu); 123–135 (processions du saint-sacrement contre les intempéries); 154–166 (dévotions devant la monstrance). – Ap.: BEv ad Mt 26,28f. 185v. medio (*p*!).

nem toto pectore execrabuntur, quod a praesentia Christi[m2] sacramentali non solum sine vero usu sacramenti, sed etiam sine omni vera fide et poenitentia opem divinam homines expetunt, et Christum Dominum patronum scelerum suorum facere conantur – non aliter colentes eum in sacramento, quam olim gentes coluerunt daemonia in idolis. 398. Attamen, quia in sacramento, quantalibet illo impietate antichristi abutantur[n2], semper tamen Christi Domini nostri admonitio quaedam fit, sancti Christum Dominum ad conspectum sacramenti, ut animo, ita et corpore, adorare debent, quandocunque in ea necessitate sunt: ut nisi solitam reverentiam ad sacramenta Christi[o2] externe quoque exhibeant, sacramenti habeantur contemptores, eoque a promovendo apud filios Dei vero cultu Christi impediantur. 399. Etenim natura internam animi reverentiam et adorationem signa externa[p2] huius venerationis et corporalis adoratio consequuntur. 400. Hoc enim ingenio sumus, ut ad omnem gra-/27r./viorem[q2] admonitionem eius, quem eximie veneramur[r2], signum aliquod venerationis externae prebeamus. Itaque qui singulari reverentia principum tenentur, ubi tantum [s2]nominatur princeps[s2], capita aperiunt[19]. 401. Sancti quoque patres[t2] leguntur in illis locis adorasse, hoc est venerationem Dei prostratione corporis et aliis signis externis testatos esse, ubicunque esset solennis aliqua commonefactio[u2] et indicium divinae bonitatis – sive illud esset ordinarium, ut templum et arca foederis erant [cf. e.g. Dt 16,16s.], sive extraordinarium, ut variae apparitiones angelorum et loca, ubi illi apparuerunt [cf. e.g. Gn 18,1–18; 28,10–22; 35,1–7][20]. 402.[v2] Iam cum eucharistiae symbolum etiam in abusu solemneter[w2] [!] tamen in se habet repraesentationem Christi, non poterit mens amans Christi ad conspectum eius non recordari religiose Christi[x2] sui et animo adorare eum. Id iam si[y2] etiam procumbendo corpore[z2] vel inclinando externe declarat[a3] (ita ut ad preces et ad[b3] solam recitationem nominis Iesu[c3] facimus)[21] non solum non admittit quod pium animum non deceat, sed quod eius animus non potest non facere, dum interna Domini adoratione ardet.

[m2] *om.* P. – [n2] abutuntur, ▯ *add.* Nota A. – [o2] *corr. de* Christo L. Christo P. – [p2] ▯ Nota *add.* A. – [q2] *depuis ici, le para marqué* ▯ *d'un trait* L. – [r2] veneremur P. – [s2–s2] nominantur principes P. – [t2] homines P. – [u2] *imparfaitement corrigé d'un mot illisible* L. – [v2] *para marqué* ▯ *d'un trait* L. – [w2] *corr. de* solemni *en* solemne, *puis* ter *ajouté* L. solennem P. – [x2] Domini P. – [y2] *om.* P. – [z2] *suivi de* ad *barré* L. – [a3] declaret P. – [b3] *om.* P. – [c3] *corr. de* Iesus L. Iesus P. –

[19] Ap.: Luther: *Von Anbeten d. Sakr.*, WA 11, 444–447 (*i*) en part. 446 (*p*).

[20] Ap. et adv. Luther: *In Genesin declamationes* ou *Über das 1. Buch Mosis*, 1527, WA 24, 496–499 et 596–600 (*ad loc. cit.* Gn 28 et 35) (*i* positive: Dieu se donne à nous localement dans sa parole, etc., mais là *i* négative: cela sanctifie l'usage des lieux, pas les lieux eux-mêmes).

[21] La dévotion au nom de Jésus, qui devait se traduire selon le 2e Concile de Lyon de 1274 par l'inclinaison de la tête: v. *Sextus Decr.*, livre 3, tit. 23, cap. 2, Friedberg 2, 1061. La récitation du *Credo* en était une des occasions principales. Sur le nouveau conservatisme

403. Nec potest abutentium sacramento impietas – qui[d3] scilicet sacramentali modo praesentia Domini et externo cultu Christi in sacramento fidunt sine paenitentia et viva fide – efficere, ut circa hoc sacramentum non sint *puris* (id est credentibus) *omnia pura* [Tit 1,15][22] et non deceat, quod per se decere sanctos nemo christianus ambiget, qui modo rem istam rite perpenderit, et quae[e3] in praecedenti expositione[f3] commemoravi, rite considerarit.

404. Error hic est, quod vulgus quasi localiter contineri corpus et sanguinem Christi sub figura panis et vini putat[g3][23]. Impietas est quod homines cultu illo externo mereri se aliquid apud Christum[h3] existimant – vacui licet vera fide in eum. Itaque[i3] praesentiam illam Domini sacramentalem hic tanquam salutarem[k3] sibi suscipiunt[l3] atque venerantur, absque vera fide et paenitentia. Summae[m3] superstitionis abominatio est, et ab idololatria nihil differens[n3]: nam numen Christi ita affigit formae panis sicut idololatrae[o3] numen[p3] Dei idolis. /27v./ 405.[q3] Hunc itaque errorem, et [r3]abominationem et impietatem hanc[r3], sancti animo deplorabunt, et e quibus poterunt pectoribus fratrum ea profligabunt. Interim tamen venerari Christum ad conspectum sacramenti, idque externa adoratione testari per se sanctum est, nec totius mundi perversione profanum et a sanctis alienum fieri potest. 406. Et cum haec veneratio christianos hoc[s3] magis deceat, quod ea pridem [t3]in ecclesia[t3] non superstitione abutentium sacramento, sed religione[u3] sanctorum Christum in sacramento religiose[v3] colentium introducta est et obtinuit – non poterit ea omitti sine gravi offensione etiam vere sanctorum (ibi duntaxat, ubi ista veneratio adhuc obtinet). 407. Qui enim hanc venerationem omittat, is non poterit illis non videri aversari[w3] ipsum sacramentum et institutionem Domini, non superstitionem et impietatem sacramentum pervertentium. 408.[x3] Et revera: in

[d3] *corr.* H *de* quae L. – [e3] *précédé de* qui *barré* L. – [f3] propositione P. – [g3] et *add.* A; □ *une accolade relie cette phrase à la suivante* P. – [h3] Dominum P. – [i3] ita quod (*pas de nouvelle phrase*) P. – [k3] salutare P. – [l3] *sic recte* P. suspiciunt [!] L. – [m3] Summa P. – [n3] differt *corr. de* differens P. – [o3] idolatio P. – [p3] *corr. par erreur* (H?) *en* numenn L. – [q3] *para marqué* □ *d'une ligne* L. □ Nota P. – [r3-r3] h' i' e' a' P. – [s3] *om.* P. – [t3-t3] *om.* P. – [u3] *corr.* □ A *de* reliquie P. – [v3] *om.* P. – [w3] H, *au-dessus de* adversari *barré* L. adversari P. – [x3] □ *du para, accolade et* Nota *add.* A. –

rituel de Strasbourg ca. 1539, v. Bornert: *Réforme du culte*, pp. 166s. Le *Kirchenampt* dominical prévoit (comme tant d'autres ordonnances) un choix ou une alternance du credo de Nicée, des Apôtres et de la versification de Luther «Wir glauben all»: Hubert: *Ordnungen*, pp. LXXIII et 79. Pour la prière et la communion à genoux v. Hubert, *op. cit.*, LXXIV. – Cf. aussi Biasiotto: *Development*, en part. ch. 6 sur le rôle des Franciscains et l'importance de la dévotion au nom de Jésus à la fin du moyen-âge.

[22] Er.

[23] Ap.: Bucer: *Déclaration sur la Concorde de Wittenberg* 1536, para 2, CR 3, 79s. (*pe* «inclusio localis» et «figura»). Ce dernier terme est thomiste, v. S. Thomas: *S. Th.*, 3a pars, qu. 75, art. 1 *passim*.

nullis rebus debet plus valere apud nos ad fugiendum quod donis Dei[y3] adiecit impietas[z3], quam valere apud nos convenit, ut amplectamur et colamus dona Dei, quod illa nobis vel ex parte relicta sunt. 409. Quod enim Ezechias *serpentem aeneum confregit* [4 Rg 18,4] et rem ipsam propter abusum sustulit[24], id primum fecit in re, quae pro tempore [a4]tantum fuerat sacramentum[a4]. Eucharistia autem perpetuum sacramentum est et[b4] dum hic mundus steterit. Fecit haec dein[c4] rex, qui potestate publica pollebat. Privatis (ut supra dictum) nihil, quod publicum sit, corrigere[d4] licet. 410. Sed superest adhuc scrupulus: cum Dominus praesentiam suam in sacramento cum praescriptione certi usus promittat [cf. 1 Cor 11,24s.], quem antichristi in pompis istis et ostentationibus sacramenti omnino praetereunt et invertunt: incertum iam est, quid sacramenti aut Christi illi in suo illo sacramenti potius simulachro quam sacramento habeant. 411. Hic scrupulus autem[e4] facile reiicitur, quando consideratur, quo sint ingenio in rebus omnibus filii Dei[f4][25]. Hii /28r./ enim[g4], ut Patrem suum caelestem et *Dominum* nostrum Iesum *Christum, caput et servatorem* suum [Eph 5,22s.][26] toto corde amant, ita ad quemlibet conspectum – imo cogitationem rerum, quae illos Dei et Christi[h4] sui admonent – [i4]ita rapiuntur[i4] in contemplationem, admirationem, et reverentiam Dei et Christi, tum donorum eius, ut quaecunque Dei dona eis obiiciantur sola intueantur et considerent – etsi imperfecta aut etiam [k4]si quae humana superstitione[k4] contaminata offerantur. Contaminationem omnem facile a se depellent[l4], et imperfectionem sarcient[m4], ipsisque donis per se puris, iam apud eos et integris, inherent[n4]. 412. Ita[o4] dum sacramenta vel alias res cultus divini intuentur[p4], ilico[q4] occurit eis quod Domini est [r4]et ecclesiae[r4] bonum[s4] et salutare. Et in[t4] hoc ipsum toto animo rapiuntur et defiguntur. Cumque simul superstitiones et perversiones antichristi oculis et auribus eorum nimium cumulate incurrunt, eas deplorant quidem et toto pectore detestantur. Omnis[u4] tamen animi contemplatio haeret interim et defixa manet in donis Dei et Christi, imo Christo ipso. Tanquam[v4] non possint[w4]

[y3] *om.* P, *inséré* A. – [z3] hominis *add. au-dessus de la ligne* A. – [a4–a4] tum s′ f′ P. – [b4] *om.* P. – [c4] deinde P. – [d4] contingere P. – [e4] aut [!] P. – [f4] ▯ ☜ Folio 20 infra *add.* A[25]. – [g4] autem P. – [h4] Domini P. – [i4–i4] *rempl.* ita requiritum [?] L *barré et rempl. d'abord par* ▯ aquirunt H, *également barré.* – [k4–k4] *corr. de* qua [?] humanas superstitiones L. per humanas superstitiones P. – [l4] depellunt P. – [m4] *corr. de* sarciunt L. sartiunt [!] P. – [n4] *corr. de* inhereant *après corr. de* inhererent [?] L. – [o4] Iam P. – [p4] *corr. de* intueantur L. – [q4] ▯ H, *rempl.* ideo *barré* L. – [r4–r4] quod P. – [s4] *précédé de* quod *barré* L. – [t4] ad P. – [u4] His P. – [v4] Tamen P. – [w4] *corr. de* possunt L. possunt P. –

[24] Adv.: Calvin: *De fugiendis impiorum sacris* (1537), CR 33, 262s. (là *t* contre adoration du sacrement).

[25] C'est-à-dire nos paras 38–42.

[26] Pour Σωτήρ traduit *servator*, v. p. ex. BEv ad Lc 1,47 et alibi (pas BEph *ad loc.*).

ullae[x4] abominationes et perversiones antichristi eorum contemplationem et venerationem (qua dona Christi[y4] et Christum ipsum contemplantur et venerantur) ullo modo avertere aut inquinare, quam hae abominationes et perversiones non possunt ipsa dona Dei tollere, aut commisceri cum donis Christi et[z4] Christo ipso.

413.[a5] Sic etiam cum imperfecta et mutila dona Dei offeruntur – sicut antichristus donis Dei non solummodo sua inquinamenta adiicit[b5], sed etiam multa detrahere conatur (quod in divinissimo[c5] eucharistiae sacramento praecipue ausus est) – animus sanctorum, qui statim se ad Christum ipsum[d5] attollet[e5], et dona eius ab ipso Christo[f5] percipit, ex verbo Christi facile sibi sarcit et perficit quicquid audacia antichristi in his[g5] imminuere et detrahere conetur. 414. Proinde antichristis[h5] ipsis quidem in ipsorum simulachro potius sacramenti quam sacramento id adest et colitur quod credunt, id est confictum quoddam numen (Christi nomine falso insignitum) quod externo cultu sine /28v./ fide et penitentia delinitum fit[i5], impiis et scelestis hominibus [k5]donet diu[k5] impie et scelerate vivere, et ad eiusmodi vitam cupita omnia largiatur[27].

415. At sanctis adest et colitur in sacramento Christus Dominus servator *credentium* in se, [l5]qui *adorantibus* se[l5] *in spiritu et veritate* largitur[m5] *vitam aeternam* [Io 4,23; 6,47]. Nam ad illam qualemcumque[n5] sacramenti admonitionem, quam[o5] animo accipiunt[p5] non quod antichristi mutilant ac[q5] pervertunt sed quod Christus instituit et ecclesia hic exhibere studet... Quodque [r5]Christi – perversitate – [r5] externe non fit, intus tamen in animo sanctorum: «accedit verbum ad elementum et perficit sacramentum»[28], puramque et sanctam Christi in sacramento venerationem et adorationem[s5] pure sancteque sustinet et fovet – ita, ut etiam sacramentum perficit, de quo superius diximus[t5], cum de negata parte altera sacramenti ageremus[29]. 416. Cumque *Dominus suos nunquam deserit* [Ps 36,28][30], etiam de

---

[x4] *corr. de* illae L. illae P. – [y4] Γ›omini P. – [z4] *rempl.* in *barré* L. – [a5] □ Supra 94 *add.* A. – [b5] *suivi de* scilicet *barré* L. – [c5] *om.* P. – [d5] *om.* P. – [e5] attollit P. – [f5] Domino P. – [g5] *corr.* □ H *pour* hiis *barré* L. – [h5] *corr. de* antichristus L. – [i5] *ou* sit [?] *barré*? L. *om.* P. – [k5–k5] donec *barré suivi de lacune* P; □ donet assensum *et dessous trait add.* A. – [l5–l5] *v. var. suiv.* – [m5] *précédé par* is *add.* H *barré à la suite de l'insertion de* [c5–c5] L. largiatur P. – [n5] quamlibet P. – [o5] ipsi P. *Cette leçon permet de conclure la phrase après* studet *sans difficulté.* – [p5] concipiunt P; □ Nota *add.* A. – [q5] et P. – [r5–r5] antichristi perversitate P. – [s5] *suivi de* puramque et sanctam *barré* L. – [t5] □ Supra 91 *add.* A. –

[27] Bucer semble ici appliquer à la dévotion au saint-sacrement une critique qu'Erasme adresse dans les *Colloques* à celle vouée aux images et indulgences: *Militia,* LB 1, 462 E et s., peut-être à l'aide de Luther disant ce qu'est «avoir un Dieu»: *Grand Catéchisme,* BSLK, p. 560.

[28] S. Augustin: *Tract. in Ioh.* 80, ch. 3, CCL 36, 529; MPL 35, 1840. Pour les sources médiévales les plus courantes, v. aussi ch. 7, n. 5.

[29] Ch. 7, en part. para 94.

[30] Cf. BPs 1532 (*deseret*).

illis sanctis, qui[u5] adhuc multo errore tenentur circa hoc sacramentum et praesentiam Domini in eo, non est iudicandum quod et illi aliud quam Christum ipsum in sacramento venerentur et adorent[v5]. Omnino enim in Christum huismodi[w5] imprimis[x5] feruntur[y5]; Christum ante omnia quaerunt et volunt.

417. De ea violatione sacramenti – quod antichristi alteram partem sacramenti desierunt dispensare et quam[z5] sacramenti[a6] sumptionem sanctis in ecclesiis iugo [b6]adhuc papae[b6] pressis nec possit avertere nec contaminare – dictum est supra, [c6]propositione [91.][d6] et aliquot sequentibus[c6].

[u5] *inséré* ▯ H. – [v5] ▯ Nam adorant in fide ecclesie scribit Scotus *add.* A[31]. – [w5] ▯ credunt Christo *add.* H *puis barré* L. – [x5] *om.* P. – [y5] *précédé de* fruunt[ur] *barré et corrigé de* fruuntur L. – [z5] id *barré* L, id *add.* P. – [a6] *corr. de* sacramentum L. – [b6–b6] p′ a′ P. – [c6–c6] *om.* P; ▯ Supra 90 *add.* A. – [d6] *Ms: un carré blanc, le renvoi manque* L.

[31] Duns Scot: *In Sent.* 4, 11, 3, nouvelle éd. Wadding, vol. 17, p. 357A. Cf. Altenstaig: *Lexicon*, s.v. *Adoratio*, section *De adoratione eucharistie*.

CHAPITRE 44

[a]DE PRIVATIS MINISTRIS[a]

418. Porro, cum sic[b] misere perplexa et perturbata est omnis ratio sacri ministerii, et maxime circa sacram eucharistiam, sunt qui privata sibi ministeria constituant: quod aliis videtur in ista captivitate antichristi licitum esse, aliis vero contra, factionis aliquid quae christianos dedeceat, resipere[1].

419. Mihi ita videtur: christianis omnibus cavendam esse cunctam a reliqua ecclesia secessionem[c], sanctorumque[d] contemptionem. /29r./ 420.[e] Proinde[f] existimo nemini licere ita proprio ministerio uti, ut interim publicum in totum negligat. 421. At, quia a sacro ministerio tanta est afflictis conscientiis consolatio, non damnaverim, si quis privatum ministerium, quod purius[g], sibi quaerat, modo publicum interim non negligat. Et utatur hoc suo privato ministerio cum consensu vel curionis[h 2] vel superiorum – ita, ut ex eo non possit insimulari secessionis ab ecclesia.

[a-a] *inséré après coup* L. *om.* P. – [b] hic P. – [c] *souligné* P. – [d] *en partie corr.* H. sanctorumve P. – [e] *ce para et le suivant marqués* ▯ *d'un trait* L. – [f] *suivi de* enim [?] *barré* L. – [g] sit *add.* P. – [h] *souligné et marqué* ▯ *d'un trait* L.

[1] Cf. *supra*, ch. 23, n. 1. Adv.: p. ex. Luther. Voir à ce sujet Manns: *Amt und Eucharistie,* en part. pp. 72–78. En faveur: l'exemple de la retraite de Lefèvre d'Etaples et une partie de la carrière de Gérard Roussel après leur séjour à Strasbourg: v. Schmidt: *Roussel,* en part. pp. 74–79, 85, 107–112, 121.

[2] Ici sans doute l'official de l'évêque (de sa «curie») puisque le terme est employé en parallèle avec celui de «supérieur»: sans doute le prieur ou le provincial d'un religieux.

CHAPITRE 45

[a]⟨INDULGENTIAE.⟩[a] [b]IAM DE INDULGENTIIS[b]

422. Hae in ecclesia[c] olim erant remissiones, aut potius commutationes satisfactionum, quas ecclesia iniungere[d] solebat paenitentibus. 423.[e] Erant vero hae satisfactiones: vigiliae, ieiunia, eleemosynae, certo numero et modo indicta[f]; nam pro certis peccatis carenam indicebant, hoc est ieiunium in pane et aqua quadraginta dierum; pro aliis viginti, triginta, pauciores et plures pro modo peccatorum. Deinde, labente magis ecclesiae disciplina, hasce satisfactiones ieiuniorum et aliarum castigationum pro certa pecunia divitibus, pauperibus vero[g] pro certo numero precum remittebant: ut legitur in Poenitentialibus quae vocant[h] [1]. 424.[i] Deinde schola considerans in indulgentiis vim clavium, quae 'etiam in foro Dei' absolvunt, existimavit indulgentiis remitti paenas, quas Dominus de nobis sumere statuit vel hic vel in purgatorio[2].

425.[k] Sed virtus clavium non ad remissionem paenae, quam Deus de[l] nobis sumere statuit castigatoriam sed ad remissionem culpae ecclesiae [m]traditae sunt [!][m]. Qua remissa, paenae, quas Deus de nobis hic sumit, nobis remedia sunt, quae, repressis malis cupiditatibus a peccato [n]praeservantur aliis exempla[n] [3]. 426.[o] Quarum poenarum nec remissio nec moderatio peccati [!][p] ecclesiae permissa est, etiamsi Deus ad preces ecclesiae illas nonnumquam aut remittat aut mitiget. Initio tamen plerisque dedit facul-

[a–a] *écriture de Lenglin* L. *om.* P. – [b–b] De indulgentiis P. – [c] ecclesiis P. – [d] *les deux premières lettres ajoutées* H. – [e] *pas de nouveau para ici* P. – [f] *corr. de* indictae L. indictae P. – [g] *inséré* H. *om.* P. – [h] vocantur P. – [i] *d'ici à la fin du ch. paras numérotés* 423–435 [!] P. – [k] *ce para* (424 = *nos paras* 425 *et* 426) *marqué* ▯ *d'un trait et* ☞ P. – [l] *inséré* H. – [m–m] tradita est P. – [n–n] praeservant; aliis exempla P; *ce dernier mot corr. en* in exemplum A. – [o] *pas de nouveau para* P. – [p] potestati P. –

[1] Parmi les plus connus au 16e siècle, le livre 19 du *Décret* de Burkhard de Worms (encore inédit à l'époque) semble avoir connu une certaine circulation indépendante sous le titre *Corrector et medicus* (son sous-titre dans la collection complète: MPL 140, 949–1014. Sur la «carina» [!] *ibid.*, can. 5, col. 951. Sur le problème du *Corrector* v. les indications chez P. Fournier – G. Le Bras: *Histoire des collections*, t. 1, pp. 369ss. – Ap.: Bucer: *Seelsorge*, BDS 7, 177 (*ip*) et ap., plus loin adv.: Gropper: *Enchiridion*, f. 162r.v. (*i* et allusions aux sources).

[2] P. ex. S. Thomas: *S. Th.*, Suppl. qu. 25, art. 1, *in co* (*i* et *p* très libre; là *r* à Mt 16,18, mention du purgatoire et les peines prononcées ou non par l'Eglise). – Pour le lien entre les pénitences «tarifées» et les indulgences, ainsi que la position de S. Thomas, v. H. Vorgrimmler: *Busse* etc. (= HDG 4:3) para 19, pp. 203–209.

[3] Ap.: p. ex. Melanchthon: *Loci communes* (2nda aet.) ch. *De satisfactione*, CR 21, 498ss. (*i*) et Bucer: *Seelsorge*, BDS 7, 179–182 (*i*).

tatem *sanationum* et *daemonia depellendi* [Mc 6,13; cf. Mt 10,1–8; Iac 5,14]; sed haec dona non erant universae ecclesiae, sed quorundam de ecclesia [cf. 1 Cor 12,29s.?] et certi[q] modo temporis[r 4].

427. Prima itaque abusio in hac observatione est, quod antichristi sibi permittunt remittere poenas temporarias hic et in purgatorio, quae potestas ipsis nullo Dei[s] verbo commissa est.

/29v./ 428.[t] Altera abusio et perversitas est, quod antichristi finxerunt 'multos in ecclesia in operibus poenitentiae supra mensuram debitorum suorum supererogare', quae supererogata merita, coniuncta 'meritis Christi'[5] per pontifices applicentur iis, quibus indulgentias[u] concedunt[6] [v]pro abolitione[v] earum poenarum quas ii[w] peccatis suis vel hic vel in purgatorio solvere debebant[x]. 429.[y] Et hoc commentum inter praecipua fundamenta est tyrannidis antichristi. 430. Nam ex hoc commento non solum abominationes[z] nundinationis indulgentialis accepimus, sed etiam statum quem fingunt perfectionis apud monachos et monachas[7]; item fiduciam operum, quibus compensemus quod antea divinae iustitiae non satisfecimus; deinde impiam illam praesumptionem, quasi vero aliquid supra debitum[a1] bonorum operum possimus erogare[8], cum debitum ipsum munus[b1] [c1]impleri per nos non[d1] queat[c1], sed per Christum impleri necesse sit[e1].

431. Tertia et maxima in figmento indulgentiarum impietas est, quod quiquam[f1] scelestissimi[g1] per eas effugere sperant iuditium Dei, interim perseverantes in omni vitae perversitate. 432. Has[h1] ob impietates et abominationes sancti se ab[i1] indulgentiarum commercio quantum poterunt – et alios etiam ab eo – revocabunt.

433.[k1] Et si quando ea necessitas incidat, ut citra offensionem (quae promovendo regno Christi obsistat) te prorsus a negotio indulgentiarum

[q] certo P. – [r] ipsis P. – [s] *inséré* L. *om.* P. – [t] *corr. de* 429, *le para étant précédé par un autre, barré, qui commence par* Altera abusio *mais reprend pour le reste l'énoncé de notre para jusqu'à* temporarias L. – [u] ▯ H *pour remplacer* intelligentias, *barré* L. – [v–v] *corr. de:* per abolitionem L. pro absolutione P. – [w] *corr. de* iis [!] L. – [x] debeant P. – [y] 439 [!] L; *la numérotation suivante* 430–443, *corrigée de* 431–444 L. – [z] *corr. de* abominationem L. abominationem P. – [a1] ▯ H *remplace* delectum *barré* L. delectum P. – [b1] *une tentative de corriger* [*en* impius ??] *apparemment abandonnée* L. minus P. – [c1–c1] per nos impleri queat P. – [d1] *inséré* ▯ H. – [e1] *rempl.* est *barré* [sed . . . *ayant introduit une phrase indépendante*] L. – [f1] quique P. – [g1] *corr. de* sceleratissimi [?] L. sceleratissimi P. – [h1] Hasce P. – [i1] omni *add.* P. – [k1] *para marqué* ▯ *d'un trait* L. –

[4] BEv ad Mt 10,7, f. 97v. (*i*, don temporaire). Le lien entre le thème des guérisons dans l'Eglise primitive et celui des peines est peut-être à chercher dans les maladies qu'évoque *Seelsorge*, loc. cit. à la n. préc.

[5] Ap.: S. Thomas: *S. Th., Suppl.* qu. 25, art. 1 *in co* (*p*).

[6] Ap.: S. Thomas: *S. Th., Suppl. qu. 26,* art. 3 *in co* (*i*).

[7] P. ex. Thomas: *S. Th.,* 2a 2ae, qu. 184, art. 5. Cf. aussi Altenstaig: *Lexicon,* s.v. *Perfectio Christiana* (qui suit surtout Gerson).

[8] P. ex. S. Thomas: *S. Th.,* 2a 2ae, qu. 85, art. 4 *in co.*

retrahere non possis – tanquam[l1] tyranno exigenti[m1] iniquum tributum – enumerabis[n1] quod poscitur, et numerandum fratri permittes. 434. Ita tamen, ut[o1] omnem quae in eo negotio est impietatem detestandam doceas, ubi id cum fructu facere possis. Ubi id non possis, ibi tamen bonas mentes a fiducia falsa huius rei eo avocabis, quod ostendas hic praecipuum esse applicationem meriti Christi; eam autem nemini contingere posse – ipsis etiam indulgentiarum venditoribus testantibus – qui non sit 'rite contritus et confessus'[9]. 435. Et[p1] si quis paruchus [q1]aliquam mentionem[q1] et commendationem indulgentiarum facere cogetur[r1]: nisi velit de-/30r./serere munus *pascendi gregem Domini* [1 Pt 5,2][10], is commemorabit hic praecipuum esse quod quaerendum sit, et quo tantummodo[s1] nitendum: merita Christi. Sanctorum enim merita meritis Christi niti et ab eis pendere. Sed [t1]iis utraque[t1] tantum profutura, qui per fidem et dilectionem iis[u1] coniungantur, id est, ut indulgentiarum fere diplomata habent, 'rite contritis et confessis'[11]. 436. Nec aliter cuiquam aliquid accessurum ex meritis divorum, quae 'Deus, quamvis[v1] dona sua remunerare' dignetur[w1][12], etiam in his, quorum salutem sancti expetunt[x1] – de qua re supra dictum est[13]. 437. Praeterea, cum istae indulgentiae inde natae sunt, quod olim iniunctae penitentiae (vel potius testimonia paenitentiae), [y1]cum resipiscentia[y1] verior appareret[z1], remittebantur: sancti veterem[a2] hac in re ecclesiae disciplinam atque severitatem proximis, qui ista percipere valent, commemorabunt, [b2]et eo incendent[b2], ut pro[c2] reformatione[d2] ecclesiae, abusuumque omnium[e2] abolitione maiore assiduitate orent.

[l1] qui *add. et barré,* L. – [m1] *corr. de* exigente L. – [n1] numerabis P. – [o1] H [?] *rempl.* et *barré* L. – [p1] qui P. – [q1–q1] m′ a′ P. – [r1] cogatur P. – [s1] H, *précédé par* tantum [?] *barré* L. *om.* P. – [t1–t1] u′ i′ P; ▯ Supra 162 *add.* A. – [u1] illis P. – [v1] ut P. – [w1] dignatur P. – [x1] ▯ Supra 360 *add.* A. – [y1–y1] *d'abord om., puis* ubi *inséré P.* – [z1] apparebat P. – [a2] veteres, *souligné et marqué* ▯ *d'un trait* A. – [b2–b2] ut eo intendant P. – [c2] *corr. par adjonction de* ro H, *de* per L. – [d2] *corr. de* reformationem L. – [e2] *inséré* H. *om.* P.

[9] Selon la bulle *Unigenitus* de Clément VI, *Extrav. Comm.* livre 5, tit. 9, cap. 2; Friedberg, 2, 1305 («vere . . . poenitentes et confessi»). Cf. Tetzel: *Prima disputatio,* thèse 11, chez Loescher: *Acta* 1,505: «Hanc poenam, ob peccata contrita et confessa impositam, potest Papa per Indulgentias penitus relaxare». Cf. aussi n. 11.

[10] Tr. *p* par Bucer (Er Χριστοῦ, Vg. Dei).

[11] *Supra* n. 9. Ici: S. Thomas: *S. Th., Suppl.* qu. 27, art. 1, *in co* (*p* et *t*). Cf. p. ex. la bulle de Léon X pour l'indulgence de S. Pierre, 1515, chez Koehler: *Dokumente,* pp. 85s.

[12] Cf. S. Augustin: *De gratia et libero arbitrio,* ch. 6, para 15, MPL 44, 890.

[13] Ch. 39, paras 351 et ss.

CHAPITRE 46

[a]De perversione orationis[a]

438.[b] Iam de perversione instituti praecandi et psallendi in ecclesia[c], quod quadruplici impietate oppressum est: fiducia operis externi sine fide; admixtione multorum, quae apertissimam Christi contumeliam in se continent (dum, quae Christi sunt, divis tribuunt); impedimento fructus, ob ignotam populo linguam, et cumulum praecum atque psalmorum, qui spiritum opprimit, non excitat; et questum [!], quem hic sacrificuli faciunt.
439. At quia hoc institutum Domini est, et pius ad pium usum convertere omnia potest – tum publica in ecclesiis corrigere [d]non est privatorum[d], neque etiam ministrorum, nisi consentiente ecclesia – est ratio[e] qua institutum hoc religiosus pastor religiose administret, et qua caeteri sancti eo pie communicent. Quae ratio[f] supra exposita est propositione [290.][g] et aliquot sequentibus.

[a-a] De abusu precum in cenobiis A. – [b] *paras numérotés* 437 *et* 438 (*n*° 436 *sauté*) P. – [c] ▯ 4 vitia orationum *add.* A; *dans le texte les mots* fiducia, admixtione, impedimento *et* questum *sont soulignés et numérotés* A. – [d-d] p′ n′ e′ P. – [e] *om.* P, ▯ via querenda *inséré* P *ou* A. – [f] res P. – [g] *un carré vide* L. 291. P.

CHAPITRE 47

[a]CAELIBATUS[a]

440.[b] Maxima pietatis ruina invecta[c] est celibatu ministris superiorum ordinum et cenobitis imposito. 441. Ut[d] vero hic caelibatus servandus sit, aut – dum servari non poterit[e] – compensandus caeteris officiis pietatis, ne vituperetur et minus valeat sacrum ministerium, dictum est supra, propositione [210.][f] et aliquot sequentibus. /30v./ 442. Ut etiam abiicienda sit servitus monachalis, expositum est supra propositione[g] [!][1].

---

[a] *om.* P. – [b] *tout le ch.* (*paras* 440–442) *réuni par une accolade et numéroté* 439 P. – [c] H, *rempl.* inventa *barré* L. – [d] *suivi de* etiam *barré* L. – [e] *précédé de* potest *barré* L. – [f] *un carré vide* L. 211. P. – [g] 317. *add.* P.

[1] V. ch. 32, paras 315ss.

CHAPITRE 48

[a]De ordinibus mendicantium[a]

[b]443/441[b]. Praecipua quoque est tyrannidis antichristi communitio et firmamentum ex ordinibus mendicantium et aliorum sodalitiorum virorum et mulierum, quae[c] partim suis votis, vestibus[d] et aliis ceremoniis, partim tantum societate aliqua superstitionis in aliquem divum – ut sunt fraternitates laicorum – continentur[e]. 444/442. Ordines mendicantium initio exorti sunt hoc nomine, ut qui predicatione evangelii sarcire vellent (quod episcopi et pastoris ordinarii [f]hac in re[f] negligebant[g]) quod etiam per eos aliquandiu ex parte curatum est. 445/443. Sed nimis cito evaserunt[h] in satellites et propugnatores antichristi, cui sua studia, simulatam sanctimoniam, conciones, et sua omnia addixerunt. 446/444. Inde et[i] hoc tempore, cum Dominus evangelium suum plenius cognosci donat, nulli prope eos, qui huic se luci Christi accommodant, atrocius persequuntur [k]quam illi[k]. 447/445. Proinde consultissimum est, ut qui Christi studiosi in hisce ordinibus fuerint, relinquant eos quam primum[1], nisi cui[l] locus fuerit ministerio verbi regno Christi vere accommodare[m] – id quod Dominus aliquot in locis largitur, et plerumque amplius quam ipsis pastoribus nedum aliis monachis[2].

448/446. Cui ergo Dominus locum huiusmodi patefecerit, is vocationi Domini fideliter inservire debet, ratione qua supra de munere pastorali exposuimus[3], semper [n]spectans ut[n] aedificet domum Domini pro facultate

---

[a–a] *om.* P. – [b–b] 443 *dernier des chiffres corrigés* (*ici de* 444) *depuis ch.* 45 *vars* [i] *et* [y]. *Simultanément une autre numérotation commence ici; elle est insérée dans la marge opposée* L. *La seconde numérotation* (441ss.) *concorde avec celle de* P. – [c] qui P. – [d] *corr.* H. *d'abréviation* vestib. L. – [e] continent [!] P. – [f–f] i' h' r' P. – [g] ▯ H *rempl.* intelligebant, *barré* L. – [h] H, *rempl.* inferunt *barré* L. – [i] in P. – [k–k] *inséré* H. *om.* P. – [l] *om.* P. – [m] commodare P. – [n–n] ▯ H, *rempl.* expectans et *barré* L. –

[1] Cf. l'action de Bucer lui-même, début 1521, pour se faire délier de ses vœux monastiques: v. ses remarques autobiographiques dans *Verantwortung*, BDS 1, 181s. et les documents dans BCor 1,153–162.

[2] Bucer pense-t-il aux travaux bibliques de Cajetan; à la forte accentuation de la théologie de la grâce chez des auteurs comme Michael Vehe; à la publication en 1540 même, de la liturgie orientale, par Hoffmeister, œuvre réformiste et unioniste munie d'une préface de leur commun ami Beatus Rhenanus concernant l'histoire de la messe? Cf. A.F. von Gunten: *La contribution*, in: *Histoire de l'exégèse*, pp. 46–83 (avec bibliographie); Paulus: *Dominikaner*, 215–231; le même: *Hoffmeister*, pp. 94ss. On peut encore penser à la connaissance que Bucer possédait des tendances de type réformateur en Italie, d'une part par l'intermédiaire de l'ancien franciscain Barthélemy Fonzio (v. Pollet: *Etudes* 2, ch. 17, et en part. pp. 475–477),

ea, quam Dominus dederit[o] [cf. 2 Cor 13,10; 1 Pt 2,5]. Nam et hoc illi cavendum est, ne vel plus vel minus de sacro ministerio sibi sumat, quam Dominus imposuerit. 449/447. Caeteri sancti erga hosce mendicantes sic se habere studebunt, ut, quae antichristi apud eos sunt, diligenter fugiant, quae vero Christi, pie amplectantur, uti et apud reliquuos sacrificulos. /31r./ 450/448. Nam hii mendicantes publicae administrationis evangelii partem aliquam adhuc sustinent; et ob dissimulatam vitae impuritatem[p] inter praecipuos ecclesiarum ministros habentur. Hinc itaque fit, ut propter ecclesiam in qua adhuc tanti fiunt, sint multa illis et deferenda et concedenda. 451/449.[q] Evenit[r] etiam plerisque in locis, ut apud potestates nihil non valeant[4], adeo, ut qui eis beneficia [s]subtrahat antea[s] dari consueta, huic statim apud potestates ei[t] periculum creetur[u], tanquam religio Christi in eis spernatur[v]. His praestanda beneficia solita erunt, ex illo Christi[w]: *Si quis contenderit tecum* [x]*in iudicio, et tunicam tuam aufferre voluerit, permitte*[x] *ei*[y] *et pallium* [Mt 5,39][5]. Et: *Si esurierit inimicus tuus, pasce* [z]*illum,* etc.[z] [Rm 12,20][6]. 452/450. [a1]Reperias praeterea[a1] domos horum, in quibus multi pueri aluntur. Eos pii etiam vel propter necessitatem iuvare poterunt, licet praestaret aliis in locis et [b1]meliori institutione[b1] eiusmodi pueros educari. Sed, cum in hiis collegiis sunt, nec aliunde quam stipe, quae quotidie a bonis viris confertur, aluntur, nec nostrorum ope destituendi sunt – cum id fiat aliis pauperibus, qui prae hiis iuvandi sunt, non neglectis. 453/451. Ita veteres christiani, ut memorat[c1] Tertullianus[7], ethnicorum quoque pauperibus opem ferebant; et referenda *Patris caelestis* bonitas in eo est, ut *benignitatem* nostram sinamus etiam ad *malos et ingratos* pertingere [cf. Mt 5,43–48; Lc 6,35s.].

454/452. Attamen quicquid hiis[d1] mendicantibus sancti dabunt, id quam licebit[e1] diserte testabuntur se pure id[f1] dare propter Christum.

---

[o] ▯ H, fecerit *barré* L. fecerit P. – [p] impietatem P. – [q] *para marqué* ▯ *d'un trait* L. – [r] *en partie récrit* H. – [s–s] substrahat ante P. – [t] *om.* P. – [u] creatur P. – [v] *corr. d'un mot illisible* L. sperneretur P. – [w] ▯ 493. *add.* A (*cf. ch.* 53, *var.* [e]). – [x–x] ▯ H *rempl.* voluerit et auferre tunicam, da ei *barré* L. Voluerit auferre tunicam, da illi P. – [y] *om.* P. – [z–z] eum P. – [a1–a1] Repereas propterea P. – [b1–b1] meliore instituto P. – [c1] refert P. – [d1] hisce P. – [e1] *précédé de* libet *barré* L. – [f1] *om.* P. –

d'autre part peut-être grâce aux séjours du jeune Flacius à Augsbourg et à Bâle en 1539: il devait apporter des nouvelles de son oncle Baldo Lupetino, provincial des Mineurs, et de son milieu: Flacius: *Erzehlunge,* f. Tij r.

[3] Ch. 10, paras 151ss.

[4] Les confesseurs et prédicateurs de cour des grands souverains se recrutaient le plus souvent parmi les mendiants: Mineurs et plus rarement Prêcheurs pour la maison d'Autriche; plus souvent Prêcheurs chez les rois de France: v. Lehnhoff: *Beichtväter, passim,* en part. chs 5 et 6 (Quintana et Guevara); Farge: *Register,* pp. 367–373 (Guillaume Petit).

[5] Trad. *ad hoc* proche de Vg.

[6] Er (pas BRom!).

[7] *Apologeticum,* chs 39, para 6, et 42 para 8; CCL 1, 151. 157; MPL 1, 470, 493s.

455/453. Unde, si quando ea, quae dari istis constituerunt[g1] hactenus, mercedes[h1] fuerint certarum et nominatim conductarum superstitionum, sancti testabuntur se illa pure iam studio Christi ipsis impendere, et nolle de aliquo officio pacisci, nec ulla in re eos gravare, sed simpliciter contribuere eis, ut Domino et ecclesiae eius fideliter serviant – ad quod etiam eos quoad licet hortabuntur.

[g1] consueverunt P. – [h1] merces P.

CHAPITRE 49

/31v./ [a]De Beguinis[a]

456/454. Ad eundem modum iudicandum est de reliquis sodalitiis, quae etiam votis et ceremoniis continentur, ut Beguinarum et huismodi. 457/455. Haec aliquando habent ministeria serviendi aegrotis et sepeliendi mortuos[1]. Si quis[b] ergo in hisce[c] institutis deprehensi videant se vel ob haec ministeria Christo melius servire posse in eiusmodi instituto, quam si illud deserent[d] – hii maneant in vocatione sua, et superstitiosa omnia, quae ei instituto antichristus adiecit, convertant ad pium usum (ratione, quae partim supra exposita est, partim infra exponetur[2]: qua scilicet cum ministri, tum reliqui christiani usurpare debeant eas res, quas antichristus abominationibus suis contaminavit). 458/456. Ita reliqui christiani[e] cum huiusmodi hominibus in iis, quae Christi sunt, communicabunt; in iis, quae sunt antichristi fugient et ńegligent eos; id tamen ea cautione quam [f]modo diximus[f] servandam esse erga mendicantes[3].

[a-a] *om.* P. – [b] qui P. – [c] ministerii *add.* P. – [d] deserant P. – [e] Christum [?!] P. – [f-f] monstravimus P.

[1] Voir p. ex. Mens: *Oorsprong*, en part. pp. 76–78 et 384–396. McConnell: *Beguines*, en part. 136; 146–149; 259–265; 275ss.; 537–556; 573s., pour les soins aux pauvres et aux malades.

[2] Cf. p. ex. ch. 48, paras 449/447ss., ch. 56, paras 549s.

[3] V. le ch. précédent.

CHAPITRE 50

[a]DE SODALITIIS LAICORUM[a]

459/457. Nec aliter iudicandum est de sodalitiis et fraternitatibus laicorum, ut opificum et aliorum[1], qui et ipsi aliquam superstitionis societatem habent, sed in qua simul aliquid Christi et decentis christianos[b] communionis nonnunquam admixtum est. 460/458. Quae itaque in his Christi sunt, sicut[c] communionis mutuaeque beneficentiae, quae christianos deceat, ut quod pauperes egrotos communibus sumptibus curant, haec piis pie servanda erunt. 461/459.[d] Quae autem sunt antichristi, et factiosae cuiusdam a parochiis suis et reliquis christianis separationis atque neglectus – ista fugient pii et negligent; et id eo fortius atque apertius, quo plus in hisce sodalitiis regnat superstitionis atque factionis, et minus superest sacri ministerii atque decentis christianos[e] communionis cum filiis Dei[2].

462.[f] Attamen, quoniam[g] in plerisque locis adiuncti sunt hisce sodalitiorum ceremoniis, conventus, et societates opificum, aut etiam aliorum hominum civiles, saepe non poterunt societates huiusmodi negligi ab iis, qui in illis hac-/32r./tenus fuerunt – aut esse in illis propter artem vel vitae institutum, quod exercent, authoritate publica iubentur – nisi velint subire crimen non solum irreligiosorum sed etiam factiosorum hominum.

463. Hisce igitur, quos ista necessitas constringit[h], societates huiusmodi et recipiendae et colendae erunt, sed cautione illa, quae in aliis antichristi observationibus adhibenda est. 464. Et hoc liberiore[i] conscientia sacris huiusmodi sodalitiorum adesse potuerunt, quod ea – [k]permissione pastorum[k] et ecclesiae – pro[l] solemnibus et publicis sacris, quae dominicis diebus alioqui[m] [n]ab omnibus[n] adeunda sunt, habent[o]. Iam enim illa sacra in vicem subeunt sacrorum publicorum et communium.

[a–a] *om.* P. – [b] christiane P. – [c] *corr. et recorr. de* sive? sunt? sint? L. aut P. – [d] *paras numérotés* 460 *et ss.* P. ▯ + *add.* P *(sans doute pour marquer le saut)*. – [e] *corr. en* christiane P. – [f] *la numérotation simple reprend ici* L. – [g] qui [!] P. – [h] astringit P. – [i] liberiori [!] P. – [k–k] permissu patrum P. – [l] *corr.* H? *d'abbréviation* L. – [m] *précédé par* aliquot *barré* L. – [n–n] *om.* P. – [o] habentur P.

[1] Sur le rapport entre ghildes et confréries, v. Coornaert: *Ghildes,* en part. pp. 236–240. Sur leur particularisme et leur rôle religieux, *ibid.* pp. 209s. et Duhr: *Confréries,* en part. 470–475.

[2] Ap. (p. ex.): Luther: *Ein Sermon vom Sakrament . . . und . . . Bruderschaften,* 1519, WA 2, 755s. (*i* de la 3e critique). V. aussi note 1.

465. Simul autem – ut de aliis observationibus dictum est – diligenter sancti studebunt in his rebus veritatem Christi et religionis puritatem docere quoscumque poterunt, ut ipsorum et aliorum observatio in his semper haereat, quae sunt pietatis et charitatis, cum deploratione et commoda depulsione superstitionum ubicumque occasio et locus sit.

CHAPITRE 51

La vénération des saints

466.[a] Invexit antichristus praeterea et circa cultum divorum superstitionem et impietatem non minus apertam et inanem, quam fuerit olim apud ethnicos cultus daemoniorum. 467. Nam non alio prope cultu et invocatione caeremoniae et sacra divorum[b] constant, quam constabant olim caeremoniae institutae diis gentium. Certorum enim[c] morborum remedia[1] et ad quaevis bona concilianda et mala depellenda patrocinia a divis petuntur, tanquam ipsi suis meritis haec a Deo impetrarent, et hominibus pro[d] suo arbitrio elargiri possent, etiamsi illi homines pergant esse et in Deum impii, et in homines iniurii, et in seipsis[e] impuri[2].

468. Nam quos videas nulla paenitentiae solicitudine teneri et in quibusvis[f] [g]flagitiis et sceleribus[g] pergere, hii fere praecipui sunt in huiusmodi ceremoniis[3]; et quia[h] nulli largius divis offerunt, sacrificuli nullos[i] etiam divorum cultores malunt[4]. /32v./ 469. Ad haec adiuncta prope [k]est semper[k] his ceremoniis aliqua confessa vel idololatria, vel lypsanolatria[l][5], quod statuae vel imagines divorum, aut certae reliquiae prostituuntur colendae, cum opinione apud haec residere vim opitulatricem divorum. 470. Inest hisce ceremoniis plerumque et haec impietas, quod praecipua causa cultus huiuscemodi meris mendaciis invehitur et nititur. Nam aut nihil omnino de divis, quos tantum valere in iuvandis hominibus praedicant, certi habetur – ut de diva Barbara, Christophoro[6], et multis aliis[m] – aut ea saltem vana et conficta sunt, quae ad cultum divorum maxime incitant – ut de ipsa diva Virgine, apostolis, Stephano, Laurentio, et innumeris aliis factum esse nemo negat[7]. 471. Et id praecipue de omnibus

[a] *paras numérotés* 465–478 P. – [b] deorum P. – [c] *om.* P. – [d] pio P. – [e] seipsos P. – [f] *précédé de* quovis *barré* L. – [g-g] s' e' f' P. – [h] ▯ H, *rempl.* quod *ou* quare *barré* L. – [i] *barré* P *et remplacé par* tales alias A. – [k-k] s' e' P. – [l] lipsanolatria P. – [m] *suivi de* sanctis *barré* L. –

[1] Ap. (p. ex.): Actes de la 2[e] Dispute de Zurich (le Commandeur Schmid de Küssnacht) CR 89, 703s. (*i*); *Apologie de la CA*, art. 21, BSLK, p. 323.

[2] Ap.: Bucer: *Defensio*, f. E3r.v. (*i*).

[3] Ap.: Erasme: *Colloquia: Militaria*, LB 1, 642s. (*i*).

[4] Ap.: Bucer: *Defensio* f. [E7]r.

[5] Cf. ch. 12, para 178 et n. 4.

[6] Cf. Erasme cité *supra* n. 3 et l'*Apologie* art. 21 citée n. 1: Ste Barbe et S. Christophe y sont nommés particulièrement.

[7] Cf. ch. 12, notes 8–11.

impie confingitur, quod certis illis locis et externa illa pompa coli expetant, et quod certam ita ac[n] definitam vim iuvandi a Deo meritis suis perceperint[n*] [8]. 472. Cum ergo tantis impietatibus solemniores fere divorum ceremoniae contaminatae sunt – imo plerumque totae impietatibus dicatae – necesse est sanctos ab his ceremoniis abhorrere maxime. Quare[o] a nullis etiam publicis ceremoniis subducent se constantius. 473.[p] Id vero, ut faciant citra offensionem bonorum et frustranea irritatione malorum, primum purioribus ceremoniis divorum (ut habentur in festis apostolorum et certorum martyrum; item in plerisque festis divae Virginis – ut est Purificationis, Adnunciationis, Visitationis[q] [9] aderunt religiosius.

474. Deinde divam Virginem [r]studebunt, et veros divos[r], ubicunque occasio sit, veris commendare laudibus, et ea occasione diligenter inculcare quem maxime cultum a nobis requirant. 475. Ad quam rem conveniet in promptu habere, quae sancti patres, maxime quae Augustinus[10] et Chrysos-/33r./tomus[11] de vero cultu divorum monent, qui [s]scilicet constat[t] Christi[s] in illis viventis, quique tam mirifica in eis fecit, cum praedicatione tum imitatione. 476. Postremo, quo minori[u] offensione absint a superstitiosis[v] ceremoniis divorum, dabunt operam ut communiant se ex distinctione[w] 15.[x] [12] ubi[y] plereque historiae divorum, quae tales ceremonias divorum peperint[z] [a1]⟨id est Georgius, Christophorus⟩[a1] numerantur inter apocrypha. Item ex his quae crassiora mendatia et sordidum questum in illis ceremoniis impudentius commendant, ubi abominatio[b1] tam [c1]ava-

---

[n] etiam P. – [n*] perceperunt P. – [o] ▯ *add. trait* P. – [p] *para marqué d'un trait* ▯ L. – [q] ▯ H, *rempl.* Adsumptionis *barré* L. Assumptionis *souligné* [*ou barré ainsi?*] P. – [r-r] e′ v′ d′ s′ P. – [s-s] *souligné* P. eorum operum que *add.* A *après* scilicet; fuisse *add.* A *après* constat. – [t] *inséré à la place d'un mot illisible barré* L. – [u] minore P. – [v] *corr. de* superstitiosioribus (?) L; superstitiosioribus illis P. – [w] *corr. de* distinctionibus L. – [x] ▯ canone «Sancta Romana» *add.* A. – [y] *corr. de* ubique L. – [z] pepererunt P. – [a1-a1] *om.* P. – [b1] abhominationes P. – [c1-c1] v′ q′ a′ P. –

[8] Cf. *Apologie,* art. 21, BSLK, p. 319.

[9] La conférence ecclésiastique, tenue sous la présidence du légat Lorenzo Campeggio à Ratisbonne en 1524, avait proposé de réduire le nombre de fêtes de saints: celles consacrées à la bienheureuse Vierge Marie devaient être quatre: Purification, Annonciation, Assomption, Nativité: *Reformordnung* para 21, ARC 1, 341.

[10] Cf. *supra* ch. 12, paras 186s. et n. 6.

[11] V. p. ex. *De s. Philogonio,* MPG 47\48, 751s.; *Hom.* 1 sur Hb 1, *ibid.* 63, 15 et 17s.; Ps.-Chrysostome: *Opus imp. in Mtt, Hom.* 37, *ibid.* 56, 834s.

[12] *Decreti* 1a pars, dist. 15, can. 3, paras 27–79, Friedberg 1, 38s. – La *Passio Georgii,* mentionnée au para 78, paraît bien être au moins proche de la version incorporée à la *Légende dorée* (v. Delahaye: *Légendes . . . militaires,* pp. 68–73); cependant l'édition du *Décret* de Rhenanus qu'employait vraisemblablement Bucer dit: «Gregorii»! D'autre part notre can. 3 ne mentionne pas S. Christophe, et le texte de la *Légende dorée* ne paraît être sa plus ancienne version connue alors (v. G. Bardy in DHGE *s.n.*). Il se peut donc que le rajout marginal ici soit illustratif des «cérémonies», c.-à-d. des dévotions qui s'adressaient à S. Georges en tant que patron des militaires, ou à S. Christophe, souvent représenté près des portes d'églises, en tant que celui des voyageurs. Cf. Jacques de Voragine: *Legenda* ch. 59, p. 264; Bardy: *loc. cit.*

riciae et[d1] vanitatis[c1] a quovis christiano facile intelliguntur. 477. Istis enim si dextre utaris, possis facile tueri absentiam tuam ab istis ceremoniis ex nullo provenire[e1] vel contemptu divorum vel neglectu ecclesiae catholicae. 478. Nullo enim negotio ostendes[f1] has superstitiones non instituto ecclesiae Christi aut sanctorum patrum, sed ex mera superstitione et avaritia hominibus obtrusas esse. 479. Quo autem pacto hae ceremoniae divorum – cum solemniores et puriores, tum minus solemnes et impuriores – pie administrari possunt[g1] a ministris ecclesiae, dictum [h1]supra est[h1], dum de hoc ministerio ageremus, propositione [170.][i1] et sequentibus.

[d1] *corr. de* quam L. quam *corr. en* quantum P. – [e1] pervenire P. – [f1] *corr. de* ostenderit (?) L. ostenderis P. – [g1] *corr. de* possint L. – [h1–h1] e′ s′ P. – [i1] *un carré blanc* L. 282. P.

CHAPITRE 52

[a]De impio cultu imaginum[a]

480.[b] Superest etiam impietas prorsus cum impietate gentium conveniens: in res inanimatas ut imagines, statuas, reliquias sanctorum, sacrorum locorum et instrumentorum religionis. 481.[c] Primum enim singularis meriti apud Deum fecerunt ista parare, deinde etiam colere. Tum numina certa affinxerunt delectis quibusdam imaginibus, statuis, reliquiis, templis, et sacris vasis[1]. Postremo iis etiam sanctitatem quandam inesse affirmarunt: ut tangi quaedam[d] nephas sit a christianis laicis[2]. Has omnes superstitiones pro virili sancti detestabuntur et detestandas esse docebunt quicunque dociles fuerint[e]. /33v./ 482. Et de imaginibus et statuis id quoque monebunt: veterem ecclesiam credidisse has in templa[f] admittere esse adversus authoritatem Scripturarum, uti ex epistola illa Epiphanii ad Ioannem episcopum Hierosolymitanum, quam divus Hieronimus latinam fecit, videre est[3]. 483. Sunt tamen, qui existimant[g] sanctos patres non ita sensisse omnes ut Epiphanius in illa epistola scribit, sed magis ideo non admisisse in templa imagines et statuas, ne cum idololatria gentium, cuius adhuc multum supererat passim in orbe, viderentur aliquo modo congruere[4]. 484.[h] De eo autem, quicquid sit inficiari hoc non possumus[i], quin imagines et statuae sanctas res repraesentantes piis hominibus significando et admonendo prosint[5]. 485. Nec item damnare possumus, si quis Christi, aut[k] divi alicuius per imaginem admonitus animi sui reverentiam et stu-

[a-a] De imaginibus P. – [b] *paras numérotés* 479–492 P. – [c] ▯ *trait add.* P. – [d] quoddam P. – [e] fuerunt P. – [f] templo P. – [g] existiment P. – [h] *ce para et le suivant marqués* ▯ *d'un trait* L. *Les mêmes marqués* ▯ Nota A. – [i] possimus P. – [k] ▯ H, *remplace mot illisible barré* L. –

[1] Cf. *supra* chs 12 et 37 et notes *ibid.* Pour les rites liés aux reliques, v. Herrmann-Mascard: *Reliques,* en part. pp. 193–216. Pour les images privilégiées telle celle que le Christ aurait envoyée à Abgar (réclamée par Rome, Paris et Gênes) ou le suaire de Ste Véronique (à Rome), v. Dobschütz, *Christusbilder,* pp. 185–196 et 209–214, 218–239. Des controversistes contemporains de Bucer en défendaient l'authenticité et la valeur: v. Eck: *Enchiridion,* ch. 16, CCath 34, 192. Pour l'ensemble des pratiques (nullement spécifiques des Allemagnes), v. Andreas: *Deutschland,* pp. 152–190. – Ap. et adv.: Calvin: *De fugiendis imp. sacris,* CR 33, 253s.

[2] Herrmann-Mascard: *loc. cit.,* en part. pp. 203–206.

[3] Ep. 51, para 9, CSEL 54, 411s.; MPL 22, 526s. – Ap.: Bucer: *Defensio,* f. 5r. (*ri*).

[4] P. ex. Witzel: *Typus* 1540, p. LXXII. Cf. aussi Luther: p. ex. les *Sermons* 3 et 4 de 1522, WA 10:3, 26–36 (qui contiennent un écho déformé de l'ancienne querelle des images!).

[5] Cf. Luther: Préface au *Passionale* 1522, WA 10:2, 458s., *Wider die himml. Propheten* 1525, WA 18, 74s.

dium externe quoque prae[l] se ferat aliquo signo, ut[m] inclinando se, vel aperiendo caput – sic tamen, ut id[n] versus imaginem, sed oculis in coelos[o] sublatis fiat. 486. Illa vero: orare procumbendo, vel genua flectendo versus imagines, illis odoratos effundere fumos, incendere cereos, et huiusmodi, sunt nimis affinia idololatriae, et ab eorum fere studio introducta et usurpata, qui plane idololatrae[p] sunt, hoc est numina Dei ac[q] divorum imaginibus – quas ita colunt[r] – affigunt, et opem Dei apud imagines huiusmodi querunt.

487. Cum itaque in his nimis clare horrenda idololatria a vulgo christianorum admittatur, sancti se ab omni significatione externae venerationis circa imagines abstinebunt [s]quantum omnino[s] poterunt, citra id, ut sanabilibus et verbi Dei capacibus[t] videantur Christum ipsum et divos contemnere[u].

488. Proinde deligent sibi in templis loca remota ab iis imaginibus, quae singulariter coluntur; et dum templa ingrediuntur, statim /34r./ capita aperient, testaturi reverentiam erga Deum qui illic verbum[v] et sacramenta exhibet. Sicque evitabunt offendiculum apud eos, qui sanari possunt, cum nullum signum ad imagines exhibent venerationis peculiare[w]. 489. Summa est: videri consentire cum idololatris modis omnibus fugient; et illud tamen simul cavere studebunt, ne sine causa contemptores esse videantur Christi et divorum.

490. De veneratione reliquiarum, templorum, sacrorum vasorum, omnisque instrumenti sacri cultus, dictum supra est, cum tractaremus de caeremoniis, quae[x] imitatione mosaici cultus receptae sunt[y], et quae irrepserunt excessu[z] affectus in divos[6]. 491. Est enim ratio qua haec etiam pie in veneratione quadam habeantur, ita[a1] ut vetus populus ex verbo Dei templum, altare, et omne instrumentum sacri ministerii sanctum habebat et venerabatur. 492. Proinde superstitiones memoratae christianis[b1] (sive in sacro christiano ministerio sint, sive in plebe Christi) ita fugiendae et depellendae pro cuiusque virili et vocatione erunt, ut tamen nemo impium faciat – quod in his dictaverit pietas et[c1] praeceptum divinitus veteri populo legimus. 493. Quia vero superstitioni semper comes adhaeret avaritia, invexit antichristus sanctis etiam hanc difficultatem: ut nulla fere parte sacri ministerii homines frui queant citra contaminationem – ut

[l] pie P. – [m] *suivi de* et quibus (??) *barré et remplacé* (?) *par* et (?) *suscrit* L. vel *add.* P. – [n] ▯ non *add.* A. – [o] celum P. – [p] idolatriae P. – [q] et P. – [r] coluerint (?) P. – [s-s] o′ q′ P. – [t] -us *inséré* H. – [u] *corr.* H *remplace autre début du mot barré* L. – [v] *précédé* verbo D[ei] *barré* L. – [w] peculiaris P. – [x] *précédé de* eius *barré* L. – [y] ▯ Supra 362 *add.* A. – [z] per excessum P. – [a1] *précédé par* et *barré* L. – [b1] *om.* P. – [c1] *om.* P.

[6] Cf. ch. 37.

apparet – simoniae[7], hoc est questus, qui ex sacris rebus fit, quae omni questu maiores sunt, et solo pietatis respectu et impulsu tradi et recipi debent.

---

[7] Dans le sens très large, courant à l'époque. Cf. Altenstaig: *Lexicon,* s.v.: «est studiosa cupiditas vel voluntas vendendi vel emendi spiritualia, vel spiritualibus annexa, pro vel per temporalia». Cf. *ibid. inf.* p. ex.: «Oratio non est facienda pro pecunia, sed pro Deo et propter bonum affectum».

CHAPITRE 53

[a]De questu in rebus sacris[a]

494.[b] Sancti itaque [c]nihil sacrum[c] commutatione[d] pecuniae parare volent, neque vendere[1]. Verum, cum eo /34v./ ventum[d*], ut – nisi religionis contemptores videri velint, cum iactura pietatis per ipsos promovendae – numerandum sit pro sacramentis, et aliis sacris actionibus. Quod exigitur, numerabunt illud, freti eo verbo Domini: *Si quis voluerit contendere tecum, et auferre tunicam, da ei et pallium; et si quis coegerit te ire unum miliare, ito cum illo duo* [Mt 5,40s.].[e][2] 495. Nam cum simoniae malum admittitur, cum quis res sacras pecunia velit parare aut vendere, horum neutrum admittit is, qui persolvit tyrannis, quae absque maiori incommodo pietatis retinere non potest. 496. Semper quidem[f] huiusmodi impensis impietas et flagitia sacrificulorum foventur. Dici tamen non potest, ut pietas[g] conculcatur[h] ab eoque[i] foveatur, qui ista non numerat sua voluntate, sed ne frustra in se provocet malos, et offendat sanabiles in ecclesia tanquam contemptor religionis.

497. Id tamen etiam sanctis considerandum: sicut eorum non est publicos ecclesiae ministros reiicere, ita officii est, eis pro sua portione salarium pendere. 498. Ubi itaque illud ex istis tributis constitutum est, quae ad singulas sacri ministerii actiones numerantur – quod in satis multis consuetum[k] est – sancti iam propter ecclesiam tributa huiusmodi pendere non gravabuntur – quamlibet impurus minister sit, et tributis huiusmodi abutatur. 499. Iam enim his[l], quae tribuunt sancti quantum in ipsis est ecclesiae, suos ministros pro sua portione alunt, nullam fovent impietatem, nec dona Christi parare quaerunt pecuniis[m], quod scilicet simoniacum est. 500. Et ubi ad hunc modum ministrorum salarium constitutum

---

[a–a] *om.* P. – [b] *paras numérotés* 493–503 P. – [c–c] *souligné* P. – [d] *corr. de* communicatione L. – [d*] est *add.* P. – [e] ▯ 449 *add.* A (*cf. ch. 48 var.* [w]). – [f] enim P. – [g] *corr. de* impietas L. impietas P. – [h] condulcatur, *par correction inachevée de* conducatur L. conducatur P. – [i] eo aut P. – [k] *corr. d'un mot illisible* L. – [l] hec P. – [m] *inséré* H. *om.* P. –

[1] Ap.: Bucer: *Defensio,* Fr.; F3 [mendose «2»] r.v. (là surtout à propos d'honoraires de messes).

[2] V. 40 proche de Vg; 41 proche de Er et BEv. Dans l'emploi de ce passage ici, Bucer pourrait être influencé par ErP qui l'interprète comme enseignant l'indifférence envers les choses extérieures et la possibilité de faire d'un ennemi un ami. La plupart des exégètes accentuent plutôt le devoir de subir des torts. Cf. *infra* para 496. – Adv.: Calvin: *De fugiendis imp. sacris,* CR 33, 254 (contre la vente d'indulgences etc.).

est, licebit etiam pio ministro ex[n] istiusmodi tributis, quae ad singulas sacri ministerii actiones a plebe conferuntur, percipere. 501. Quin etiam, si aliunde satis salarii habeat, non possit autem ista tributa reiicere, nisi /35r./ se in id[o] discrimen adducere velit, ut propterea sit ei discedendum a sacro[p] ministerio, absque successore meliore. Ibi pius pastor recipiet quidem quod consuetum est, sed statim distribuet id pauperibus, ut etiam re ipsa declaret se nihil minus[q] quam vendere suum ministerium.

502. Sed et hoc non negliget: ecclesiam in loco de symoniae malo admonere, cum ex verbo Domini, tum etiam ex patribus[3], praecipue autem ex decretis pontificiis [r]Corporis Iuris[r][4], ubi plurima et acerrima contra simoniae malum leguntur[s]. 503. Nec illud ubi[t] non[u] obfuerit tacebit: esse abusum ministris ecclesiarum suum *duplicem honorem* [1 Tim 5,17] tam sordida ratione constitutum esse, ut *laboris* sui *mercedem*, more *opificum* [cf. vv. 17s.] ad singulas horas percipiant, unde[v] sacra videantur pro questu habere [!].

504. Sed quid non [w]abominandis abusibus[w] in toto sacro ministerio perdidit[x] antichristus!

---

[n] H, *remplace* et *barré* L. – [o] *terme répété par erreur* L. – [p] *précédé de* suo [?] *barré* L. – [q] velle *add.* P. – [r-r] C.I. L *et* P[4]. – [s] ▯ 1. Questione 1. per totum *add.* A[4]. – [t] pietati *add.* P. – [u] *inséré* H. – [v] Inde P. – [w-w] abusibus abhominandis P. – [x] *corr. de* prodidit L. prodidit P.

[3] On peut penser à des auteurs comme S. Jean Chrysostome: *Hom.* 18 (sur Ac 7) para 3, MPG 60, 144s.; Ps. – Chrysostome: *Opus imperf. in Mtt, Hom.* 38 (sur Mt 21) MPG 56, 839ss. en part. 840s.

[4] Cette appellation paraît dès 1500: v. Laemmer: *Kirchenrecht*, p. 29. – V. *Decretalium Greg. 9.* livre 5, tit. 3, dont les 46 chapitres sont entièrement consacrés à ce sujet: *Friedberg* 2, 749–767; et les *Extravagantes Communes*, livre 5, tit. 1, 2 chs, *ibid.* cols 1287–1289. – On peut aussi résoudre l'abréviation de nos mss par: *Causa prima.* Dans ce cas le renvoi ▯ de Parker doit être compris comme une précision et non comme une addition: *Decreti* 2a pars, causa 1, questio 1, *Friedberg* 1, 357–407. La distinction introduite par Bucer entre Pères et Décrets pontificaux pourrait cependant faire préférer la première solution.

CHAPITRE 54

[a]EXEQUIAE MORTUORUM[a]

505.[b] Atqui[c] maior hinc perturbatio bonis mentibus ingeritur, quod nisi utrumque malum iam dictum: offensionis sanabilium et provocationis malorum in se, subire velint, necesse sit eos mortuis suis conducere [d]exequias illas[d] sacrificulorum, et missas etiam saepe, ab iis, qui haec[e] tantum vendunt et administrant impurissime[f]. 506. Quid autem gravius religiosae menti accidet[g], quam quovis modo occasionem tantum[h] dare tam horrendae contumeliae Dei, quam impuri sacrificuli in suis illis exequiis et missis pro defunctis admittunt[1]? 507. Interim[i] sic res passim habent, ut necesse sit, iam[k] aut ecclesiam, in qua degis[l], plane contemnere et abiicere vel deserere, et [m]tua te[m] vocatione eximere, /35v./ aut illa quovis modo observare, quae in his pridem[n] publica observatione ecclesia publice observat – utcunque ea omnia impiis antichristi perversionibus contaminatissima sunt[o]. 508. Propterea videtur in hoc discrimine constituto[p] sic faciendum esse: in funere suo ante omnia studebit benigne facere pauperibus, ut id[q] quod sacrificulis detrahit videatur studio iuvandi pauperes, non querendi suum compendium, facere, eoque eleemosynas suas faciet paulo[r] apertius.

509. Deinde apud sacerdotem et publicum ministrum ecclesiae, preces ecclesiae et memoriam defunctorum suorum ad solemne sacrificium illa simplicitate petet, qua haec petiisse divum Augustinum et matrem eius legimus[2].

510. Cumque iam pridem quae ad huiusmodi ministerium[s] ministris praebentur pro illorum mercede deputantur, liberalius ministro pecuniam dabit, cum huiusmodi admonitione: 511. «Memoriam defuncti mei ad

---

[a–a] *om.* P. – [b] *paras numérotés* 504–518 P. – [c] *corr.* H *de* Atque L. – [d–d] i'e' P. – [e] hoc P. – [f] *sous-titre* De exequiis *add. ici* P; *cf. var.* [a–a]. – [g] accidat P. – [h] *om.* P. – [i] *corr. de* Item tamen L. – [k] *inséré* ▯ H. *om.* P. – [l] degit vel P. – [m–m] te tua P. – [n] H, *rempl. mot mal écrit barré* L. – [o] sint P. – [p] sancto *add.* P. – [q] *corr.* ▯ H *rempl.* ita *barré* L. ita P. – [r] *corr. de* populo L. – [s] ministeria P. –

[1] Pour le développement des messes pour les défunts et la relative régression de leur nombre au 15e siècle, v. Franz: *Messe,* pp. 234–267 en part. 259ss. *Ibid.,* Franz note des divergences entre les us français et allemands.

[2] *Confessions,* livre 9, ch. 11, para 27; ch. 12, para 32; ch. 13, paras 35ss., CSEL 33, 219, 221s., 224ss.; MPL 32, 775–780. – Ap. et peut-être adv.: Gropper: *Enchiridion, De Sacram. eucharistiae,* f. 112r. (là *tr,* plus fort accent sur la nécessité du *Requiem*).

sacrificium et preces ecclesiae ut rem spiritualem nolo conducere pecunia, sicut nec vos propter pecuniam praestare haec[t] convenit. At quia[u] ex his iam constare solet vobis certum salarium, ego hanc vobis pecuniam trado, quam propter ecclesiam et illius sanctum ministerium trado. Huic igitur ut digne praesitis ea utimini, et meo defuncto mihique id praestate, quod est fidelis pastoris[v] et *dispensatoris mysteriorum Dei* [1 Cor 4,1]. 512. Nolo ego vos ad peculiaria officia obligare: ipsi feceritis, quod officii vestri esse iudicaveritis.»

513.[w] Hac ratione sanctus a contaminatione impietatis, quae in his rebus est, meo iudicio se immunem servarit. Nec in ecclesiam suam iniurius aliquo modo fuerit, nec malis etiam furendi contra se occasionem temere obiecerit. /36r./ 514.[x] Preces enim ecclesiae et memoriam defuncti ad celebrem Christi memoriam petere, omnino pietatis affectui concedendum est, [y]ut supra[y] dictum est. 515. Ita etiam pii ministri huiusmodi exceptionibus et admonitionibus sese ab impietate, haec[z] cum symmystarum tum vulgi, servabunt immunes[a1]. Quae enim citra officii sui impedimentum corrigere non poterunt, in his servient ecclesiae, et in[b1] pium usum omnia convertant[c1].

516. Sunt etiam quaedam conferenda sacerdotibus publice mendicantibus et aliis monachis, sodalitiis, templis, et ornatui templorum (ut pro luminibus et aliis ornamentis) quae ex testamentis vel donationibus maiorum ut persolvantur, constituta sunt. De his sancti sic facient: 517. Si poterunt ab his, qui hec recipiunt, vel a potestate legitima impetrare horum commutationem in veras elemosinas [!] – hoc est, quibus vel ecclesiis ministri comparentur et aluntur[d1], vel inopes iuventur – id malint[e1] [3]. Sin minus, bona conscientia pendent, quod constitutum est. 518. Nam eo *potestatibus* qui [!][f1] postulant ita fieri atque adeo *ordinationi Dei* [Rm 13,1], qui[g1] praecipit potestatibus in his parere, obedientiam debitam praestare[h1], ut fit et in aliis *tributis* et pensionibus [cf. Rm 13,7], quae, cum iure pendantur, a recipientibus tamen in abusus postea dissipantur...

519. Est etiam scrupulus qui plerosque sanctorum male habet, de iis quae numerare oportet pro certis dispensationibus et indultis papae et episcoporum. Tamen hic scrupulus non ita difficulter[i1] tollitur.

---

[t] *om.* P. – [u] *corr. de* quam L. – [v] *précédé de* ministri *barré* L. – [w] *ce para et le suivant marqués* ▯ *d'un trait* L. – [x] ▯ Nota *add.* A. – [y-y] uti superius P. ▯ 199 *add.* A. – [z] hic P. – [a1] *rempl. mot illisible* (firmiusque?) *barré* L. – [b1] ad P. – [c1] convertent P. – [d1] alantur P. – [e1] mallent P. – [f1] quae P. – [g1] qui P. – [h1] praestas P. – [i1] difficilliter P.

[3] Sur le réemploi des biens ecclésiastiques en général sous la direction de l'autorité civile, v. *Von Kirchenguetern,* 1540, en part. 2e Dialogue (1ère partie), sign. y r. et ss. et 2e partie (*Verantwortung*) sign. Z3r. et ss.; a2r. et ss. c3v. et ss. et plus particulièrement c4v. (réemploi en faveur des pauvres) et [d4v.] et s. (réemploi des fondations en faveur de Requiem, où Bucer renvoie aux *Confessions* (v. note préc.). Cf. Stupperich: *Gebrauch des kan. Rechts* en part. pp. 249s.

CHAPITRE 55

[a]De indultis papae[a]

520.[b] Nam indulta[c] aut sunt rerum per se licitarum aut illicitarum. Si per se licitarum, ut est [d]omnibus uti[d] rebus mundi ad salutem et utilitatem tuam, usus earum divinitus indultus est. Proinde, si hic ius tuum tibi homo negat[e], redimere illud ab eo pie potes, ut etiam apud homines eo [f]utare impune[f][1]. Si illicitarum – ut est indigna coniunctio sacerdo-/36v./tiorum, accumulatio proventuum ecclesiasticorum, et id genus alia (quae pontifex et episcopi impie accepta pecunia permittunt[g]) – usus earum, divinitus cum prohibitus sit, ab homine redimi nequit[2].

521. Proinde nullius conscientia perturbanda est[h], si redimat facultatem deligendi sacerdotem[i], cui confiteatur peccata[3], omittendi superstitiosae [!] accumulatas preces, utendi cibis sibi commodis quolibet tempore, abiiciendi vestem et captivitatem monasticam et rerum similium[4]. 522. Praeter

---

[a–a] P. *om.* L. – [b] *paras numérotés* 519–535 (NB *autrement répartis!*) P; ▯ Supra 349 *add.* A. – [c] *corr.* ▯ H, *rempl.* multa [!] *barré* L. illa *add.* P. – [d–d] in omnibus illis P. – [e] neget P. – [f–f] i′ u′ P. – [g] permittant P. – [h] *om.* P. – [i] *corr. de* sacerdotis L. sacerdotis P. –

[1] Allusion transparente aux lois ecclésiastiques médiévales sur le jeûne, principalement celui du Carême: au nord des Alpes on obtenait des dispenses spéciales (appelées «Butterbriefe» en Suisse et dans les Allemagnes) afin de pouvoir utiliser des graisses d'origine animale. Ettlin: *Butterbriefe* examine à fond un exemple régional: v. en part. pp. 80ss. sur les formes, les raisons et les taxes (ces dernières pas perçues là où p. ex. des ordres possédaient un privilège d'exemption). Pp. 178–201, textes de dispenses, 1500–1533. Aussi bien les théories que les pratiques étaient assez généralisées en Europe du Nord: v. Lea: *Confession and Indulgences,* 3, 192ff. – Adv.: p. ex. Eck: *Enchiridion,* ch. 33, CCath 34, 342ss.

[2] V. p. ex. Altenstaig: *Lexicon* s.v. *Beneficium* qui discute les différentes opinions concernant les exceptions à la règle que tout bénéfice ecclésiastique commande la «résidence» du bénéficiaire. Cajetan: *Summula,* s.v. est particulièrement restrictif: «Nec excusatur peccatum mortale [sc. du pluralisme] propter dispensationem Papae sine rationabili causa; quoniam dispensatio Papae cadit super ius positivum et non super ius divinum aut morale...» Toutefois, il exhorte les confesseurs à ne pas se montrer trop sévères, même dans ces cas («Siste tamen hic confessor pedem...») pour ne pas remplacer un mal par un autre. – On sait que dans la pratique le pluralisme était des plus répandus, comme le constate le *Consilium de emendanda ecclesia* 1537, ch. 3, CT 12, 138s. (v. aussi la littérature citée n. 2 *ibid.*). – Adv. Eck: *ch. cit. passim* (là: ces rachats sont le remplacement d'un bien par un autre).

[3] V. *supra* ch. 38, n. 4 et 5.

[4] Peut-être ap.: Witzel: *Typus,* les deux chs. *Von dem Monachismo,* pp. 82–86, qui contrastent la décadence du monachisme contemporain avec l'état de l'ancien et laissent ouverte la question de la permanence des vœux. Adv.: p. ex. Eck: *Enchiridion,* ch. 18, *De votis,* CCath 34, 213 et 217s. sur la perpétuité des vœux; Eck renvoie lui-même aux œuvres de Schatzgeyer et de Dietenberger à ce sujet: v. *op. cit.* p. 219.

superstitiones et abominationes, antichristus[k] etiam ecclesiam bonis suis spoliavit, ut quae solis vel ecclesiae ministrantibus vel ope ecclesiae indigentibus distribui debebant, iis fere permittantur, qui ecclesiam si non etiam falsa doctrina, tamen corruptissima vita vastant.

523. Hoc mali eo invaluit, ut si qui etiam religiosi episcopi aut praelati mederi ei cupiant, non possint[l][5]. 524. Dabunt ergo huiusmodi et quicunque alii, quibus *regnum* Christi cordi est [cf. Lc 17,21][6] operam fidelem, ut opes ecclesiarum ecclesiis quoque impendant. Ubi id efficere non possunt, monebunt quoad licet, et quos licet, de hoc sacrilegio.

525.[m] Caeterum, cum ecclesiae potestate hic non polleant[n] neque principes[o][7], ferre antichristos, ut in reliquis, ita etiam hoc malo oportebit.

526.[p] Summa de his omnibus rebus institutis et observationibus ecclesiarum tyrannidi papae obnoxiarum est: diligenter discernere oportet inter id, quod veritatis et Dei est, et quod anti-/37r./christi atque mendacii, ut illud amplectamur et pie usurpemus, amplectandumque[q] et usurpandum doceamus verbo et facto; hoc repudiemus et fugiamus, repudiandumque[r] et fugiendum sermone et vita doceamus apud omnes, qui eam doctrinam salubriter percipere poterunt. 527. Nam cum mendacium per se consistere non possit[8], et Christus in ecclesia sua antichristo imperium plane concedere non voluerit, nullam abusionem in ecclesia invenias[s], quae non sit afficta alicui veritati et instituto Domini, et hanc quoque Domini veritatem et institutum ex parte aliqua in praetextum pietatis simul contineat, et prae se ferat.

528.[t] Proinde, qui Domini sunt, in quavis observatione ecclesiae id quod est veritatis et instituti Domini sui agnoscent et colent. Quod vero antichristi adiectum figmentum est[9], id detestabuntur et detestandum esse monebunt, quoscunque Dominus eis ad hoc[u] idoneos adiunxerit. 529. Ut enim supra dictum[10], quae Domini sunt, et[v] ideo *puris omnibus* semper

[k] ▯ Supra 77 *add.* A. – [l] *corr. de* possunt L. possunt P. – [m] *para non numéroté* P. – [n] scilicet sancti privati *add. au-dessus de la ligne* A. – [o] principum P. – [p] *para marqué* ▯ *d'une ligne* L. *Numéroté* 524 P. – [q] amplectendumque P. – [r] -que *om.* P. – [s] *ou* invenies *corr. de* inveneris [?] L. – [t] *continuation du para préc.* 525 P. – [u] haec P. – [v] ac P. –

[5] Sans doute allusion au *Consilium delectorum cardinalium* 1537, en part. l'abus n° 3, CT 12, 137.

[6] Cf. *Glose interlin.* ad loc.: «in cordibus eorum».

[7] Cf. pourtant Bucer: *Von Kirchen guetern*, 1er dialogue f. Cv. et 2e dial. f. Vv. et s. V. aussi De Kroon: *Studien*, pp. 101–107; et Fraenkel: *Zwischen Altkatholizismus, passim.* – Les modifications apportées au texte par Parker et son scribe rétablissent la doctrine «normale»: cf. Kressner: *Schweizer Ursprünge*, en part. pp. 49ss. et 101–106.

[8] Cf. p. ex. Aristote: *De Interpretatione*, 13–14, en part. *Opera* 1, 23a 20ss. et 23b 10ss.; mais surtout S. Thomas, *De veritate*, qu. 1, art. 10, argt 5 et *ad 5*, *Leonina* 22:1, 30b et 32ab.

[9] Sur la corruption vue comme une adjonction v. Wicks: *Pre-Reformation Religion* et Fraenkel: *Satis est?*, en part. p. 292. Cf. aussi ch. 2, n. 3.

[10] Cf. ch. 2, para 13, 32s.

pura [cf. Tit 1,15], nullis antichristi sordibus sic inquinari poterunt, ut non possit sanctis horum [w]sanctus esse usus[w]. 530. Plena sunt haec omnia – proh dolor – palpabilibus tenebris et impietate infinita. Quare etiam declinanda et fugienda sunt quantum omnino possis – citra id, quod eo te ipsum a promovenda fide Christi in proximis tuis impedias et removeris[x]. Tamen cum istis quantislibet superstitionibus et abominationibus Christus noster tantopere non offendatur, ut propterea ab ecclesia[y] papali iugo pressis auferat verbum[z] et sacramenta sua et[a1] plu-/37v./rimas illas[b1] sanctissimas mentes, quae ipsum, non antichristum, in hisce cunctis ecclesiae observationibus querunt [!], percipiunt, et possident. Necesse est et nos cum his sanctis mentibus – dum ita fert vocatio nostra – cohaerere, et enixe perpetuo orare ut Christus, *sol iustitiae* [Mal 4,2], tantas olim tenebras lumine suo dispellat; denique ad inserendum[c1] [!] lucem Christi [cf. Lc 12,49?][11] omnibus qui eam admittunt[d1], Christo Domino fideliter inservire.

531. Et quo densiores tenebrae in his et aliis rebus ecclesias Dei opprimunt, hoc firmius haerendum in illis est, et fax Christi fortius omnibus inferenda, qui eam sustinere poterunt. 532. Quoque id faelicius possis, observanda [e1]omnia ea[e1] tibi erunt, sine quibus non possis agnosci sanabilibus mentibus religionis verae cultor, nedum administrator. *Iudaeum* te cum *Iudaeis* et *infirmum* cum *infirmis fieri* necesse est, quo ex his, quicunque[f1] Domini sunt, [g1]*lucrifacias* Domino[g1] [1 Cor 9,20.22.21]. 533. Hunc si unum scopum tibi praestituas, et Dominum semper sedulo ores, ne te sinat ullis ceremoniis (quamlibet splendidis et pro religiosissimis habitis) ultra te communicare, quam id tibi huc[h1] probante Christo conducat, ut ipsi suos qui in hisce ceremoniis adhuc superstitione tenentur[i1], plenius adducas – dubitandum non est, quin eiusmodi observationibus communicando multos sis ex superstitionum sordibus educturus[k1], et non solum teipsum non inquinaturus.

534. Ad hunc itaque modum et hoc fine communicare observationibus ecclesiarum tyrannidi pontificiae[l1] obnoxiarum [m1]non concessum modo sed iniunctum etiam[m1] divinitus credo omnibus piis /38r./ quos sic detinet in hisce ecclesiis vocatio Dei, ut certum nihil[n1] habeant locum sibi fore alibi Christo plenius et felicius serviendi.

[w-w] u′ s′ e′ P. – [x] removearis P. – [y] ecclesiis P. – [z] *suivi de* suum *barré* L. – [a1] ac P. – [b1] *corr. en* illic P *ou* A. – [c1] inferendum [rectius?] P. – [d1] admittant P. – [e1-e1] e′ o′ P. – [f1] qui P. – [g1-g1] D′ l′ P. – [h1] huic P. – [i1] aliqua *add.* P. – [k1] *corr. de* educatum L. educaturus P. – [l1] *corr. de* papisticae L. – [m1-m1] *souligné* P. – [n1] in hiis [!] P. –

[11] La tradition exégétique identifie entre autres ce «feu» avec la parole de Dieu et ses effets purificateurs (Theophylacte: *ad loc.*, MPG 123, 905), avec l'amour (reprise p. ex. chez Cajetan: *ad loc.*) ou avec la connaissance de Dieu (reprise chez Zwingli: *ad loc.*): *Opera* (Schuler-Schulthess) 6,659 qui y fait un rapprochement avec Io 8,12).

535. Qua de causa vocationis divinae cunctam communicationem, observationem[o1], quas papales superstitiones contaminarunt[p1], illis excusatiorem[q1] – immo magis iniunctam – iudico (cum adest [r1]scilicet illa[r1] cautio et religio quam descripsi, cumque in hunc, [s1]quem modo[s1] dixi, scopum sinceriter repicitur et directio Christi instanter oratur) qui sub aliena potestate degunt et eorum imperio ad frequentiorem communicationem huiusmodi[t1] observationum ducuntur – sive ea potestas sit maritalis[u1], sive paterna, sive herelis [!] – cui potestati non dissimilis est illa patronorum, a quorum fere[v1] clientum pendet omnis ratio vitae[12]; item tutorum et curatorum, et eorum magistrorum atque herorum, quibus mercede se [w1]plerique homines[w1] necessario addicunt, eo quod Dominus aliam vivendi illis facultatem non concesserit. 536. Quantum siquidem[x1] in eiusmodi obedientia ordinationi deferri velit, Scriptura utique[y1] clare testatur; praecipue vero illud, quod Paulus christianos servos, qui impiis heris serviant, non vult sollicitos esse de liberatione [1 Cor 7,21; Col 3,22][13]. Iam quae huiusmodi servitus imposuerit olim piis servis facere pro imperio dominorum suorum, facile cuivis cogitanti patet[z1]. 537. Et hinc certe erat quod [a2]Elizeus Naheman[a2] cum rege suo in *templum Remmon* ituro, et tamen illic verum Deum *adoraturo* (cum rex et alii pro Deo fictum numen illic colerent) *pacem* concessit [4 Rg 5,18s.].[14] Considerabat enim propheta quid[b2] obedientia huius erga regem suum posceret.

/38v./[c2] Capita ergo sententiae meae in his [d2]quae praemisi omnibus[d2] propria fundamenta sunt haec.

[o1] observationum P. – [p1] contaminaverunt P. – [q1] excusationem P. – [r1–r1] i′ s′ P. – [s1–s1] m′ q′ P. – [t1] eiusmodi P. – [u1] ▯ H *rempl.* martialis *barré* L. – [v1] potestate *add.* P. – [w1–w1] h' p' P. – [x1] suae P. – [y1] ubique P. – [z1] pateat P. – [a2–a2] Eliseus Naemam P. – [b2] ▯ H *rempl.* quod *corrigé en* quam L. – [c2] *para n°* 535 P. – [d2–d2] o′ q′ p′ et P.

[12] Cf. *Codex*, livre 3, loi 14, para 4, CIC 2, 122s. suppose cette relation. S. Thomas, *S. Th.*, 2a 2ae, qu. 104, art. 5 *in co*: illustrations semblables d'obéissance (famille, etc.).

[13] Les textes ne parlent pas directement de maîtres incroyants, mais les commentaires établissent souvent le lien avec 1 Cor 7,15ss.: v. p. ex. S. Thomas: *Lectura* ad 1 Cor 7,21. V. aussi ErP de 1 Cor 7,22.

[14] Nicolas de Lyre: *ad loc.*: Dans le temple de Rimmon, Naaman adore «non idolum, sed deum verum»; ad *agnoscat:* «quia non possum istud bono modo evitare». Quant au cas de conscience général, Lyre nie qu'il s'agisse de permettre ce qui en soi est illicite. Naaman n'étant point converti au judaïsme ni, de ce fait, tenu par la loi mosaïque, obtint d'Elisée un conseil montrant comment concilier le culte du vrai Dieu avec le devoir d'obéissance. (Lyre cite le cas analogue de chrétiennes captives chez les musulmans.) – Adv.: Calvin: *De fugiendis,* CR 33, 270s. (*t* et *i*). Cf. Ginzburg: *Nicodemismo,* pp. 68–70.

CINQUIÈME PARTIE: POLÉMIQUE CONTRE CALVIN

CHAPITRE 56

[a]UNDE VOCATIO COGNOSCENDA[a]
(ET LE FONDEMENT COMMUN D'UNE RÉFORME)

538.[b] *Manendum*[c] est *cuique in sua vocatione* [1 Cor 7,20][1], hoc est, in eo loco, vivendique instituto, in quo videas te divinitus esse constitutum. Id vero ex eo videbis, si consideres quibus te Deus vel subiecerit, vel alligavit[d]; et sicubi facultatem dederit certam proximis commodandi. 539. Ecclesias papae tyrannidi adhuc servientes necesse est agnoscere esse ecclesias Christi; propterea quod[e] in illis superest ministerium evangelii et sacramentorum, et plurimi existunt sanctorum, qui Christum sincera fide invocant, quamlibet superstitionibus [f]implicentur etiam[f][2]. 540. Ubicunque ecclesia Christi est, et Christi studiosi sunt, cum hiis communicandum est verbo [g]et sacramentis[g], precibus et eleemosynis. Si qui in aliquo errore detinentur, hii omni studio ab eo revocandi sunt: quod ut foeliciter[h] facias, necessarium est sic te *esse infirmum* cum *infirmis* [1 Cor 9,22] ne videare his contemptor religionis[3]. 541. Omnis superstitio[i] antichristi nihil est quam mendacium et falsa opinio, qua[k] bonis in se ritibus atque rebus ad impietatem abutitur; nec [l]res ipsas[l] unquam inquinare potest, ut illae non sint *purae puris* [Tit 1,15][4], ac ideo pie in loco usurpandae. 542. In harum autem rerum usurpatione christiano id semper spectandum est et quaerendum, ut Christi fidem et observantiam apud proximos provehat; aversandum et fugiendum, quod[m] fidem hanc et observantiam apud proximos labaefactet. /39r./

543. Quae itaque de huiusmodi observationum, quae superstitionibus obnoxiae sunt, usurpatione inter sanctos controversia est[5], ea tota hinc

---

[a-a] *om.* P. – [b] *paras numérotés* 536–550 [!] P. – [c] Morandum P. – [d] alligarit P. – [e] H[2], *rempl. même mot barré* L. – [f-f] e' i' P. – [g-g] s' et P. – [h] felicius P. – [i] *souligné* P. ▯ Nota *add.* A. – [k] *corr. de* quae L. quae P. – [l-l] *mots soulignés* P. – [m] quo P. –

[1] Version de Bucer. Le thème du titre de ce chapitre (traité et repris dès le ch. 2, para 19): adv.: Calvin: *De fugiendis*, CR 33, 244s.

[2] Ap.: p. ex. Luther: *Winkelmesse*, WA 38, 221; Bucer: *Furbereytung zum Concilio*, BDS 5, 356–359. – Pour le rôle de l'administration des sacrements, v. aussi Courvoisier: *La notion*, ch. 3; et Stupperich: *Anschauungen*, pp. 142ss.; pour les *sancti*, *ibid.* pp. 133ss. Pour les fidèles dans la communion romaine, Augustijn: *Godsdienstgesprekken*, en part. p. 43.

[3] Adv.: Calvin: *De fugiendis impiorum sacris*, CR 33, 273 (*ti*).

[4] Er.

[5] Cette controverse entre divers courants réformateurs et réformistes et à l'intérieur d'eux, dont Strasbourg fut un des épicentres, se poursuivait déjà depuis quelque temps à travers toute l'Europe: v. Ginzburg: *Nicodemismo*, pp. 103–124.

pendet: quod alii existimant plerasque observationes huius generis non posse usurpari absque labefactatione fidei et observantiae in Christum apud proximos; alii existimant[n] fidem et observationem Christi usurpatione talium observationum posse apud proximos provocari[o]. 544. Convenit: hisce sanctis ab omni christiano confessionem Christi et doctrinam proximi de fide requiri, ubicunque ullus hinc fructus gloriae Christi pio lectori sperandus fuerit. [p]⟨Nec unquam ulla de causa christiano admittendum, ut impietatem simulet, pietatem dissimulet.⟩ 545. Convenit et illud: impietatem esse quocunque modo opem divinam ab ullis[q] rebus quam ab uno Christo petere ⟨aut aliis etiam mediis vel[r] instrumentis haec[s] a Christo petere⟩ quam que [!] ipse instituerit. 546. Convenit et illud: in observationibus, quae hodie in ecclesiis, quibus adhuc papa imperat (quamlibet eis nomen Christi praetexit) multo atrociorem et magis abominandam admitti superstitionem et impietatem, quam[t] admissa unquam fuerit apud ullas gentes in illarum idololatriis et aliis superstitionibus.[6] 547. Nec in eo dissensio[u], nostram carnem saepe fingere apud se et praetexere apud alios studium lucrandi fratres, [cf. 1 Cor 9,12–22], dum ceremoniis per varias superstitiones contaminatis communicat – cum revera [v]crucem Christi declinet[v], et placare hostes Christi quaerat. Ut sane periculosissimum sit ac difficillimum in eiusmodi communicatione sic fugere opinionem athei (et hinc impedimentum promovendi[w] gloriae Christi) ne simul vel[x] potius tranquillitatem carni tuae, placatis impiis et malis, cum contumelia Christi et noxa proximorum, petas. /39v./ 548. Nec pugnatur de eo: quod omnis [y]contaminatarum communicatio[y] superstitionibus antichristi observationum modis omnibus declinanda, fugienda, et detestanda est – quantum omnino licere possit – citra id, ut vocationem tuam deseras, aut ab ecclesia [z]Christi secedas[z] et membra Christi in ea Sathanae prodas [cf. 1 Cor 5,5][7]. 549. Recipitur et illud[a1]: sanctis, qui in hisce ecclesiis papae servientibus degunt, studiosissime querendum esse, ut vivant et agant cum[b1] his, cum quibus possunt regnum Christi instaurare, et Christum glorificare. Subducant[c1] autem se et fugiant ab omnibus qui Belial potius quam Christi [cf. 2 Cor 6,15] esse volunt. Idque religiosissime studendum esse in contrahendis coniugiis, et[d1] figendis sedibus, et ineunda[e1] civitate, in deligenda

[n] existiment P. – [o] promoveri P. – [p] *par. distinct, numéroté* 543 P. – [q] aliis P. – [r] et P. – [s] hanc P. – [t] *corr.* A *de* quae P. – [u] dissentio P. – [v–v] d′ c′ C′. ▯ Nota *add.* A. – [w] promovendae P. – [x] et P. – [y–y] com′ con′ P. – [z–z] s′C′ P. – [a1] communiter *add.* P. – [b1] ac [!] P. – [c1] seducant P. – [d1] in P. – [e1] *corr. dans le texte d'après* ▯ H? *d'un mot mal écrit* L. –

[6] Cf. p. ex. Luther: *In Ep. ad Gal.* (5,20), WA 40:2, 110–112 qui compare l'«idolâtrie» romaine à l'Islam. Erasme: *Naufragium,* LB1, 713s. compare l'invocation des saints à celle des dieux païens. V. aussi le ch. suivant.

[7] Adv.: Calvin: *De fugiendis impiorum sacris,* CR 33, 245 (*ip*!).

familia, querenda vicinia et in omni prorsus hominum commercio, quod tuo arbitratu constitui possit[8].

550.[f1] Sic autem, ut hic pietatis delectus fiat: [g1]vero respectu[g1] solidae pietatis – non inanis cognitionis et professionis. Nam saepe longe plus Christi deprehendas apud eos, qui ex ignorantia receptis superstitionibus adhuc ex parte serviunt, quam apud multos eorum, qui totam antichristi tyrannidem et cognitam habent, et verbis audacissimis execrantur. 551. Est postremo et de eo sententia eadem: sanctos in captivitate antichristi degentes oportere [h1]in omnes occasiones[h1] omnibus momentis vigilantissime imminere, et eas studiosissime accipere et constantissime tenere, ut cunctas abominationes antichristi detegant, et detestandas esse doceant apud omnes proximos, qui[i1] huius possunt esse capaces.

[f1] *par. marqué* ▯ *d'un trait* L. – [g1-g1] *corr.* H *de* vero conspectu L. – [h1-h1] omnium occasionum P. – [i1] *inséré* H, *rempl.* q[uod]? *barré* L.

[8] Ap. et adv.: *op. cit.* cols 275s. (*ip*).

CHAPITRE 57

REJETER OU RÉFORMER LES CÉRÉMONIES? RITES PAÏENS ET JUIFS

552.[a] Illud autem non convenit[b]: observationes ecclesiarum, quae papae subiectae sunt, perinde habendas esse atque observationes cultus daemoniorum, qui /40r./ apud gentes extitit – quorum[c] nimirum omni communicatione [!] verbum Dei interdicit. Aut etiam caetus[d] [!] ecclesiasticos in hisce ecclesiis sic debere existimari, ut existimandi fuerunt sanctis c[o]etus colentium daemonia[1]. 553. Tum nec illud convenit: quibusdam[e] caeremoniis, quod[f] earum observatione fides et observantia Christi in proximis obledatur[2]. 554. Nam sunt[g], qui nullas omnino ceremonias, quae superstitionibus publice[h] obnoxiae sunt, a quoquam observari posse contendunt, citra id, ut fides et observantia Christi in proximis laedatur. Alii de multis ceremoniis quae ad gravissimam impietatem prostitutae sunt, secus iudicant, nec dubitant illas sic observari posse, ut fidem et observantiam Christi minime laedant[3].

555. Primum ergo videndum, an prorsus perindae [!] habendae sint ceremoniae quae hodie in ecclesiis papae subiectis[i] superstitioni serviunt, et caetus [!] qui ad hasce ceremonias habentur cum his ceremoniis et coetibus, qui cultui demoniorum apud gentes instituti fuerunt.

556. Mihi sane magnum discrimen esse videtur inter ceremonias coetusque religiosos gentium, et ceremonias caetusque [!] sacros ecclesiarum papalium. 557. In hisce enim ecclesiis bona pars ceremoniarum divinitus institutae sunt; pars a sanctis patribus pio[k] studio invecti sunt – cum apud

---

[a] *paras numérotés* 551–572 P. – [b] □ Infra 595 *add.* A. – [c] quarum P. – [d] cetus *hic et infra* P. – [e] quibusnam P. – [f] □ H, *rempl.* et qua *barré* L. et qua P. □ 607 *add.* A. – [g] □ Infra 634 *add.* A. – [h] publicis P. – [i] publicae *add.* P. – [k] □ H *rempl.* pro *barré* L. –

[1] Adv.: Calvin: *De fugiendis impiorum sacris,* CR 33, 246–252 (là arguments bibliques); 242s. (le martyre de Cyprien, exemple du rejet de l'idolâtrie); et surtout 252 («non minus esse in caeremoniis quibusdam papisticis anathematis quam in ullis unquam idolorum abominationibus . . .» etc.).

[2] Adv.: *op. cit.,* cols 239; 249 (*ip*: p. ex.: «in primis... illud abominationum caput, missa»... «qui immundis caeremoniis se admiscent»; 253 (liste de telles cérémonies).

[3] P. ex. les pèlerinages et les images: acceptables chez les Pères, devenus abusifs depuis: Witzel: *Typus* pp. LXX-LXXII. Les images et les reliques: Gropper: *Enchiridion,* pp. 270r.v. cités dans nos notes au ch. 39. Peut-être Bucer range-t-il ici aussi de son côté Melanchthon: *Loci,* 2nda aetas 1535, *De traditionibus humanis,* CR 21, 510–514 qui distingue entre les usages, souvent légitimes, et les «opiniones» erronnées qui peuvent s'y rattacher: «prudentia opus est, ne vel barbarice contemnantur traditiones, vel superstiose observentur».

gentes pleraeque ceremoniae et conventus ab ipsis daemoniis introducti sunt. 558. Deinde Dominus sic gentium ceremonias et caetus [!] detestatus est, ut nullam in illis sacri ministerii communionisque[l] fidelium partem haerere passus sit [cf. Ex 20,4; Es 52,11; Dn 6,11; 1 Cor 10,14ss.][4]. At nos baptisma, quod in papistica servitute suscepimus – summa impietate licet administratum – tamen ratum habemus, nec rebaptisamur[m]. 559. Postremo: repurgari possent caeremoniae in ecclesiis /40v./[n] papae servientibus, impietati obnoxiae, ut ab ecclesia rite serventur. Id nullis ceremoniis gentilium unquam concessum fuit. 560. Repurgari autem et restitui usui sanctorum eiusmodi ceremonias posse, ex eo liquet, quod nemo facile negaturus sit: hodie ecclesiae Dei idem iuris esse in depravatas apud se ceremonias, quod fuit olim populo iudaico, qui ceremonias eo impietatis perversas[o] habuit[p], ut Deus ipse esse eas *abominationi* sibi per prophetas suos testaretur, et *tollere* iuberet [cf. e.g. Is 1,11–17; Ez 11,18]. Tamen, qui privatim impium usum reiecisset, privatim etiam utebatur illis cum fructu pietatis; cum repurgabantur publice [cf. 2 Par 29–31], publice usus earum[q] restituebatur. [561.][r] Sic autem gentium ceremoniae repurgari nullo modo, et sanctorum usibus consecrari potuerunt. [562.] Nam quod quidam patrum pleraque templa, nonnullos [s]dies festos[s] et[t] etiam ritus quosdam, quae diis gentium sacra fuerunt[u], in usum ecclesiae converterunt: id sic factum est, ut haudquaquam eaedem ceremoniae iidemque cultus manerent et repurgarentur falsis opinionibus et abusibus. Sed res tantum[v] eaedem manserunt, et sunt in alias ceremonias[w] conversae. [563.] Quae [x]Iovi, vel Marti[x], et aliis diis sacra fuerunt[y], ea dedicarunt[z] illi patres Christo; et quae communioni colentium daemonia serviebant, accommodarunt ecclesiae Christi[5]. [564.] Ceremoniae tum[a1] manent eaedem et purgantur tantum, quando cultus[b1] idem et eadem communio relligionis [!] manet; et corrigitur tantum vel falsa opinio circa hos[c1], vel abusus.

41r./[565.] Ut eucharistia habetur sacramentum Christi et communionis in Christo, cum papistis tum nobis, eadem igitur ceremonia est nobis et

---

[l] H, *au-dessus de* ordinem, partem, rationisque *barrés* L. – [m] rebaptisamus P. – [n] *d'ici à la fin, para marqué* ▯ *d'un trait* L. – [o] proiectas P. – [p] ▯ H. *om.* P. – [q] pietati *add.* P. – [r] *Dès 560* L *ne numérote plus les paragraphes que par dizaines. Nous l'indiquons en mettant entre crochets les numéros manquants. La numérotation continue* P ([561] L = 560 P). – [s–s] ▯ H, *rempl.* festa deorum (?) *d'abord corrigé de ou en* festos deductissimam (?) *puis barré* L. f' d' P. – ac *P.* – [u] fuerant P. – [v] tamen P. – [w] *corr. de* aliis ceremoniis L. – [x–x] enim doni vel meriti [!] P. – [y] fuerant P. – [z] ▯ H *rempl.* didicerunt *barré* L. – [a1] ▯ H, *rempl.* cum *barré* L. – [b1] *corr. d'abord en* ocultus L, *barré et rempl.* ▯ titulus *mal corr.* («titulus») H. titulus P. – [c1] has P. –

[4] Passages cités par Calvin: *op. cit., loc. cit.* cols 246–249.

[5] Parmi les faits bien connus à l'époque: Rufin: *Hist. eccl.* livre 2 (= Eusèbe-Rufin livre 11) chs 29s., GCS 92, 1034s.; MPL 21, 537s.: le remplacement du signe égyptien de la vie éternelle par la croix et le transfert du fluviomètre du Nil du Sérapée dans une église.

illis. [566.] Tantum, quia illi[d1] sacramentum falsa opinione operis in se, tum etiam abusu multo – quod non dispensantur sacra symbola ut oportebat – contaminarunt, nos repurgamus illud [e1]ista falsa[e1] opinione et istis abusibus manente[f1] interim eadem ceremonia[6].

[567.] [g1]Ceremonia enim non est tantum ritus aliquis in se, sed ritus certo numini consecratus[g1] et usurpationi eorum deputatus[h1], qui eo cultum eiusdem numinis profitentur[7]. [568.] Atque[i1] licet gentes habuerint sua baptismata, habuerint etiam communionem panis et vini inter sacra symbola: non est tamen dicendum easdem nobis cum illis esse hasce ceremonias; quia gentes ista consecrata habebant daemoniis suis, nos Christo. Et cum illis servirent ad colendam communionem atque societatem daemonia illa pariter colentium, nobis serviunt ad colendam societatem Christi[8].

[569.] Tamen ante adventum Christi, cum[k1] nondum cunctae gentium religiones damnatae et sublatae penitus essent – quia regnum Dei ad gentes per evangelium nondum pervenisset – potuerunt pii [l1]homines inter gentes[l1] ceremoniis pie uti, quibus vulgus utebatur impie. 570. Nonnulli enim apud gentes a primis sanctis patribus traditi ritus et pia eorum observatio supererat[9]. [571.] Nec tradiderat Dominus gentibus eos ritus, quos praescripserat Israheli. [572.] Piis itaque inter gentes licebat ad verum /41v./ cultum Dei et precum[m1] in hoc communionem usurpare cum sanctis hominibus, sed repurgatas plerasque ceremonias quae tamen ab aliis observa⟨bantur⟩[n1] impie. [573.] Id autem nemini licuisset Iudeorum quia[o1] hi suos proprios et puros ritus habebant; et volebat Dominus eos ab omni commercio gentium alienos esse [cf. e.g. Dt 18,9].

[d1] hoc *add.* P. – [e1-e1] f′ i′ P. – [f1] ▯ H *rempl.* monente *barré* L. – [g1-g1] *souligné* P. – [h1] ▯ H, *rempl.* disputatio *corr. en* disputatus [!] *barré* L. – [i1] Atqui P. – [k1] *corr.* ▯ H *pour* iam *barré* L. – [l1-l1] i′ g′ h′ P (*de même* L *avant correction*). – [m1] puram P. – [n1] ▯ H, *rempl.* ntur *barré* L. – [o1] *inséré* H, *rempl.* quare *barré* L.

[6] Pour ces deux points: cf. les première et troisième «captivités» du sacrement chez Luther: *De Capt. Bab.* WA 6, 507s., 512ss.; devenus depuis des exemples-types de réformes de la messe: v. CA 22 et 24, BSLK 85s. et 93s.

[7] Ap. p. ex.: Isidore de Séville: *Etymol.* livre 6, ch. 19, paras 36s., MPL 82, 255: «Caeremoniae apud Latinos dicant sacra omnia quae apud Graecos orgia vocantur . . .», ou Polydore Vergil: *De inventoribus,* livre 5, ch. 11 (*p*: «Sic Romanis placuit omnem divinum cultum caerimonias appellare . . .»).

[8] Ap.: p. ex. Polydore Vergil: *De inventoribus,* livre 4, ch. 4, notre éd. p. 245 (*i* de baptêmes païens [ici imitation romaine de la circoncision mosaïque]) et livre 5, ch. 1 (*i* repas communs païens et eucharistie comparés).

[9] Cf. la note précédente. L'idée d'une révélation aux païens de l'Antiquité due au λόγος σπερματικός, transmise par les premiers patriarches ou même par Moïse, est courante chez les Pères, surtout les apologètes: v. p. ex. Pelikan: *Tradition* 1,29–41, en part. 33s. Bucer suit ici sans doute Erasme (v. Boyle: *Christening,* en part. pp. 48s.; 56–61; 80–89): cf. Krueger: *Bucer und Erasmus,* en part. 89–110.

CHAPITRE 58

La vocation d'un réformateur (suite)

[574.][a] Ita quoque hodie magnum discrimen est inter eos, qui vocatione pertinent ad ecclesiam[b], quibus[c] Dominus publicam donavit abominationum[d] antichristi repurgationem, et eos, qui vocatione sua addicti sunt ecclesiis, in quas adhuc exercet tyrannidem antichristus. [575.] Si enim illi, quibus *benignitas* Christi [cf. Tit 3,4] dedit in purioribus ecclesiis vivere, ad impuriores se penitus transferat, ultro abiicient[e] maxima dona Dei: puram doctrinam, vitae[1] et sacramentorum dispensationem et libertatem hac[f] salubriter uti [g]non potuerunt[g][2]. [576.] Si vero contingit istos [h]sua vocatione[h] ad ecclesias papae adhuc servientes venire tantum hospites, et pro alio negotio solum – tametsi[i] noti illis ecclesiis sint[k], et [l]suam prae se civitatem[l] ferre possunt – dispensatione illa, quam nos civibus harum ecclesiarum permittimus[3], uti non possunt. Peccarent enim id quod Petrus peccavit, quando dissimulabat libertatem evangelii, cum superstitiosuli fratres venissent *a Iacobo* [cf. Gal 2,11–16][14]. [577.] Nam quia[m] hos Christus vocavit ad pleniorem et purgatiorem professionem nominis sui contra antichristum, exigit, ut eam ibi etiam prae se ferant, ubi adhuc antichristus regnat – siquidem illo pro sua vocatione veniant, et cum persona liberato-

[a] *para marqué* ▯ *d'un trait* L. *Paras numérotés de* 573 [mendose «574»] *à* 578 P. – [b] ecclesias P. – [c] ▯ H. – [d] *corr. de* abominationem L. – [e] abiiciunt P. – [f] *corr.* H *de* hoc L. hic P. – [g-g] *inséré* ▯ H. *om.* P. – [h-h] v' s' P. – [i] tamen si P. – [k] *corr. de* sunt L. – [l-l] *soulignés et marqués* ▯ *d'une croix* L. – [m] *corr.* ▯ H *rempl.* quare *barré* L. –

[1] Nous suivons la ponctuation de L: on pourrait aussi lire «doctrinam vitae», ou «vitae et s' d'».

[2] Une allusion à Georg Witzel? Cf. Trusen: *Um die Reform*, en part. pp. 13–26 pour son évolution 1530–1540.

[3] Cf. Bucer: *Etliche Gesprech*, BDS 7, en part. pp. 415–418 (texte de la pacification) et pp. 444–452 (possibilité et étendue de son application). – Sans aller jusqu'à suivre N. Paulus: *Protestantismus und Toleranz* ch. 11, on peut constater qu'à l'époque où fut composé notre mémoire, cette marge de manœuvre était, pour les individus, des plus restreintes. Cf. p. ex.: Adam: *Kirchengeschichte Strassburg*, pp. 157–160. Cf. aussi Levresse: *La survie*, en part. pp. 458–462. De même lors de la réunion de Haguenau en été 1540, où le roi Ferdinand essaya d'interdire la prédication des évangéliques: Pastor: *Reunionsbestrebungen*, pp. 192s.

[4] Ce passage avait fait l'objet d'une controverse entre S. Augustin et S. Jérôme sur la liberté chrétienne et la réalité de la faute de Pierre (v. p. ex. Overbeck: *Über die Auffassung*). S. Thomas, parmi d'autres, s'était rallié à la thèse augustinienne que cette faute était réelle et que la liberté chrétienne vis-à-vis de la loi devait être totale (*Lectura, ad loc.* lectio 3, paras 85ss.). A leur tour plusieurs des réformateurs faisaient de même: v. p. ex. Holl: *Der Streit* et sur la situation en 1540: Fraenkel: *Quelques observations*, en part. p. 619.

rum a tyrannide antichristi. /42r./ [578.] Si autem non sit vocatio Dei veniendi in huiusmodi ecclesias, nec venire ad eas christianus poterit; et si veniendum quidem sit, sed non gerenda persona liberati a tyrannide antichristi – ut sanctis aliquando clanculo per hostes transeundum est, ei personae serviendum erit, quam imposuerit Christus. [579.] Eritque id religiose curandum omnibus, qui ab ecclesiis iugo antichristi liberatis veniunt ad ecclesias eo iugo adhuc pressas[n] – quavis de causa veniant[o] et quamvis brevi vel longo tempore apud eas manere debeant – ut communicationem[p] religionis sic moderentur, ut neque dissimulent donum liberationis ab antichristo, nec etiam intempestiva libertate faciant nomen evangelii male audire apud filios Dei quos error adhuc detinet.

---

[n] pressis [!] L. – [o] veniunt P. – [p] ▯ H, *rempl.* communionem *barré* L. communionem P.

CHAPITRE 59

LES RITES PAÏENS ET JUIFS (SUITE)

580.[a] Sed revertamur ad institutum de ceremoniis gentium, quae inter has[b] etiam puriores supererant – [c]reliquiae scilicet[c] de religionibus primorum patrum[1]. Hae, postquam regnum Christi gentibus quoque per evangelium oblatum est, finem acceperunt. Nam et Iudaeorum ritus et coetus tum abolere[d] oportuit. [e]Nam venerat[e] *optatum* illud *tempus* [2 Cor 6,2; Is 49,8][2], *cum uterque populus, gentium et Iudaeorum, interstitio ceremoniarum utriusque populi sublato in unum corpus* Christi uniretur et *coagmentaretur* [Eph 2,14s.][3].

[581.] Iudaicis tamen ritibus, quia puriores erant hoc honoris delatum est, ut non subito damnarentur et abolerentur, ut damnati ultro abolitique sunt ritus[f] gentium apud omnes, qui Christo nomen dedissent. [582.] Pridem enim nihil quam impiae abominationes erant, tenuissimis re-/42v./lictis primarum religionum vestigiis, quantum quidem attinet ad dedicationem et usum ceremoniarum.[g] Alioqui[h] et sacrifica et variae purgationes ritusque alii non pauci reliqui erant, quantum ad res ipsas attinet, ex institutione primorum patrum. [i]At dedicatio utriusque pietatis, unde natura et nomen ceremoniis est, pridem ita evanuerunt[k], ut rarissimus esset apud gentes, haec qui nosset[l] et teneret. [583.][m] Omnino igitur[n] aliter habendae fuerunt[o] gentium ceremoniae et caetus quam ecclesiarum Christi, utcumque[p] hae in captivitate[q] antichristi ad publicam impietatem prostituantur[r]. [584.] Permagnum enim vel illud unum discrimen adfert,

---

[a] *paras numérotés* 579–589 [!] P. – [b] hos [!] L. [c-c] *corrigé de* reliquae sicut L. – [d] aboleri P. – [e-e] Venerat enim P. – [f] H, *rempl.* quem [*ou* quam] videmus (et?). Ritus *barré* L. – [g] *nouveau para* (n° 582) P. – [h] Aliorum P. – [i] *nouveau para* (n° 583) P. – [k] evanuerant P. – [l] *corr. en* sciret A. – [m] 584 P. – [n] ergo P. – [o] sunt P. – [p] *corr.* ▯ H *de* utrumque *barré* L. – [q] *corr. de* captivitatem L. – [r] postituuntur P. –

[1] Sur cette théorie, v. ch. 57, nn. 8 et 9. Cf. BRom ad Rom 1,19 et 2,9ss., éd 1562 pp. 65s., 111s. où tant son interprétation que les dossiers patristiques attribuent la religion païenne (vue ici surtout sous l'angle moral) plutôt à la «lumen naturae». Ici Bucer semble plutôt reprendre et compléter le dossier de ses *Ephésiens* 1527, p. ex.: f. 56v.: les Juifs seuls attendaient le messie; cependant l'Ecriture elle-même connaît de pieux païens comme Abimelec et Jethro (Gn 20,14–18; 21,22–34; Ex 18,7–27). f. 57v.: Il y a plusieurs alliances, à commencer par celle de la nature. 59v.: diversité des rites entre Juifs et païens. Seuls les premiers se conforment vraiment à la parole de Dieu.

[2] Trad. Bucer d'après Is 49,8 *ěth râtsôn*?

[3] Trad. Bucer (Vg; ErP; trad. et *p* propre en partie à l'aide de BEph 1527, trad. f. 11r. et commentaire f. 59r. et ss.).

quod Dominus ceremonias gentium sic detestatus est, ut simul atque populum Israhel suis ceremoniis institutum habere in terris cepisset, voluerit hunc populum suum ab illis (ut iam dictum) modis omnibus alienissimum[s] esse; eaque de causa ei populo proprium solum, proprium regimen[t], et omnia sic propria concesserit et ordinarit, uti nullo prorsus humanae vitae commercio aliquid cum gentibus haberet commune. [585.] Quam populi sui[u] a gentibus separationem sic quoque conservavit, ut cum populum propter peccata solo suo eiecisset et regno destituisset, dederit ei hoc gratiae apud gentes (quibus tum[v] ad tempus permisit ut quicumque Iudeis dominarentur) – vel[w] in suas terras traductis, in ipsorum solo relictis – permitterent ei[x] suos ritus, suasque ceremonias [cf. 4 Reg 25; 2 Par 36,11–21] – exceptis probationibus illis quibus in Babilone Danielem et collegas eius exercuit[y] [cf. Dn 1–3] – excepta item illa perturbatione, quam Iudaei ipsi suo dissidio excitarunt sibi sub Antiocho[4] [cf. 1 Mac 1–5]. /43r./

[586.] Ad hunc vero modum non legimus Dominum ceremonias depravatas ecclesiae penitus abiecisse. Imo, sicut captivitatem antichristi – quae hisce superstitiosis ceremoniis maxime continetur, minatus est, et exigentibus peccatis nostris etiam imposuit – ita pariter promisit [z]ab hac captivitate[z] liberationem, ac ita ceremoniarum omnium et totius administrationis ecclesiasticae repurgationem[5]. [587.] Talem utique repurgationem, quales [!] in typis populi Israelitici praecessisse legimus, sub piis regibus Ezechia[6] [cf. 4 Reg 18,1–7; 2 Par 29,3–31,21] et Iosia [cf. 4 Reg 22,3–23,27; 2 Par 34,3–35,19]. [588.][a1] In hac vero repurgatione[b1], quis dubitat[c1] sanctis in usum pietatis restitui[d1] posse quae pie olim usurparunt sancti patres, qui sane admodum multis ceremoniis pie usi sunt, quas hodie quidam severius quam pro aedificatione ecclesiarum abiiciunt, tanquam illae antichristo authore inventae essent[7].

---

[s] *complété* H *de l'abbréviation* alieniss: L. – [t] regnum P. – [u] *om.* P. – [v] eum P. – [w] *inséré* L. *om.* P. – [x] eis P. – [y] exercuerint P. – [z-z] *corr. de* ad hanc c'em P. – [a1] *para marqué* ▯ *d'un trait* L. – [b1] ceremoniarum *add. au-dessus de la ligne* A. – [c1] dubitet P. – [d1] ▯ H *rempl.* (restitui? *d'abord corr. en*) destitui *barré* L. destitui P *corr. en* restitui nos A. ▯ *(barré)* Forte expungendum «In» et addendum «c[ere]moniarum» aut aliquid huiusm[odi] *add.* A.

[4] Antiochos Epiphane. – Le récit de l'exil (et de la période post-exilique) est peut-être coloré par Josèphe: *Ant. juives,* p. ex. livre 10, chs 10 et 11, (*Loeb* t. 6, 260–312) qui souligne également l'harmonie entre les captifs et leurs maîtres.

[5] Ap.: Luther: cf. Headley: *L's View* en part. pp. 187–235.

[6] Ap.: Bucer: *Defensio,* f. 4v.–5r. (*i* et *r*).

[7] Bucer avait jadis lui-même plaidé pour les réformes radicales faites à Strasbourg, p. ex.: *Grund und Ursach,* BDS 1, 206 («comme il n'y a rien de commun entre Christ et Belial»). Il avait même maintenu ce point de vue dans BEv 1536 (v. ad Mt 18,11, f. 143v.!). Cf. l'étonnement de W. Musculus en 1536 devant le «mos papisticus» des cérémonies maintenues en Saxe luthérienne: *Itinerar* (in: Kolde: *Analecta Luth.* pp. 216ss.). La remarque ne vise donc sans doute pas le seul Calvin (*De fugiendis,* cité au ch. 56), mais toute résistance des courants réformés de Haute Allemagne et de Suisse au programme développé ici.

CHAPITRE 60

DU BON USAGE DES CÉRÉMONIES DANS L'ÉGLISE

[589.][a] Quae etiam patres pie tolerarunt, ecclesiis satis absurdae [!] obtrusa equidem non dubitarim multo [b]minus facienda[b] esse nobis, quos Dominus excitavit in hoc, ut *oves* eius tam misere adeo infinitis errorum diverticulis *errantes* ad *ovile* suum reducamus [cf. Mt 18,12; Io 10,16]. 590. Nam ut Paulus superstitione infirmos Iudaeos tulerit, ut ad eorum satis crassos errores connixerit[c], quo veritate Christi [d]rectius eos[d] imbueret, testantur eius scripta [cf. Rm 10,1–11; 1 Cor 9,19–22; Tit 1,15] et liber Actorum [18,20ss.; 21,17–26]; de qua re superius quoque nonnihil attigimus[1]. [591.] Porro, quas ceremonias patres pie cum usurparint tum tulerint: quo melius cognoscantur[d*], sicut alia patrum scripta, ita precipue legi et expendi religiose optarim omnibus, qui hanc disputationem susceperint, duas illas Epistolas divi Augustini ad inquisitiones Ianuarii[e 2]. /43v./ [592.] Haec omnia qui digne perpenderit, haud dubie[f] consentiet, longe aliud iudicium faciendum esse de ceremoniis gentium quam ecclesiarum quae papae serviunt – quantumvis eas ceremonias antichristus magis horrendae superstitioni obnoxias fecerit, quam illae[g] omnino gentium unquam fuerint. [593.] Porro, quae de ceremoniis diximus, etiam[h] de coetibus ad ceremonias coactis dicta esse volumus.

[594.][i] Iam respondendum est ad ea, quae obiiciunt hi, qui volunt ceremonias in ecclesia superstitioni servientes perinde haberi atque ceremonias gentium, et quas Scriptura ut per se impias damnat[3]. [595.] Obiiciunt vero hi primum exemplum *fracti serpentis aenei* postquam coli cepisset, quanquam ille primum factus esset divinitus [4 Reg 18,4; Num 21,8s.][4]. [596.] Deinde cultum *vituli* in deserto [Ex 32,7–20][5]. Item eorum, quos Hieroboam fecerat [3 Reg 12,26–13,10][6] – ad quem cultum

---

[a] *paras numérotés* 590–606 [!] P. – [b-b] mitius ferenda *hauddubie rectius* P. – [c] □ H, *rempl.* convixerit *barré* L. coniunxerit P *corr. en* conniverit A. – [d-d] e′ r′ P. – [d*] cognoscatur P. – [e-e] □ (cf. note) *om.* P. – [f] nobis *add.* P. – [g] ullae P. – [h] *om.* P. – [i] □ Supra 551 *add.* A. –

[1] Cf. *supra* ch. 2, paras 28–33, 45.

[2] □ [e]*Augustinus ad Ianuarium*[e]. – Eps 54 et 55, CSEL 34, 158–213; MPL 33, 199–223.

[3] Adv. p. ex.: Calvin: *De fugiendis impiorum sacris*, CR 33, 246–255. NB. en part. col. 249: «quae concordia Christi cum Belial» et cf. ch. 59 n. 7.

[4] Adv.: *op. cit.*, col. 262 (*tti*).

[5] Adv.: *op. cit.*, col. 263 (*ti*).

[6] *Ib. inf.* (*ti*). – Réponse: Ap.: Bugenhagen, *Annot. in 1. librum Regum* ad 3 Reg 12,26 et ss., p. 69 (*p*: là même rapprochement avec Ex 32).

Aaron et Hieroboam non daemoniorum, sed Dei veri cultum edixerint. [597.] Tertio ceremonias Samaritanorum [cf. Io 4,9][7] – quae et ipse [!] Deo vero institutae erant; et erat tamen nefas Iudaeis communicare illis. [k]Verum, si [l]haec quis[l] diligenter excutiat, non videntur multum facere contra sententiam nostram. [598.] In exemplo enim Ezechiae, qui *aeneum serpentem,* ubi coli caepisset, *confregit* [4 Reg 18,4], aliud nihil statuitur, quam principes pie facere, dum eas res, que [!] non sunt impraesentiarum ad usum pietatis divinitus institutae, submovent, ubi in abusum illae trahuntur impietatis[8]. [599.] Ut[m] si hodie idola et novos ritus alios tollant[n], qui tamen [o]olim pie[o] observati fuerunt.

/44r./ 600. At de sacramentis et ceremoniis divinitus institutis ad perpetuum usum secus iudicandum est. Nam *aenei serpentis* usus pridem cessaverat [4 Reg 18,4]; at ceremoniarum, quas Paracletus instituit, debet usus esse perpetuus, dum[p] hic mundus steterit. [601.] Ita institutio vitulorum, tam Aaronis quam Hieroboami [cf. Ex 32,4–6; 3 Reg 12,26–32] et ceremoniae Samaritanorum primum ad impietatem institutae sunt [cf. Io 4,20], non per[q] impietatem depravatae, cum per se pietati ante consecratae fuissent. [602.] Nam vituli, ut populus in eis numen Dei sui praesens agnosceret et coleret, ad adorandum prostituti fuerant[r]; [603.] et Samaritani suas ceremonias ex sanctis populi Dei atque suis propriis observationibus in hoc conflaverant [cf. 4 Reg 17,24–41, en part. v. 34.40s.][9], ut opere externo earum ceremoniarum Deum terrae Israhelis placarent, citra veram fidem et paenitentiam. [604.] Discernendum itaque probe est: quid sit ceremonia aliqua per se,[s] quid usu vel abusu eorum, qui eam usurpant.

[k] *nouveau para* (599) P. – [l-l] q′ h′ P. – [m] *corr.* A. *de* Et P. – [n] *inséré* H *une croix* ▯ *barrée* L. tollunt *inséré* A. – [o-o] p′ o′ P. – [p] quamdiu P. – [q] *corr. de* ad L. *De même* A *dans* P. – [r] sunt P. – [s] et *add.* P.

[7] Adv.: Calvin: *De fugiendis,* col. 264 (*p*).

[8] Ap.: Luther: *Wider d. himml. Propheten,* WA 18, 72s. (*p* concernant 4 Reg 18,4 et d'autres *tt*).

[9] Cf. Josèphe: *Antiquités juives,* livre 11, en part. ch. 4, para 9 et ch. 8, para 7, *Loeb* t. 6, pp. 368ss. et 482 sur l'origine et l'attitude des Samaritains. – L'interprétation qui suit: Ap.: Bugenhagen: *In 2. Lib. Regum ad loc.,* pp. 175s. (*i* transformé en formule personnelle de Bucer).

CHAPITRE 61

CEREMONIA[a] (ORIGINE ET FINALITÉ)

[605.][b] Caeremonia[c] ritus est religiosus – tum per se pius, quando divinitus ad pietatis usum institutus est; per se impius, si a Sathana institutus sit ad impietatis usum. [606.] Ceremoniae posterioris generis nunquam possunt usurpari pie. Quae sunt prioris generis usurpari possunt et pie et impie. [607.] Iam in ecclesia Dei, quam Paracletus regit [cf. Io 16,13], omnes ceremoniae iudicandae sunt divinitus esse institutae[d], quas ad pietatis usum etiam sancti patres instituerunt. [608.][e] Ad pietatis enim[f] usum has[g] ceremonias institutas[h] intelligo, quae excitandae et provehendae fidei et studio in Christum institutae sunt. Vetustissima fuit /44v./ in ecclesia observatio, ut baptizati [i]chrismate ungerentur, albis vestibus[i] insignirentur, octo dies lac et mel gustarent, et alia quaedam observarent[1]. [609.] Quae cum omnia a patribus instituta fuerunt, ut magnificentius commendaretur [k]donum Christi in baptismate exhibitum, hasce ceremonias nonnisi divinae institutioni acceptas ferre oportet – utcumque hominum ministerio[k] sine expresso oraculo et iussu Dei institutae fuerint[l], nec institutae in omne tempus, aut cum observationis necessitate. 610. Nam quicquid ad provehendam pietatem in ecclesia vel instituitur vel usurpatur (sive usu perpetuo, sive temporario) id[m] nullum alium authorem habere potest, quam *sanctum Spiritum* qui solus nimirum *inducit in omnem veritatem* et singula *membra corporis Christi* unus agit ad profectum pietatis: 1 Cor. 12 [11–14]; Ioan. 16 [13][2]. *Solus* enim *Deus bonus* [Mt 19,17]: proinde opus Dei est quicquid bene et rite instituitur. [611.] Iam quae ceremoniae huiusmodi institutionem et finem habent, has per se pias vocare convenit, quamlibet vulgo impie usurpentur. A fine enim actiones[n] istius modi naturam et nomen accipiunt. [612.] Ita[o], quae authore Satana ad finem fovendae alicuius superstitionis et impietatis institutae sunt, has per se impias habere oportet.

[613.] Quarum tamen duo genera sunt. Aliae enim extra ecclesiam Dei et aperta professione impietatis institutae sunt: ut gentilium[p] et Samarita-

---

[a] *sous-titre répété* ▯ L. *om.* P. – [b] *paras numérotés* 607–631 P. – [c] ▯ Supra 522 *add.* A. – [d] constitutae P. – [e] *para marqué* ▯ *d'un trait* L. – [f] *om.* P. – [g] eas A *corr.* ad *barré* P. – [h] ▯ H. – [i-i] *souligné* P. – [k-k] ▯ *traits add.* P. – [l] fuerunt P. – [m] ▯ *trait add.* P. – [n] actionis P. – [o] Itaque P. – [p] gentium P. –

[1] Ap.: Witzel: *Typus*, pp. V, VIIs., XIIIIss. (*i*, là renvois aux sources).
[2] 1 Cor 12,12 ErP (*p*); Io 16,13 Er et BEv (*t*).

norum ritus[q] fuerunt – vel intra ecclesiam, sed manifesta [r]a pietate[r] defectione: ut [s]vituli illi[s] prostituti per Aaronem et Hieroboam [cf. Ex 32,7–20; 3 Reg 12,26–13, 10]; et quaecumque de gentium[t] ceremoniis impii aliquando reges populo Dei obtruserunt. Aliae intra ecclesiam, et praetexta aliqua pietate, ut sunt variae /45r./ abusiones quae obtinuerunt in ecclesiis papae subiectis, praesertim quae ad cultum divorum et curam mortuorum constitutae sunt. [614.] Utcunque enim huiusmodi ceremoniarum author sit questus impiorum sacrificulorum, et ad fovendas superstitiones introductae sunt[u], tamen praetexitur publice aut cultus Christi in divis[v] [3], aut [w]officium charitatis[w] in defunctis[x] [4].

[615.][y] Hinc vero fit – quia intra ecclesiam hae caeremoniae institutae sunt, et impietatis usus, ad quem institutae sunt, aliquo modo dissimulatur, et pietas publice praetexitur – ut non sit in quavis earum observatione professio impietatis et reiectio pietatis. Cumque ad pietatem, quae praetexitur, ab observantibus referuntur, repudiata impietate, cui illas impii sacrificuli destinarunt (authoritatem ecclesiae mentiti) iam per se impiae non sunt.

[616.] Nam hactenus illis ecclesia, non questus sacerdotum, author habetur; et finis, pietatis promotio, non confirmatio alicuius superstitionis. [617.] Proinde, ne istae quidem ceremoniae pari impietate cum ceremoniis gentilium censendae sunt – utcunque et hae ceremoniae (si eas non repurges, sed de eis ut in vulgari observatione sunt, iudices) sunt[z] numerandae inter ceremonias per se impias. [618.] Differunt quidem[a1] hae impietate a gentilium ceremoniis, eo quod purgationem admittunt (ut a veris christianis usurpentur) quam gentilium ceremoniae non admittunt. [619.] Existimo enim neminem esse, qui non fateatur hasce ceremonias et pridem observatas esse /45v./ et hodie observari a multis, qui vere Christi sunt (utcunque [b1]in magna adhuc[b1] versantur ignorantia) – dum cultum illum daemoniorum, qui apud gentes exstitit, nec christianus poterit[c1] praestare.

620. At vero, cum non solum huius generis ceremoniae, sed etiam quae divinitus institutae sunt in ecclesia ad certum usum pietatis publicae[d1], impietati manifestissime serviant: nec illae solum quae patrum ministerio introductae sunt, sed etiam quas Christus ipse et apostoli commendarunt. Omnes has impias abusu usurpantium recte iudicamus, sed non per se. [621.][e1] At quia hic abusus non in ipsis haeret ceremoniis, sed in impietate

---

[q] *corr. de* numinibus L. – [r–r] *corr. de* impietate L. – [s–s] *corr. de* vitulum illum L. – [t] *corr. de* gentilium L. – [u] sint P. – [v] divos P. – [w–w] officii charitas P. – [x] defunctos P. – [y] ▯ Nota *add.* *(au milieu du para)* A. – [z] sint P. – [a1] siquidem P. – [b1–b1] a′ i′ m′ P. – [c1] potuerit P. – [d1] *ponctuation:* pietatis, pub′ imp′ P. – [e1] *para marqué* ▯ *d'un trait* L. –

[3] P. ex. Gropper: *Enchiridion,* explic. du 1er commandement, f. 265v.
[4] *Ibidem* (explic. de l'eucharistie) f. 111r. et ss.

abutentium, et extat in ecclesia harum ceremoniarum tum institutio, tum usurpatio ad pietatis usum, dubitari non debet, quin a sanctis istae caeremoniae hodie quoque pie usurpari queant. [622.] Sicut baptisma, et ceremoniae baptismati adiici solitae, ita omnes quoque aliae, quibus collatio gratiae Christi et professio fidei, societasque ecclesiae continetur.

[623.] Etenim ex rationibus supra adductis gravem et impium errorem iudicare me oportet, si quis neget esse ecclesias Dei, quae – licet papae adhuc[f1] tyrannide detineantur – evangelium tamen, sacramenta, et invocationem publicam nominis Christi retinent. [624.] Nam has [!] ad Christum referre omnia – utcunque gravissimae iuxta[g1] apud eos obtineant superstitiones – vel haec duo clara indicia sunt. Unum, quod quicquid impuri[h1] de meritis hominum admisceant, per Christum Dominum cuncta quae a Deo petunt, impetrare volunt. Unde solemnes preces hac clausula semper concludunt: «... per Christum, Dominum nostrum».[5] Alterum, quod morituros ad fiduciam mortis Christi dirigunt, in hoc etiam imaginem Crucifixi contemplandam offerentes[6]. /46r./

[625.] De cunctis itaque ceremoniis per se non impiis, impiis autem abusu usurpantium, sic iudicandum esse non dubito uti iudicavit Dominus de ceremoniis Iudaeorum: Esa. 1. cap.[i1] [11–19]. Has dum impie usurparent[k1], testatus est sibi *oneri* et *abominationi* esse[l1] [v. 13s.] Cum[m1] vel publice vel privatim usurparentur animo et observatione pia, hoc est ad excitandam et fovendam fiduciam misericordiae suae, habuit eas gratum cultum [v. 16ss.]. [626.] Ex his iam patebit quibus ceremoniis, et qua earum observatione nos putemus fidem et observantiam Christi in proximis labefactari; quibus ceremoniis et qua earum observatione non labefactari. [627.] Cunctis ceremoniis per se impiis labefactari fidem et observantiam Christi in proximis certum est. Proinde, christiani ab illis, quatenus per se impiae sunt et[n1] purgatione[o1] piae fieri non possunt, sese abstinebunt. [628.] Tales habeo[7]: offerre et venerationem solitam deferre idolis, quibus sacrificulorum avaritia affinxit certa numina, et a quibus diversa auxilia homines petunt; item munus suscipere privatim sacrificandi; amplecti monasticen, uti quidem illa hodie antichristi perversitate innumeris superstitionibus implicita est; et quae similia sunt. [629.] Porro, quae vel prima institutione pietati destinatae fuerunt, vel sic praetextam publice

[f1] *om.* P. – [g1] mixta P. – [h1] impure P. – [i1] *om.* P. – [k1] usurparentur P. – [l1] *om.* P. – [m1] autem *add.* P. – [n1] in illis *add. au-dessus de la ligne* A. – [o1] purgationes P.

[5] Les diverses formules finales de oraisons, qui toutes comportent cette clause, sont discutées p. ex. par Durant: *Rationale* livre 4, ch. *De oratione,* para *Circa terminationem,* notre éd. f. 43v.b.

[6] P. ex. Surgant: *Manuale,* livre 2, consideratio 12, notre éd. f. 108r.v.

[7] Ap. et adv.: Calvin: *De fugiendis,* CR 33, 253 (*i*: liste en partie différente!); ap.: Witzel: *Typus,* p. LXXXVss. (corruption du monachisme).

pietatem habent, ut etiam fovendae pietati ullo modo servire queant – hisce qui utatur purgatione, quam supra descripsi, hunc non dubitarim fidem proximorum observatione eiusmodi ceremoniarum, et sic purgata observatione, minime labefactare, quantum in ipso est.

CHAPITRE 62

RÉFORME OU REJET DES CÉRÉMONIES? (SUITE)

630.[a] Et quod multorum fides ex eiusmodi caeremoniis labefactatur, ut vulgo proh dolor omnibus /46v./ ceremoniis, etiam ipso baptismate, fit – vel propter solam fiduciam operis externi in se – id nequaquam purgatae et iam sanctae piorum observationi, sed impurae et impiae administrationi antichristi, et superstitiosae observationi membrorum eius imputari debet. [631.] Satisque fuerit piis, si quisque pro sua vocatione proximos de abusu moneat in his rebus, et verum usum doceat. [632.] At sunt plerique religiosi et sancti viri, qui diversum iudicant[b], et nullas prope ceremonias, quae in templis hodie administrantur, sanctis usurpandas concedunt, propterea quod cunctas per se impias habent – hoc est, quae non queant nisi abiurando[c] regno[d] Christi et confirmando regno antichristi servire[1]. Horum ergo videamus rationes, quibus moti sic statuunt.

---

[a] *paras numérotés* 632–634 P. – [b] ▯ Supra 553 *add.* A. – [c] ▯ H, *rempl.* adiuvandas *barré* L. – [d] regni P.

[1] Adv.: Calvin: *De fugiendis impiorum sacris*, Cr 33, 244 (*ap*).

CHAPITRE 63

LE SACRIFICE DE LA MESSE

[633.][a] Et quia in missam, proh dolor, conflàtum est quicquid omnino impietatis antichristi[b] comminisci potuit, de hac primo loco sententiam eorum excutiamus et videamus: an ei, qui missam audit, ratione, quam nos supra exposuimus, id recte impingatur, quod fidem et observantiam Christi labefactet. [634.] Videtur ergo illis, quos dixi sanctis viris, fidem et observantiam Christi nulla re magis labefactari posse – quacumque demum ratione missam quis audiat[1]. [635.] Hancque[c] suam sententiam eo confirmant, quod videtur[d] illis cuivis missae, et qualitercumque auditae, in se inseperabiliter [!] haec adhaerere: Primum, redemptionis nostrae per mortem Christi perfectae abiurationem. Deinde instituti dominici in sacra coena omnimodam eversionem. Postremo manifestam circa panem Domini idololatriam.

[636.] Primum[e] probant duplici argumento: uno, quod in missa iactetur immolari Christus; quo abnegetur[f] immolatio Christi facta in cruce[2]; altero[g], quod adesse /47r./ missis hodie pro symbolo habeatur antichristi, quo homines ut antichristo obedientiam ita defectionem a Christo publice profiteantur[3]. [637.] Alterum[h], quod in missis sacrae aepulae [!] et adiunctae promissiones fidelibus nec commendentur nec dispensentur[4]. [638.] Postremo[i] quod panis Domini in missa ad singularem adorationem elevetur[k 5]. [639.] Haec igitur excutiamus, si vere probent fidem in Christum[l] proximorum labefactari, quomodolibet missa audiatur et ea communicetur. – Et de impietate persuasae oblationis Christi primo loco.

640. Fateor: infinitae est haec abominationis persuasio, dum vulgo [m]missa ideo[m] tanti fit, et sic colitur, quod homines putent, eo sacrificulorum opere meritum Christi applicari sibi ad depellenda mala et concilianda bona quaevis, cum ipsis missa[n] communicantibus, tum etiam aliis,

---

[a] *paras numérotés* 635–669 P. – [b] antichristus P. – [c] Hanc P. – [d] *corr. de* videntur. videntur P. – [e] Primo P. – [f] abnegatur P. – [g] ▯ Infra 688 *add.* A. – [h] ▯ Infra 700 *add.* A. – [i] ▯ Infra 725 *add.* A. – [k] elevatur P. – [l] Christo P. – [m-m] i′ m′ P. – [n] missis P. –

[1] Adv.: Calvin: *De fugiendis impiorum sacris,* CR 33, 239–241 et en part. 255s. (*i*).
[2] *Op. cit.*, col. 256 (*p*).
[3] *Op. cit.*, surtout col. 241; 259 (*i*).
[4] *Op. cit.*, cols 258 et 260s. (*ap*) et 257 (*i*).
[5] *Op. cit.*, cols 257; 259; 261 (*ip*).

pro quibus missa instituitur – etiam si hi omnes de vera in Christum fide et religione nihil sint soliciti. [641.] Nam qui nullam prorsus de paenitentia et fide seriam cogitationem admittunt, et tamen missam audire nullo modo sustineant negligere: hoc certum est eos[o] ab impia suae missae communicatione salutem petere. [642.] Sed videndum est, an ista impia persuasio missae per se insit, et in[p] ipsa Christi ecclesia (quae adhuc sub antichristi administris et in colluvione membrorum eius superest, et sanctos, qui – licet missae abominationes intelligant – in communione tamen verbi et sacramentorum secum detinet[q]) hanc impiam persuasionem in administranda et frequentanda missa admittat. [643.] Iam cum missam aestimamus non solum institutione[r] Domini, quae apud papistas graviter violatur, sed etiam usurpatione[s] patrum, tum /47v./ ipsis[t] quoque suis verbis, quae in canone et extra canonem in ea publica observatione ecclesiarum dicuntur, denique decretis pontificum et conciliorum, quae etiamnum valent, et doctrina scholae – qua fere regitur hodie sacrum ministerium – : his, inquam, si missam aestimemus et definiamus, haudquaquam in ea haerebit impia illa de immolatione Christi persuasio.

[644.] Nihil enim in traditionibus et decretis patrum, nihil in his verbis, quae ad missam dicuntur, nihil in scholae doctrina aliud habetur, quam celebrare in missis ⟨memoriam oblati Christi in cruce, et in hoc Christum Patri⟩ precibus sacerdotis, vice totius ecclesiae quasi sisti, et[u] fideles eius, sacrificio in cruce perfecto perfruantur – ita ut de hac re superius dictum est[6]. [645.] Pleraque etiam verba, quae de oblationibus sonant, de iis oblationibus dicta sunt, quae fideles in ecclesiam[v] ad sacram caenam in usus pauperum conferebant[7].

[646.] Quod iam indocti et impuri sacrificuli aliam opinionem de immolatione Christi in missis vulgo obtruserunt[8]: istud ecclesiis sua sacramenta intervertere et usurpatione sanctorum eripere non potest. [647.][w] Ita, ut etiam olim in populo Israel, id[x] sacrificia piis intervertere sanctis et inutilia reddere non potuit, quod impii sacerdotes fiduciam operis externi et alias superstitiones vulgo iniecerunt. [648.] Filii Dei, quamlibet impiorum et

---

[o] *inséré* H. *om.* P. – [p] an P. – [q] detinent P. – [r] *corr. de* institutionem L. – [s] *corr.* H *de* usurpationibus *déjà en partie corrigé;* ▯ *une croix marque l'endroit* L. – [t] *para marqué* ▯ *d'un trait* L. – [u] ut (*sans doute correctement; dans ce cas supprimer la virgule après* eius) P. – [v] ecclesia P. – [w] *para marqué* ▯ *d'un trait* L. – [x] ea *suscrit* (*add*?) L. ea (*om.* id) P. –

[6] Ch. 43, paras 381–386.

[7] C.-à-d. les «secrètes» de tempore et l'offertoire fixe qui les suit: «Suscipe sancte Pater». Cf. la description d'usages plus anciens chez Witzel: *Typus* pp. XIX et s.

[8] P. ex. Eck: *De sacrificio,* livre 1, ch. 10, CCath 36,64: «reiterat» et *ibid. inf.:* l'œuvre de notre salut n'y est pas représentée seulement: elle y est aussi excercée: «agitur». De telles idées sont popularisées p. ex. par le même auteur: Homelia 27, *De sacrificio missae,* para 4 (in: *Quintae partis declamatoriae,* t. 4, De septem sacramentis, f. 44v.b.).

multitudine et potentia opprimantur, tamen *domini* sunt rerum *omnium*[y] [cf. Ps 8,7–9], et possunt iis rebus, quas ad promovendam salutem ipsis Deus ordinavit pie et salubriter[z] uti – quicquid abutentium[a1] impiae [!] iisdem rebus (aut etiam administrantium) perversitas falsae opiniones affinxerit. [649.] De falsa hic et impia circa mysteria[b1] Christi opinione agitur. Perpendamus ergo fideliter, quod de sacris populi[c1] Israhelis plerumque etiam /48r./ tam falsa et impia opinio obtinuerit[d1], ut Dominus quereretur se illa ferre amplius non posse [cf. p. ex. Is 1,11–15]; interim tamen, quicunque in populo pii supererant pie et salubriter[e1] sacrificiis illis usos esse [cf. p. ex. Ps 50,20s.]. 650. Iam non potest filiis Dei in libertate hac evangelii minus iuris esse in sua sacra et divinissima Christi ministeria, quam olim fuerit sub lege Iudaeis in sacra sua.

[651.] Sed obiicitur: ex hac impia de missis persuasione, postquam ea sic publice invaluit, factum esse, ut qui missis adsint[f1] quamlibet ipsi pia[g1] sint sententia, confirment vulgo hanc ipsam impiam persuasionem et provocent infirmiores, quibus impietas missae detecta est, ut et ipsi missis adsint, cum tamen id sibi minime licere[h1] existiment[9]. [652.] Et de his igitur scrupulis quid recte iudicetur videamus: priore loco de confirmatione vulgati erroris deinde de oblesione conscientiae infirmorum.

[653.] Prior obiectio, fateor, multos satis commovet. At probe videndum est, quid sit errorem aliquem, et quidem publicum, confirmare. [654.] Is ergo confirmat errorem, qui errorem verbis et factis probat, aut non pro sua virili detegit et oppugnat. [655.] Si iam rem istam, de qua est disputatio, ad veritatem excutiamus et iudicemus, apparebit profecto non esse rationem, ut is, qui ea religione missae adest, quam superius exposui, dicatur vulgi errorem et impietatem circa missas confirmare. [656.] Nec enim huic errori ille consentit verbis, nec detegere eum et depellere negligit, ubi id pro sua vocatione debet. [657.] In facto[i1] vero nihil amplius admittit, quam quod exigit ab ipso religio Christi, quodque non nisi violata religione[k1] omittere potest. [658.] Nec enim huiusmodi missae adest, nisi cum /48v./ sic res habet, ut, nisi adsit, abiicere videatur Christi ecclesiam, in qua degit, et negare Christum in illa regnantem. [659.] Iam facere necessarium pietatis officium, ex se omnem impietatem destruit, nullam confirmat.

660. Hic quoque sanctus, quem ego descripsi, sic pietatem et verbis et factis profitebitur et docebit, ut superstitiones omnes – et singulariter eam, quae circa missas obtinet – infirmaturus sit, non confirmaturus, apud

---

[y] *corr.* H *de* omnes (?) L. – [z] ▯ H, *rempl.* salutariter *barré* L. salutariter P. – [a1] contendentium P. – [b1] ▯ H *rempl.* ministeria *barré* L. ministeria P. – [c1] *corr. de* populique L. – [d1] *corr. de* obtinuerunt [!] L. obtinuerunt [!] P. – [e1] salutariter P. – [f1] ▯ H *rempl.* adfuit *barré* L. – [g1] hic *add.* P. – [h1] ▯ H *rempl.* libere *barré* L. – [i1] *souligné* P. – [k1] *souligné* P. –

[9] Calvin: *De fugiendis,* CR 33, 261s. et surtout cols 264 et 267.

omnes eos, qui ipsum observaverint[l1]. [661.] Primum enim nullis sacris quam publicis, et semper uni dumtaxat aderit. [662.] Deinde illud eo habitu pietatis adibit, eique aderit, tum etiam ab eo discedet, et audito sacro sese geret, ut facile cuivis pateat, eum multo[m1] alia sententia et observatione circa missas esse, quam vulgo[n1] soleat. [663.] Postremo, quoscunque omnino poterit, de mysteriis Christi et immutatione[o1], quae in missis fieri debet, diligentissime instituet. [664.] Haec ergo, qui illum adesse missis vident, in eo observabunt, vel non observabunt. [665.] Si non observabunt, certe ab eius facto hic nihil accipient firmandi[p1] erroris[q1] sui, ut in quo nihil peculiare sed id modo considerant, quod est publicum iam omnium factum. [666.] Proinde, quod hii in errore suo circa missas confirmantur, id publica illa persuasione et authoritate administrantium impie ecclesias (et iis impie consentientis vulgi) non ex facto sancti sacramenti[r1] nostri. [667.] Si qui vero sanctum observaverint, hii nullo negotio animadvertent eum alia ratione quam vulgus missae adesse, et in eo dissentire a vulgata persuasione; indeque tam non confirmabuntur in vulgato errore huius facto, ut eis etiam occasio eo prebeatur de vulgato errore dubitandi, et veriorem rationem, qua missam audire conveniat, inquirendi. /49r./ Ita ut nec Christo, nec prophetis et apostolis confirmatio vulgati erroris de priscis sacrificiis (quod vulgus[s1] opere externo in illis fidebat) imputari potuit, cum sacrificiis una cum vulgo adessent. Nam et ipsi cum tota vita, et in[t1] loco verbis quoque[u1] testabantur se sacrificia longe alia ratione colere, quam vulgus consuevisset[10].

[l1] *corr. de* observaverunt L. – [m1] multa [!] P. – [n1] vulgus P. – [o1] immolatione P. – [p1] firmamenti P. – [q1] ▯ H, *rempl.* terroris [!] *barré* L. – [r1] *om.* P. – [s1] ex *add.* P. – [t1] *om.* P. – [u1] de se *add.* P (*peut-être parce que le mot suivant est corrigé de* detestabantur [!] *en* L).

[10] Sur la valeur que Bucer accorde aux «sacrements» de l'ancienne alliance, v. Fraenkel: *Deux disputes,* in: *M' B' apocryphe et authentique,* p. 31–40. Pour l'attitude attribuée au Christ, v. p. ex. BEv, ad Mt 22,38, f. 170 a (explication de Mc 12,41 et paral.); mais cf. BEv ad Io 4,24, f. 249v. et s. où il est question plutôt d'une transformation du système des cérémonies (S. Augustin), alors que ErP l'interprète d'un culte spiritualisé: «Ubi vota caelestia, preces purae, cogitationes sanctae, ibi victimae, quibus litatur Deus».

CHAPITRE 64

Les consciences faibles

[668.][a] Iam de abusione[b] eorum qui praeiudicio[c] et rectae voluntatis infirmitate forsan imitabuntur contra conscientiam suam eos, qui [!][d] norunt abominationes missae intelligere, et vident tamen missis adesse. [e]Hic scrupus prope eadem ratione qua prior submovetur. Nam[f] sicut is demum errorem aliquem facto suo confirmat, si aut[g] factum ipsum erroneum sit, aut ipse errorem circa recte [h]suum factum[h] non depellit, cum potest; ita is modo ad imitationem, quae contra conscientiam ab infirmis suscipiatur, provocat, et conscientiam eorum laedit, [i]qui aut facit[i], quod illaesa pietate omittere poterat, aut errorem circa id, quod ex officio facit nec omittere potest, non pro sua virili removet. [669.] Iam sanctus ille, qui missae adest eo modo, quem praescripsi[k], nec facit, quod omittere possit, nec errorem in ea re depellere non studet, ubicunque id liceat. 670. Haudquaquam ergo iudicari sanctus noster potest facto hoc suo infirmorum conscientias oblaedere. [671.][l] Nam ut equidem missis adesse sanctos volo, adesse missae non est res, quae in gratiam infirmorum posthaberi queat. [672.] Non enim iubeo missis adesse, ut dictum est, et iterum atque iterum dicendum est, nisi cum id exigit communis professio religionis, et donorum Christi in ecclesia participatio – cum nisi adsis, sanabilibus fratribus in ecclesia videare et Christi et ecclesiae contemptor; /49v./ et impium[m] te reddas, ut Christo tuo ad procurandam fratrum salutem aliquo cum fructu inservias.

[673.] Haec vero necessitas religionis cum urget missis non adesse haudquaquam perinde est, ut olim erat abstinere *idolothitis* [1 Cor 8,10] et aliis cibis in lege prohibitis[1]; sed est id, quod Paulus a Petro requirebat Antiochiae: facere scilicet officium, neglecta offensione et obstinatorum[n] et infirmorum [cf. Gal 2,11–14]. Ita enim Paulus poscebat Petrum uti *libertate* evangelica [ib. v. 4], contempta offensione et[o] *fratrum,* qui *a Iacobo venerant* [v. 12], et infirmorum eorum, quos periculum erat libertatem Petri contra conscientiam suam imitaturos esse. [674.] Quanquam, ubi eiusmodi

---

[a] *paras numérotés* 670–679 [!] P. – [b] oblesione P. – [c] preiudicii P. – [d] quos *recte* P. – [e] *nouveau para* (671) P. – [f] ▯ H *rempl.* non *barré* L. – [g] ▯ H *rempl.* autem *barré* L. *Egalement corrigé de* autem P. – [h-h] f′ s′ P. – [i-i] *om.* P. – [k] scripsi P. – [l] *para marqué* ▯ *d'un trait* L. – [m] ineptum P. – [n] *suivi de* fratrum *barré* L. – [o] *om.* P. –

[1] Adv.: Calvin: *De fugiendis,* CR 33, 250s. (*i* et *t*).

infirmi sunt, quos [p]fortiorum imitatio commovere possit[p], non minus proclive est, ut hi infirmi, cum vident missae adesse quos sciunt non ignorare abominationes missae, moveantur potius, ut hos ipsos rogent, qua conscientia missis adsint; ac ita discant ab eis, ut iam bona conscientia missis adesse et ipsi queant. [675.] Itaque infirmi a facto eorum, qui missis adsunt ea religione quam descripsi, magis ad aedificationem quam ruinam impelluntur; et contra hoc factum Scripturae illae, quae provocationem «praeposterae imitationis»[2], quae repugnante conscientia suscipiatur, damna[n]t[q], adducendae non sunt[3]. [676.] Haec ad ea respondenda esse existimo, quae contra communicationem missarum ex eo afferuntur, quod obtineat impia[r] in vulgo circa eas persuasio de immolatione Christi.

[p-p] c' p' f' i' P. – [q] damnant *recte* P. – [r] *om.* P.

[2] Adv.: Calvin: *Op. cit.* cols. 262 (*e* là dans autre contexte!); 251, 267 et 274 (*i*). Cf. aussi *supra* ch. 63, n. 9.

[3] En part. 1 Cor 10,20ss., ap.: *Op. cit.* col. 266s.

CHAPITRE 65

La messe, signe de soumission à la papauté?

[677.][a] Iam ad alterum argumentum descendemus[b]: quod antichristi adesse missis faciunt hodie praecipuum symbolum quo requirunt professionem addictionis in suam impietatem, et erga suam tyrannidem; in qua iam professione videtur esse regni Christi abiuratio[1]. /50r./ [678.] Sed hoc argumentum nihilo firmius est quam superius: quod scilicet vulgus in missis immolationem Christi novam et impenitentibus salutarem et petit et peti iudicat ab omnibus, qui missa suo more communicant. [679.] Nam et istae[c] [!] missae abusus, quod pro symbolo servitutis antichristi habetur et requiritur, in impietate abutentium, non in ipsa missa haeret. Eoque neminem etiam sanctorum ullius consensus in servitutem antichristi obstringit, qui missae adsunt, ea religione, quam supra exposuimus. 680.[d] Solet hoc[e] semper impietatis[f] earum rerum titulis et praetextu se tueri et vindicare, quae omnium sunt sanctissimae.

[681.] Ita Iudaei Christo violatam legem, templum, et sabbatum obiiciebant [cf. e.g. Mt 26,61; Io 9,15]; et haec faciebant symbola et testimonia impietatis suae, quae erant praecipua instrumenta pietatis. [682.] Sic[g] papistae hodie, cum tyrannidem suam et impietatem tueri volunt, contra eos, qui Christi regnum purius asserunt, titulo et praetextu pietatis. More omnium hostium pietatis, student hos reos facere violationis earum rerum, quae habentur merito religiosissime[h]. [863.] Eoque, cum missis nihil habeatur sacratius, nec haberi debeat (ut[i] illae rite administrarentur) contemptum missae sanctis cumprimis impingere quaerunt. [684.] Ad quod hoc praeterea commodi habent[k]: quod sicut ipsi divinissimam Domini coenam, pro ingenio omnium administrorum impietatis, superstitionibus suis hoc[l] magis contaminarunt, quo illa christianis merito sacratior habetur, ita sancti nusquam plus horroris ab eorum abominationibus sentiunt, quam apud missas, nec uspiam eum horrorem citius quam hic produnt. [685.] Hanc itaque occasionem christianos opprimendi /50v./ antichristi circa missas hoc cupidius quaerunt, quo eam hic [m]citius offerendam sibi[m]

---

[a] *paras numérotés* 680–699 [!] P. – [b] ▯ Supra 638 *add.* A. [c] iste P. – [d] *ce para et le suivant marqués* ▯ *d'un trait* L. – [e] haec P. – [f] impietas P. – [g] *corr.* H *de* Si L; ▯ Sic *add.* H. – [h] religiosissimae P. – [i] si P. – [k] *corr.* H *de* habeant L. – [l] ▯ H *rempl.* hae [?] *barré* L. – [m-m] s′ c′ o′ P. –

[1] *Supra* ch. 63, n. 3, et *op. cit.* col. 244 (*p*).

a sanctis sperant. [686.][n] Ex eo autem nequaquam consequitur, dum sancti missis ex officio christianismi adsunt, quod eo ullam professionem faciant servitutis antichristi et Christi regnum abiurent[o]. [687.] Nec enim, ut dictum, ad hunc modum, quem nos praescribimus, missis adesse per se symbolum est servitutis antichristi, sed fidei et observantiae in Christum.

[688.] Thura ponere, idolis sacrificare, et huiusmodi, quae [p]merito nephas erat facere Christianos[p], erant ceremoniae per se impiae, et cultui demoniorum obnoxiae. Sic haberi nequaquam potest, ut saepe iam dictum, adesse missis – eo nimirum modo, quem definivimus. [689.] Ergo nec iste missae abusus (quod antichristi adesse missis pro symbolo usurpant suae tyrannidis) convincit sanctos fidem et observantiam Christi in proximis obledere, cum missis adsunt – qui in hoc, scilicet missis adsunt, ut donis Christi communicent, et eius fidem profiteantur – et nequaquam, ut antichristi servos se esse testentur.

690. Summa: [q]Mille mundorum[q][2] false de mysteriis Christi opinio, et ad quantamlibet impietatem eorum abusio, quam vel vulgus vel principes in tyrannide antichristi çirca missas publice[r], private, invehant et exerceant, eo valere unquam[s] poterunt, ut ecclesiis Christi aut ullis[t] sanctorum in his mysteria et dona Christi aut penitus eripiant, aut sic contaminent, ut sanctis illis non liceat pie uti; ita ut olim sancti ceremoniis pie utebantur, quibus tamen et reges et sacerdotes, et totus populus fere abutebantur impie.

[691.] Nec pertimescenda hic sanctis est confirmatio vulgati erroris, nec oblaesio infirmarum conscientiarum, aut ulla denique professio servitutis antichristi, regnive Christi abiuratio: cum adesse missis (quemadmodum nos illud et concedimus et requirimus) sit necessarium officium Christianismi – [u]quocunque tandem hoc rapiant et abutantur antichristi[u]. /51r./ [692.] Nec enim confirmat errorem veritas[3], aut impietatem pietas; nec cavenda ibi est infirmorum inconsulta et contra conscientiam erroneam suscepta imitatio, ubi agendum id instat, quod non nisi impie omiseris. Nec denique iudicandus quisquam est sic se addicere antichristo et abiurare Christum, cum Christi misteriis ea ratione communicat, qua ipse Christus id requirit – quocunque antichristi hoc necessarium pietatis officium rapiant et abutantur. [693.] Nam hoc iterum atque iterum testa-

---

[n] *ce para et le suivant marqués* ▯ *d'un trait (et d'une croix qui, elle, marque probablement une des corrections)* L. – [o] *corr. de* iurent [?] L. eiurent P. – [p-p] n′ m′ e′ C′ f′ P. – [q-q] Nulla immundorum P. – [r] vel *add.* P. – [s] ▯ H *rempl.* nunquam *barré* L. nunquam *(précédé de* unquam *barré)* P. – [t] *corr. de* illis L. – [u-u] *add.* H, *om.* P. –

[2] Pour «Welt(en)» comme désignation d'une masse immense, v. Grimm: *Wörterbuch* 14:1:1, 1505s.

[3] Cf. S. Augustin in Ps. 123, para 2, CCL 40, 1826; MPL 37, 1640: «Veritas nec falli potest nec fallere».

tum[v] esse volo, me neminem sanctorum[w] missis, postquam sic per antichristum contaminatae et violatae sunt, iubere adesse, nisi cum id poscit necessaria pietatis professio et donorum Christi in ecclesia perceptio. [694.] Iam erit aliquando necessarium, ut sancti, qui degunt apud ecclesias servituti papae etiamnum obnoxias, in hisce ecclesiis pietatis consensum communicatione mysteriorum Christi publice profiteantur, et donis Christi communicent; aut, ut eas ecclesias prorsus damnent, et omnem Christi communionem cum illis rescindant. [695.] Istud[x] autem ex rationibus supra dictis[y] nulli christianorum fas esse admittere ostendimus. [z]Ergo, sicut hae ecclesiae Christi ecclesiae adhuc habendae sunt, ita fateri oportet apud eas mysteria Christi superesse, ac illis in loco et tempore communicandum esse: hoc est, quandocunque id officium christiani hominis, dona Christi et ecclesiam eius digne aestimantis, postulabit – quantumlibet ea mysteria antichristi et violarint et contaminarint innumeris superstitionibus, et abutantur etiam illis ad confirmationem suarum abominationum omnium, et tyrannidis, habeantque in eo tantopere consentientem magnam adeo plebis partem.

---

[v] ▯ H. *rempl.* testandum *barré* L. testandum P. – [w] *suivi de* sanctis *barré* L. – [x] Illud P. – [y] adductis P. – [z] *passage marqué* ▯ *d'un trait* L. *Nouveau para* (699) P.

CHAPITRE 66

La langue liturgique et la communion sous une seule espèce

[696.][a] Sed iam occurrit altera obiectio[b], quae contendit in missis administrationem mysteriorum Christi, /51v./ hoc est cenam Domini, nequaquam haberi, propterea quod hic non sit legitima promissionum et symbolorum Christi inter Christi discipulos dispensatio[1].

[697.] Fateor: nimium[c] horrenda, et modis omnibus deploranda est *mysteriorum Dei* [1 Cor 4,1] in missis hodie et violatio et contaminatio. Violatio[d], quod hic beneficium Christi non recte et ordine populo a piis sacerdotibus summa cum religione, ac ideo lingua, quam populus omnis intelligat, exponitur et praedicatur, et sacramenta dispensantur. Contaminatio[e], quod non toleratur modo sed fovetur etiam illud caput omnis impietatis et idololatriae: persuasio hanc actionem salutiferam esse etiam[f] impoenitentibus. [698.] Interim tamen, cum ecclesiis id satis constet hic solemnem memoriam mortis Domini celebrari et communicationem Christi in simbolis [!] exhiberi[2] et «accedit» hic «verbum ad elementum»[3], profecto[g] ratio non est, ut affirmemus in ecclesiis istis coenam Domini usumve eius salutarem esse penitus sublatum. [699.][h] Sicut enim his ecclesiis baptisma concedimus (quod tamen antichristi non minus et violarunt[i] et contaminarunt) – excepto eo, quod non etiam ille abusus circa hoc sacramentum admissus est, ut sacrifici crederentur hic Christum pro hominibus denuo offerre – ita etiam concedendum iis[k] erit mysterium[l] caenae dominicae.

700. Quantum enim ad praedicationem mortis Domini ac etiam communionis hic Christi attinet, quae plus nimio quidem in missis tacetur: id tamen fateri necesse est, tantum de his in concionibus ac alias manifestari, ut qui studiosi Christi sunt, ignorare non queant in missis haec praecipue

---

[a] *paras numérotés* 700–712 P. *para marqué* ▯ *d'un trait* L. – [b] abiectio [!] L. ▯ Supra 639 *add.* A. – [c] nimirum P. – [d] *souligné* P. – [e] *souligné* P. – [f] *inséré* H *om.* P. – [g] ▯ H *rempl.* perfecta *barré* L. – [h] *para marqué* ▯ *d'un trait* L. – [i] violarint P. – [k] eis P. – [l] ministerium P. –

[1] Cf. *supra*, ch. 63, n. 4, en part. *op. cit.* cols 258s.

[2] Pour l'arrière-fond thomiste de ce terme et son emploi par Bucer dans le sens du réalisme sacramental, v. Fraenkel: *Die Augustana u.d. Gespräch,* en part. pp. 91ss.

[3] S. Augustin: *Tract. in Iohannem,* tr. 80, para 3, CCL 36, 529; MPL 35, 1840. Cité p. ex. par Pierre Lombard: *Sent.* livre 4, dist. 3, ch. 1, éd. Quaracchi 2, 243 dans son contexte baptismal d'origine mais souvent aussi en tant que description générale d'un sacrement: p. ex. Altenstaig: *Lexicon,* s.v. *sacramenta* (3 art.).

geri: solemnem celebrationem mortis dominicae et communionis Christi exhibitionem[4]. [701.] Nam et in vulgatis praeculis, quae pro laicis ad missas dicendae compositae sunt ac vulgatae, id memoratur et exponitur[5]. /52r./ [702.] Tum etiam non pauci latine intelligunt; et haec, cum ex Evangeliis et libris sanctorum patrum, tum etiam ex ipsis precibus quae in [m]missis post communionem publice recitantur[6] cognoscere possunt.

[703.] Nec ergo sanctis fas erit[n] negare adesse illis solemnibus et publicis missis aliquos, qui fideles sint[o], et, quid in missis geratur, quantum satis sit ad pie illis communicandum, intelligant; quibusque non sine fructu pietatis «verbum accedit elemento, et faciat sacramentum»[7], quamquam illud sacrificuli nimium silenter sibilent. [704.] Iam his mysteria Christi intelligentibus et recte utentibus – non impuris illis, qui ea nec intelligunt, nec rite usurpant – adesse nostros volo, etiamsi utrique promiscue corporali praesentia missis adsint. Non enim praesentiam corporum sed mentium spectamus. [705.] Sicut igitur sancti isti nostri, de hisce mysteriis Christi ad plenum edocti, illis de quibus modo dixi, sanctis, qui nondum ad tantam cognitionem pervenerunt, vere autem Christum et eius dona in missis et spectant et quaerunt, celebrationem eucharistiae[p] concedere necessario debent, ita etiam his in loco cum illis communicare oportet.

[706.] Quantum iam ad dispensationem pertinet symbolorum: nemini ea negantur petenti; tantum non invitantur (ut oportebat) homines, ut symbolorum communicationem peterent. [707.] Sancti itaque nostri proximos suos[q], quibuscum missis communicant, studebunt diligenter admonere; ut de vera cognitione, ita etiam de frequentiore et puriore usu mysteriorum Christi. [708.] Porro, nec eo cenam Domini usumque eius salutarem sanctis intercipi[r], quod altera pars symboli negatur communicantibus missa. [s]De hoc[s] dictum supra est /52v./ cum de hac violatione sacramenti nominatim ageremus[8].

---

[m] *om.* P. – [n] *corr. de* erat L. – [o] sunt P. – [p] in eucharistia P. – [q] nostros P. – [r] ▯ Supra 91 *add.* A. – [s-s] *inséré* H. *om.* P.

[4] V. p. ex. Gropper: *Enchiridion,* f. XCVv. et s. dans son explication de la liturgie.

[5] P. ex.: Eck: *Homilia 27 de sacramentis,* f. 44v. Ces homélies, d'abord publiées en allemand à la demande du gouvernement bavarois, furent ensuite traduites en latin pour être répandues aussi dans d'autres pays: Eck: *Ep. de ratione studiorum,* CCath 2, 64 et 68. Le nombre élevé des éditions atteste leur popularité: v. Metzler: *Verzeichnis* in CCath 16, pp. CVII–CXXV les n°s 681 I–V, 77 I–IV et 79 I–IV.

[6] Les *postcommunions,* variant d'une à trois et parfois enrichies du chant du *Nunc dimittis:* v. *Jungmann Missarum* sollemnia 2, 497–502.

[7] Cf. *supra*, n. 3.

[8] Ch. 7, paras 94ss.

CHAPITRE 67

[a]AUGUSTINUS ET AMBROSIUS CONTRA UNICAM COMMUNICATIONEM IN ANNO[a]

[709.][b] Est et illud non contemnendum piis argumentum: Ecclesiae orientales repraehenduntur ab Augustino[1] et Ambrosio[2], quod Pascatis solum tempore eucharistiae[c] communicarint, sed non damnantur tamen ob id impietatis. Iam cum[d] nihilominus episcopi illarum ecclesiarum religiosissimi sacram caenam administrarint singulis dominicis diebus, contenti communicatione ministrorum altaris (et forsan paucorum aliorum): consequitur sane etiam patrum aetate nequaquam impium iudicatum esse – etiam si non satis dignum devotione Christi haberetur – caenam publice administrare, et ei totam ecclesiam et[e] adesse, cum symbola tamen inter paucissimos dispensarentur. 710. Papistae quidem adhuc a communicatione sacrae caenae recesserunt longius, ut qui non privatas solum sed etiam publicas missas absque ulla[f] symbolorum dispensatione celebrant[3]. [711.] [g]Quantum autem ad eos adtinet, qui celebrationi caenae adsunt – immo etiam eos, qui illam administrant, sine symbolorum perceptione et dispensatione – hoc certe liquet: Si Orientales olim potuerunt cum fructu pietatis celebrationi sacrae caenae omnibus dominicis diebus adesse – cum in anno semel dumtaxat symbola perciperent – et potuerunt sanctissimi tum episcopi caenae celebrationem omni populo citra dispensationem symbolorum exhibere, utrumque et hodie pie et salutariter fieri posse, si pari modo pietate et caenam administrent sacerdotes et caenae adsit populus. /53r./ [712.] Iam dicere illo tempore sacram caenam a sanctissimis patribus populo symbolis non communicanti impie exhibitam et a populo tam religiose[h] frequentatam esse, equidem non dubitarim nimium manifestae impietatis esse. [713.][i] Constabit igitur et hinc sanctis non contentio-

---

[a–a] *om.* P. – [b] *paras numérotés* 713–724 [!] P. – [c] eucharistia P. – [d] tum P. – [e] *om.* P. – [f] *om.* P. – [g] *para marqué* ▯ *d'un trait* L. – [h] *corr. de* religioso (?) L. religioso P. – [i] *ce para et le suivant marqués* ▯ *d'un trait* L. –

[1] *De sermone Domini in monte,* livre 2, ch. 7, para 26, CCL 35, 115; MPL 34, 1280. V. la note suiv.

[2] *De sacramentis,* livre 5, ch. 4, paras 25s., CSEL 73, 69s.; MPL 16, 452s. S. Augustin dit seulement que les Orientaux ne communient pas tous les jours; S. Ambroise qu'ils le font une fois par an. Pour l'ensemble (y compris d'autres textes augustiniens), v. Browe: *Häufige Kommunion,* pp. 5–9.

[3] Même la communion annuelle obligatoire depuis 1215 (Latran IV) était loin d'être universellement observée: v. Browe: *Pflichtkommunion,* ch. 6, en part. pp. 112–124.

sis non consequi illic caenam Domini nullam celebrari, ubi desit symbolorum ad populum fidelem dispensatio.

[714.] Sed id melius et certius cognoscitur, si perpendat quis diligenter, quis sit primus finis et usus hic sacrorum symbolorum et adeo caenae totius. [715.] Fatemur omnes primum et totum finem sacrorum symbolorum sacrae caenae, atque adeo caenae totius, esse solemnem commemorationem mortis Domini et communionis eius commendationem et exhibitionem. [716.] Haec iam mortis Christi commemoratio et communionis Christi exhibitio haudquaquam ita alligata est symbolorum manducationi et bibitioni, ut non utraque possit solis verbis Domini plene perfici, et symbola visa tantum (non etiam manducata et bibita) non queant in fidelibus pectoribus idem efficere, quod efficiunt commesa et hausta – cum sint «verba visibilia»[4]; quamquam symbola [k]sint nequaquam[k] negligenda ubicunque ea rite haberi possunt. Nam sicut Dominus ea nobis instituit, ita certe ad salutem nostram promovendam facient, si rite sumantur. [717.][l] Immo tam sacrosancta esse nobis symbola debent, ut dum[m] non possunt a nobis haberi ambo, altero tamen cum summa religione utamur. Dumque negantur nobis [n]iusta ratione[n] dispensata, gaudere debeamus et gratias agere, ut vel quovis modo /53v./ nobis impertiantur, dum tantum liceat illa ut simbola [!] Domini excipere: quod licere ad missas omnibus vere sanctis, equidem dubitare non possum, ex iis, quae diximus et dicemus. [718.] Propterea quum[o] in ecclesiis apud tam multos sanctos supersit haec istius mysterii[p] cognitio: quod in eo mors Christi celebratur, et Christus ipse exhibetur, equidem coram Domino nostro Iesu Christo hoc affirmare ausim esse: ut sancti, qui plenam huius mysterii intelligentiam habent, possint cum certo fructu pietatis cum piis[q] sanctis, qui tantum cognitionis nondum adepti sunt, coena Domini apud missas communicare[r] etiam sine perceptione symbolorum,[s] licet antichristi manifesta impietate negligant hunc sacramenti usum commendare et symbola dispensare.

[719.][t] Haec ad secundum argumentum respondere visum est, quo boni sanctique illi viri evincere se putant, sanctos qui caenae mysterium[u] intelligant[v], non posse missis adesse, citra id, ut labefactent fidem et observantiam Christi in proximis, quia de caena Domini in his nihil supersit[5].

[k–k] n′ s′ P. – [l] *para marqué* ▯ *d'un trait* L. – [m] *om., puis* si *inséré* P. – [n–n] *rempl.* iuxta rationem *barré* L. – [o] *corr. de* quod L. – [p] ▯ H, *rempl.* ministerii *barré* L. – [q] hiis P. – [r] ▯ H, *rempl.* communium *barré* L. – [s] *suivi de* et, *barré* L. et *add.* P. – [t] *para numéroté* 724 *après le* 722 *précédent* P. – [u] ▯ H *rempl.* ministerium *barré* L. – [v] intelligunt P.

[4] *Contra Faustum,* livre 19, ch. 16, CSEL 25, 513; MPL 42, 357. Cf. aussi le *Tract. in Iohannem,* tr. 80, para 3 cité *supra* ch. 65, n. 4 («tanquam visibile verbum»).

[5] Adv.: Calvin: *op. cit.,* col. 260 (*ip*!).

CHAPITRE 68

[a]ADORATIO CHRISTI IN SACRAMENTO[a]

720.[b] Subiiciemus nunc quod respondendum existimamus obiectioni tertiae[c], de adoratione Christi sub[d] speciebus panis et vini in missis, quam plerique confessae idololatriae parem faciunt[1]. [721.] Ut vero adoratio Christi ad sacramenti ostensionem[e], etiam quae testificatione – geniculationis, vel prostrationis, vel alius – venerationis corporalis exhibeatur, officium pietatis sit, non solum nulla species impietatis exposuimus superius – propositione [395.][f] et sequentibus[2] – utcunque certa cum impietate haec adoratio a vulgo fiat. [722.] Quo autem plenius cognoscatur in adoratione[g] Christi ad conspectum sacramenti, quam nos in officio /54r./ sanctorum ponimus, nihil esse impii, definiendum paulo rectius[h] est, quidnam sit cultus impius et adoratio impia, quae idololatria vocari solet, (quanquam de hac re et supra [i]quaedam diximus[i]) definientes quid impietas sit.

[723.] [k]⟨Impius cultus⟩[k] Est itaque cultus impius, qui creaturae alicui exhibetur, spe opis divinae ab illa consequendae, supra quam illa ad usum nostrum [l]deputata est divinitus[l]. Ut, cum res animatas vel inanimatas ideo veneramur, quod percipere ab eis querimus ad quae non sunt media et instrumenta divinitus ordinata. [724.] Ita ut antichristi venerantur idola et reliquias[m], ut superstitiosi quidam homines venerantur certos lapides et herbas ac huiusmodi, propter spem consequendi ab illis, ad quae non sunt[n] divinitus deputata. [725.] Est etiam impius cultus qui exhibetur Creatori ipsi, sed in re, in qua sui cultum prohibuit, ut erat cultus illius nomini institutus in *vitulo,* quem Aaron *adorationi populi* prostituerat [cf. Ex 32,4–8][3]. [726.] Ut etiam est hodie adoratio eorum, qui Christum in certis signis, ac etiam in pane eucharistiae adorant, cum ea opinione, quasi Christus numen suum eiusmodi signis ita affixisset, ut eo externo cultu atque adoratione eblandiri[o] ab ipso possit[p] favorem et auxilium, etiam si

---

[a-a] *om.* P. – [b] *parass numérotés* 725–760 P. – [c] ▯ Supra 649 *add.* A. – [d] sup [!] P. – [e] ▯ H *rempl.* offensionem [!] *barré* L. – [f] *un carré (laissé en blanc) représente le chiffre manquant* L. 395. P. – [g] ▯ H, *rempl.* ea oratione *barré* L. ea adoratione P. – [h] certius P. – [i-i] d' q' P. – [k-k] *om.* P. – [l-l] div′ dep′ e′ P. – [m] Item *add.* P. – [n] sint P. – [o] *corr. d'une forme devenue illisible* L. – [p] posset P. –

[1] Adv.: Calvin: *loc. cit.,* ch. 63, n. 5, en part. cols 259 (*p*) et 261 (*p*!).

[2] En fait toute la seconde parie du ch. 43, paras 395–416.

[3] Adv.: Calvin: *op. cit.,* col. 263. Cf. notre ch. 60, paras 595ss.

absit cultus verae fidei. [727.] Est denique cultus impius quicquid omnino vel ceremoniarum vel operum Deo exhibeas ad opem eius emerendam sine 'pura certaque fiducia misericordiae eius exhibitae in Christo'[4]. [728.] Quae impietas – proh dolor – nimis multos etiam eorum tenet, qui videntur ceremonias papisticas «odisse cane peius et angue»[5]. [729.][q] Nam dum hii sine paenitentia et viva fide sunt, contendunt[r] tamen et tantopere pro abolitione ceremoniarum, quas contaminavit antichristus, tanquam /54v./ necessarium cultum Deo ea abolitione praestituri, idem impietatis admittunt, superstitiosas ceremonias oppugnando, quod papistae admittunt has observando[6]. 730. Et utinam hoc caput totius impietatis omnes satis agnosceremus: nempe niti et fidere aliis rebus quam sola misericordia[s] in Christo praestitae[t] [!], aut hac misericordia potiri velle rebus aliis quam simplici certaque *fide quae per dilectionem operetur*[u] [Gal 5,6][7]. [731.] Utinam[v] et illud agnosceremus: impium cultum esse quicquid Deo[w] fecerimus, quod non ad *sanctificandum nomen eius* et amplificandum *regnum eius* [Mt 6,9s.] iuxta eius verbum institutum a nobis fuerit.

[732.] Hosce impios cultus, utinam omnes rite agnosceremus et detestaremur! Sic facile id quoque videremus, quam nihil insit impietatis in plerisque cultibus, quos tamen impietatis hodie plerique damnant. [733.] Primum enim ex officio adoramus principes et omnes praestantiores divinae bonitatis administros. Deum etenim in his agnoscere et suscipere debemus. Et hoc tamen phanatici quidam impium faciunt[8]. [734.] Deinde, si vere pii sumus, quicquid in oculos incurrerit, auribus insonuerit, aut in manus a nobis sumptum fuerit, quod nos beneficentiae divinae clarius admoneat, Deo gratias agere et adorare studebimus, iuxta illud, quod Christus legitur quoties panem in manus sumeret, *gratias egisse sublatis in caelum*[x] *oculis* [Mt 14,19] – quod, quid aliud fuit quam adorare[9]? [735.][y]

---

[q] *para marqué* ▯ *d'un trait* L. *trait* ▯ *add.* P. – [r] ▯ H, *rempl.* commedunt *barré* L. – [s] Dei *add.* P. – [t] praestita P. – [u] ▯ H *rempl.* oportet *barré* L. *operatur* P. – [v] ▯ H *rempl.* ut *barré* L. Ut P. – [w] *corr. de mot illisible* L. – [x] ▯ H *rempl.* ecclesiam [!] *barré* L. – [y] *para marqué* ▯ *d'un trait* L. –

[4] Définition standard de la foi: cf. Ap.: Melanchthon: *Loci* 1535, *De gratia et iustificatione*, CR 21, 422 (*p*!).

[5] Erasme: *Adagia*, chil. 2, cent. 9, n° 63, LB 2, 676s.

[6] Allusion aux «radicaux», peut-être surtout aux «restitutionistes». P. ex.: Rothmann: *Restitution* (in: *Schriften*), ch. 1, p. 219 (la restitution est une réforme de plus en plus radicale qui s'éloigne plus que Luther de l'antichrist romain); ch. 9, p. 244 (les «évangéliques», hypocrites, ont tort de prêcher la foi sans les œuvres); ch. 2, p. 221 (l'Ecriture sans «interprétation» humaine, seule règle absolue). Cf. Williams: *Radical Reformation*, pp. 375ss.

[7] Er. et Vg.

[8] Peut-être aussi une allusion au «royaume des saints» de Münster (plus proche dans le temps que l'ancienne doctrine anabaptiste rejetant le glaive): cf. p. ex. Rothmann: *Bericht von der Wrake*, in: *Schriften*, 285–297, en part. pp. 291ss. Cf. aussi Williams: *Radical Reformation*, pp. 369–371. – L'analogie entre l'adoration du sacrement et la révérence au prince, ap.: Luther: *Von anbeten d. Sacr.*, WA 11, 446.

Proinde, cum in ceremoniis sacris, et praecipue in sacra eucharistia, tam solemnis commemoratio Domini nobis ingeritur, profecto indigne (ne dicam impie) hisce ceremoniis sacrae caenae is adfuerit, quem interna[z] Christi hic adoratio non impulerit etiam ad externam[10]. /55r./ [736.] Sive hanc externam adorationem exhibeat tantum *sublatis in coelum oculis* [cf. Mt 14,19 et parall.] et manibus, sive sola inclinatione capitis, aut etiam genuflectione et totius corporis prostratione: quibus signis adores, quid referat[a1], modo adores? [737.] In hac autem observatione tamen adorationem internam per externam testificando, sanctus – quo nemo minus novator est, nemoque se alienis moribus lubentius accommodat – morem ecclesiae suae servare studebit. [738.] Ita, cum Dominus *iustos* suos, quos ad se iam *transtulit* [cf. Sir 44,16s.; Hb 11,4s.] in sempiterna et venerabunda memoria apud nos esse et haberi omnino velit: quis sanctorum, dona Dei in his digne reputans, non tanquam praesentibus (ut animo illius sunt)[b1] cor suum prosternet[c1] et animo reverentiam exhibeat, eamque externe etiam – ut nostrum est ingenium – testificetur? [739.] In his itaque cultibus omnibus, quos sancti non hominibus, vel hic adhuc peregrinantibus vel *cum Christo regnantibus*[d1] [Apc 20,4], non ceremoniis et ritibus aut symbolis, sed ipsi Deo et Patri nostro ac Christo Servatori exhibent – a quo scilicet sibi omnia expetita et petunt et venire gloriantur.

740. Admonitio et excitatio ad hunc cultum Dei est ab his rebus. Inde etiam ad has res cultus iste exhibetur, non autem hisce rebus ipsis. [741.] Idque non praeter verbum Domini, sed secundum verbum[e1] quod iubet Deum *benedicere* et *praedicare in omnibus operibus eius* [Ps 144,10.13][11] et *in omni loco dominationis eius* [Ps 102,22]. [742.] Dum enim illud cavetur, ne numen et auxilium Dei ullis rebus aut ritibus per se affigatur, ut citra fidem et paenitentiam quisquam se per illa vel Deo approbare vel opem[f1] eius consequi velit, [g1]non peccatur[g1]. Hoc enim unum /55v./ illud est, quod Scriptura in omnibus impiis cultibus damnat, quoque omnis impius rerum abusus constat.

[743.] Perpendendum et illud est, quam late pateat libertas christiana[12]. Nam sicut hanc Dominus paucissimis symbolis et ceremoniis subiecit[13], ita

---

[z] ▯ H, *rempl.* incerta [!] *barré* L. – [a1] *suivi de* quo *barré* L. at *add.* P. – [b1] ▯ Sancti praesentes *add.* A. – [c1] prosternat P. – [d1] ▯ H *rempl.* repugnantibus [!] *barré* L. – [e1] Domini *add.* P. – [f1] ▯ H *rempl.* opus (?) *barré* L. – [g1-g1] *inséré* L. *om.* P. –

[9] BEv (sans doute sous l'influence du canon de la messe para *Qui pridie*). *Loc. cit.*, f. 126r. Bucer insiste sur le fait que Jésus bénissait toujours le pain mais sans interpréter ni cet acte, ni l'élévation des yeux comme un acte d'adoration: interprétation qui est aussi absente de la *Catena aurea*, de la *Glo. ord.* ou de Lyre *ad loc.*

[10] Ap.: Luther: *Von Anbeten,* WA 11, 446, l. 28ss. (*p*).

[11] Vg. et BPs 132.

[12] Ap.: Luther: *Op. cit.*, p. 447, l.30 (*ip*) et pour ce qui suit, p. 448.

[13] Ap.: S. Augustin: *De vera religione,* ch. 17, para 33, CCL 32, 207s.; MPL 34, 136 (*i*).

illi nulla re omnino interdixit, ne illa sibi ex ea symbolum et excitabulum faceret pietatis (quae alioqui nobis ubique et quibuslibet rebus excitanda est[h1] et inflammanda) – tantum ut probe dispiciatur[i1], ut quisque pro sua vocatione vel instituat haec, vel institutis utatur, ut [k1]eo tum nobis ipsis[k1] tum aliis valeant, ut semper[l1] vivatius et agnoscatur Christus unus omnia nobis esse, facere, et praestare.

[744.] Sed ad propositum nostrum. Nimia – proh dolor – impietas admittitur vulgo in adoratione symbolorum eucharistiae. Nam etsi Christum hic dicant se adorare[m1], non symbola, tamen confidunt hac sacramentali [n1]praesentia Domini[n1] per se, et sperant se externo isto cultu aliquid de Christo mereri et opem eius eblandiri, citra omnem[o1] fidem. [745.] Haec autem vulgi impietas [p1]maxima quidem est; tamen[p1] non potest efficere, ut sancti non debeant Christum ad admonitionem istam tam solemnem pie adorare. [746.] Cum itaque sancti hic Christum adorantes officium faciant pietatis (id quod supra demonstratum est) nullam eo impietatem vel provocant, vel fovent. [747.] Imperitiores quoque illi, qui[q1] Christum sub symbolis quasi localiter comprehensum, et substantiam symbolorum in corpus et sanguinem Domini mutatam imaginantur[14] – cum tamen omnia ponunt in benevolentia gratuita Dei, et satisfactione pro nobis /56r./ Christi, et ex hac fide Christum ad conspectum sacramenti adorent[r1], nullius ob id poterunt impietatis damnari. [748.] Error siquidem eorum impotentiae[s1] est et infirmitatis, non impietatis, quando Christo semel omnia tribuunt et in eius gratia et merito cuncta ponunt. [749.] Invenias tamen non paucos ex simplicioribus, qui Deum ipsum certo coelorum loco sua imaginatione includunt, et pleraque alia Deo parum digna cogitant, quae tamen omnia misericordia Dei illis condonat, propterea quod ipsa sola fidunt. 750.[t1] Nec schola etiam, et publica in ecclesiis papam agnoscentibus doctrina aliam adorationem Christi apud sacramentum docent, quam eam, quam Christo utique debemus ubicunque eius solemnior nobis facta sit admonitio[15]. [751.] Nec etiam symbolis Christum includunt[16], sed ea modo habitudine Christi ad symbola praesentiam eius docent, quae certe verbo Domini promittitur et exhibetur[17]. Tantum

---

[h1] esset P. – [i1] despiciatur P. – [k1–k1] ▯ H *rempl.* eorum ipsis nobis barré L. eo cum ipsis nobis P. – [l1] Christum [!] *add.* H. – [m1] *précédé de* colere *barré* L. – [n1–n1] D′p′ P. – [o1] veram P. – [p1–p1] *om.* P. – [q1] *inséré* H (?). – [r1] *rempl.* adornat *barré* L. adorant P. – [s1] imperitiae P. – [t1] *para marqué* ▯ *d'un trait* L. –

[14] Cf. Calvin: *De fugiendis,* CR 33, 257 (pas d'adoration même si la présence réelle est admise – sans mention de la transsubstantiation!).

[15] Cf. n. 18.

[16] Cf. S. Thomas: *S. Th.,* 3a pars, qu. 76, art. 5, en part. *in co* et *ad 1, ad 2.*

[17] Cf. *ibid.,* qu. 75, art. 1, *in co* (en part. *tertio*). Cf. Fraenkel: *Die Augustana,* en part. pp. 91s.

contaminant haec figmento suo de transsubstantiatione, et vulgo haec ingerunt crassius et Christo Domino indigne. [752.] Pietatis sane est Deum et Christum nostrum adorare *in omni loco dominationis eius* [Ps 102,22]. Quid igitur ita indignum existimamus adorare eum etiam in illa tam solemni et divina exhibitione eius, quae fit in sacra caena? [753.] Nec symbola in hoc elevantur, ut ipsa quisquam adoret: verum ut excitentur omnes, quo exhibentem se nobis in sacramentis Christum adoremus. Nec aliter etiam a papisticis [u1](scolasticis dico) doctoribus[u1] docetur[18]. [754.][v1] Sic ergo cum res habent, nec ex idololatria – quam multi, proh dolor, in adoratione sacramenti admittunt – convinci poterit, fidem et observantiam /56v./ Christi labefactari in proximis, dum sancti, ratione quam nos descripsimus, Christum ad elevationem symbolorum in missis (et alias ad solemniores symbolorum exhibitiones) adorant. [755.] Sicut etiam veteres sancti nullius se idololatriae obstrinxerunt quando ad *archam* Domini et caetera symbola divinae praesentiae *adoraverunt* [cf. e.g. Ex 31,7–11; 33,7–11; 2 Par 6,11.32s.]. Nec tum etiam, cum et principes et populus totus fere ad haec non absque confessa impietate et idololatria fuit[w1]. Quantam enim *impietatem* illis prophetae tribuant[x1] horrendum est vel[y1] legere [cf. e.g. Ier 14,20–22].

[u1–u1] d' (scolasticas d') P. – [v1] *para marqué* ▯ *d'un trait* P. – [w1] *inséré ou réécrit* H. adorabant P. – [x1] tribuunt P. – [y1] *inséré* H. *om.* P.

[18] V. S. Thomas: *S. Th.*, 3a pars, qu. 25, art. 2 et qu. 83, art. 5 *ad 5;* et cf. p. ex. Durand: *Rationale,* livre 4, *De sexta particula canonis,* para ult. (notre éd. f. 45r. b. et s.) donne les explications suivantes: promouvoir le salut de tous; marquer la dignité de ce sacrifice; signifier le Christ, vrai pain de vie «exalté» dans l'Ecriture; signifier la résurrection; montrer que la consécration a été faite afin qu'on adore Christ en fléchissant le genou, ainsi que de cœur et de bouche. V. aussi Biel: *Can. miss. exp.* lectio 50, paras L et M, éd. Oberman 2, 280ss.: à l'élévation, adorer le Christ «latria actu exteriore et interiore», c.-à-d. par les gestes appropriés, mais surtout par la foi, la charité, la mémoire de la passion, etc.

CHAPITRE 69

La solidarité entre chrétiens

[756.][a] Exagitare admodum solent quidam et reliquum missarum ritum, ut vestes, gestus, et alia[1]. [757.] Sed *sunt pura omnia puris, impuris et incredulis nihil purum est* [Tit 1,15][2]. Quibusque[b] olim sancti patres pie usi sunt, his etiam nunc pie uti possumus – praesertim, cum illa mutare non sit nostrum: Dominus enim id non in nostra potestate ponere voluit. [758.] Quare nescio an pium[c], qui *fieri omnibus omnia* cupit, ut vel aliquos [d]*lucrifaciat* Domino[d] [1 Cor 9,22] deceat, eas res adeo exagitare, tamque[e] acerbe, quae sanctissimis olim hominibus ad pietatem promovendam et institutae sunt et servierunt, hodieque serviunt non paucis. [759.] Sunt infinita varietate hominum ingenia: aliae res alios afficiunt[3]. 760. Nobis huc erat unice spectandum et enitendum, ut homines – quibuscunque vel aliquod superesset *pietatis* studium – ad pleniorem Christi *cognitionem* adduceremus[f]. Ea enim, dum obtinet, *purificat omnia* [cf. Tit 1,1.15], et in verum usum restituit.

[761.] Iam ad Christum perfectius cognoscendum quomodo adducemus eos, quibus omnia sua, quae etiam habent religiosissima, tam seve [!] damnamus, /57r./ et quae iudicant prophanissima, invicem tam ruditer ingerimus? Certe, nisi nos ut Christi ministros et Christo fideliter servientes agnoscant, eis ad regnum Christi parum proderimus[g]. [762.] Sunt et alii multi ritus, qui in manifestas impietates abierunt, sed de his quoque supra diximus sententiam nostram (quomodo non dubitamus, quod Domini in illis [h]ritibus aliquid[h] est – ut semper aliquid est: per se enim nullum mendacium subsistit[i] –[4]): ab eo quod adiecit antichristus discerni, repurgari, et pie usurpari et posse et debere. [763.] Tam[k] benigne enim[l] ecclesiis suis Dominus adfuit, ut, quantumlibet [m]antichristus dives[5] ministris[m]

[a] *paras numérotés* 761–774 P. – [b] quibuscumque P. – [c] ▯ H *rempl.* spiritum *barré* L. sanctum *précédé de* spiritum *barré* P. – [d-d] D'l' P. – [e] tam P. – [f] adducamus P. – [g] ▯ Profuerimus H, *barré au profit de la leçon originelle (déjà barré) de* L. – [h-h] ▯ H *rempl.* ritus *barré* L. ritibus P. – [i] substitit P. – [k] *corr. de* Iam, *suivi de* ita (?) *inséré* H *puis barré* L. – [l] *corr. de* in L. – [m-m] a' divis, ministris P. –

[1] Adv.: Calvin: *De fugiendis*, CR 33, 258. Cf. aussi Bucer: *Grund und Ursach*, BDS 1, 246.
[2] Er (texte et note) et ErP.
[3] Ap.: Erasme: *Adagia*, Chil. 3, cent. 8, prov. 58, LB 2, 916 BC (*p* du prov. et de l'explic.).
[4] V. ch. 55, n. 8.
[5] Cf. Calvin: *De sacerdotio papali*, CR 33, 281: «romanus Pluto».

ecclesiae et ceremoniis supra quam oportebat tribuerit et tribui fecerit, semper tamen misericordia Dei et meritum Christi «primas teneant»[6], et ad ea referuntur omnia. [764.] Et quae manifestiorem habent misericordiae divinae et meriti Christi neglectum, et opem divinam rebus aliis impudentius addicunt, sic irrepserunt et habentur, ut defensores papalis tyrannidis ea defendere non ausint: utpote quae non solum apertissimis ecclesiarum decretis, sed etiam per scholam damnentur[n]. [765.] Exempli gratia: multa inhaeret superstitio usui salis et aquae, quae benedici solemniter solent; quam superstitionem ex verbis exorcismorum et benedictionum, tum etiam abusu vulgi facile est[o] copiose exagitare[7]. [766.] At cogita simplicem aliquem et modesti spiritus hominem, qui papae adhuc servitute obstrictus[p] sit, serio autem suspiret ad Christum. [767.] Hic, cum audit a nobis tam acriter exagitari impietatem, quae insit in illis symbolis salis et aquae – cum is ex sua pietate aliorum facta iudicet: an non in proclivi[q] sit, ut illius conscientia nostris exagitationibus sic respondeat: /57v./ [768.] Quis ita impius sit, ut his «creaturis Dei» virtutem Dei ascriberet? Tamen «misericordiam Dei» in hoc invocamus, ut ipse velit has res 'nobis salutares facere', cum propter peccata nostra nobis «noxiae» esse debeant[r]. Petimus ut per nomen Christi 'potestate[s] inimici eximantur', et sint ipsi[t] Domino organa ad 'depellendam' «omnem potestatem inimici», sicut a rebus, quibus utimur, ita etiam «a corporibus et mentibus» nostris[8]. Abutitur his rebus impietas vulgi – quid vero illud ad nos, qui pendemus a Christo? qua enim re vulgus non abutitur? [769.] Sic cogitantibus hominibus, qui ideo ab omni religionum immutatione horrent, quia vere religiosi sunt: an non periculum est, ut fidem nostram, reformationem religionum professi, suspectam reddamus, praesertim quando animadvertunt nos ad immutationem ceremoniarum esse tam acres et vehementes; in immutatione autem vitae et morum[u] tam lenes[v] et indulgentes.

---

[n] ▯ H. *rempl.* dominentur *barré* L. – [o] esset P. – [p] astrictus P. – [q] proclive P. – [r] debent P. – [s] potestates P. – [t] ipse P. – [u] ▯ H *rempl.* nostrorum *barré* L. nostrae et nostrorum P. – [v] *corr.* (H?) *de* leves L.

[6] Cf. Erasme: *Adagia,* chil. 5, cent. 1, prov. 51, LB 2, 1191 C.
[7] Cf. p. ex. *Apologie de la CA,* art. 4, BSLK, p. 216.
[8] Ap.: *Rituale Romanum, Ordo ad faciendam aquam benedictam,* surtout les prières *Immensam clementiam* et *Deus qui salutem* (*i, p, e*!).

SIXIÈME PARTIE

CHAPITRE 70

CONCLUSIO[a]

770.[b] Haec sunt, quae ego in Domino respondere possum de ratione, qua christiani, quos Dominus donavit pleniore sui cognitione, ut antichristi imposturas intelligant et abominentur, vivere debent, dum eos sua[c] vocatio detinet in iis ecclesiis, quae antichristi tyrannide etiamnum premuntur.

---

[a] *om.* P. – [b] *para* 775 P. – [c] ▯ *rempl.* suos *barré* L.

CHAPITRE 71

RATIONES[a]

[771.][b] Sunt vero sententiae meae haec prima fundamenta, quae et supra memoravi.

[772.] 1.[c] Oportere unumquemque suae vocationi inservire, ac ideo haerere[d] in ecclesiis in quibus videt se divinitus constitutum esse. [773.] 2. Hasce ecclesias esse ecclesias Christi: communicandum ergo esse cum eis omnibus institutis Christi, et condonare illis usurpationem ceremoniarum et rerum omnium, quaecunque per se impia[e] non sunt. /58r./ [774.] 3. Eorum correctionem quae in ecclesiis peccantur publicam[f], non esse privatorum. [775.] 4. Non omnes ad praedicandum Christum pariter vocari; sed unumquemque pro eo loco, quem ipse in corpore Christi obtinet, et[g] pro[h] capacitate veri[i], quam in proximis Dominus cuique obtulerit. [776.] 5. Aliena impietate non contaminari eos, qui oppugnare illam pro sua vocatione et virili non negligunt. [777.] 6. Omnia antichristi, quibus caeremonias[k] ecclesiae – cum divinitus institutas[l], tum a religiosis hominibus quoquo modo receptas – contaminavit, nihil esse quam mendacia et falsas opiniones, quae nec per se subsistere[1], neque in his rebus, quas pervertunt apud impios, haerere[2]. Cuncta opera Dei, semper ut in seipsis ita etiam in usum[m] sanctorum pura permanere. [778.] 7. Communicationem sanctorum in caeremoniis per superstitiones antichristi contaminatis non esse cum impiis, qui in ecclesia esse videntur, et eam administrare in his superstitionibus; sed cum sanctis infirmioribus, quique ignorantes *super fundamentum Christum superstruunt lignum, faenum* et *stipulam*, [1 Cor 3,11s.][3] in caeremoniis per se puris ac[n] sanctis, si pure et sancte usurpentur. [779.] 8. Ecclesias papae servientes nequaquam habendas esse ut olim oportebat habere colluvies daemoniorum apud gentes, sed ut[o] synagogas populi Dei sub impiis regibus, sacerdotibus, et prophetis, quando sacrae caeremoniae Dei non solum admixtu peregrinarum abomi-

---

[a] *om.* P. – [b] *paras numérotés* 776–792 [!] P. – [c] *pas de numérotation particulière des «rationes»* P. – [d] ▯ H, *rempl. abbrév.* hre *barrée* L. – [e] impiae P. – [f] publice P. – [g] *corr.* A *de* ut P. – [h] eo *inséré* A. *devant* ea *add.* P. – [i] uti *rempl.* viri [!] *non barré* P. – [k] ceremoniis [!] L. – [l] institutis [!] L. – [m] usui P. – [n] *corr.* (H?) *de* et *barré* L. – [o] ▯ H *rempl.* et *barré* L. et *barré* P. –

[1] Cf. *supra*, ch. 55, n. 8 et ch. 69, n. 4.
[2] Cf. *supra*, ch. 2, n. 3 et ch. 55, n. 9.
[3] Er.

nationum, sed etiam capitali illa impietate: fiducia operis externi – tamen[p] non in universum et penitus – contaminatae erant. 780. 9. Eos, qui communionem in ecclesiis papae adhuc servientibus tam late ut nos non permittunt, praecipue eo niti quod nulla sit *Christi* et *Belial communio* [cf. 2 Cor 6,15][4] et quod *membrum Christi* non possit servire antichristo [cf. 1 Cor 6,15] contra /58v./ Christum[5]. Nos autem non dubitare ista religione et cautione, quam exposui, omnem *communionem* et servitutem antichristi prorsus ab ea *conventione*[q] [cf. 2 Cor 6,14s.] ceremoniarum, quam nos concedimus, removeri et excludi, nihilque prorsus in hac communicatione relinqui, quam communicationem Christi et membrorum eius, fortioribus sanctis necessariam, et infirmioribus salutarem, [r]quod non[r] sit Spiritus Christi in sanctis.

[781.][s] 10. Proinde, qui uti ista ratione, quam hic descripsi, salutariter velit, huic primum omnium de[t] sua vocatione statuendum erit[u]; idque in Spiritu Christi, cuius directionem et actum necesse est sedulis et ardentibus precibus orare. [782.] 11. Nihil certe Dominum Iesum vere amanti, et non[v] potentissimo Spiritu instructo ad asserendum regnum Christi inter mancipia antichristi, optatius fuerit et iucundius, quam semel inde fugere, ubi antichristus suam tyrannidem adhuc tenet: et fugere relictis liberis, uxore, et quicquid necessarium et charum in hoc mundo habeat. [783.] 12. Nam iis, qui serio orant ante omnia gloriam Christi et *sanctificationem nominis* Dei [cf. Mt 6,9], nullum potest in omni vita gravius[w] tormentum accidere, quam videre sub titulo et praetextu religionis et cultus divini religionem veram et cultum Dei everti. Id quod in Mose *frangente tabulas* legis [cf. Ex 32,15–19], in Helia mortem precante[x] [cf. 3 Rg 19,4][6], in Christo et apostolis ob hanc solam Dei contumeliam *excandescentibus* et *frendentibus*[y] *spiritu* [cf. Mc 8,12; Io 11,33; 13,21; 2 Cor 11,9][7] satis superque apparuit. [784.] 13. Sed non vult Dominus interim *desertas* eas[z] suas *oves,* quae adhuc in *dispersione* antichristi *errant* [Is 53,6; Io 10,12]. [785.] 14. Iam si quisquam[a1] simul atque Christum et antichristum certius internoverit, velit autem[b1] Christum sic[c1] praedicare, ut mox tollatur, aut illico solum vertere: quis inferet reliquis adhuc tenebris antichristi obscuratis lumen

[p] tantum P. – [q] communicatione P. – [r-r] ▯ H. *om.* P. – [s] *numéro du para omis et en* ▯ *trait reliant ce para au précédent* P. – [t] *inséré* H. – [u] erat [!] P. – [v] ▯ «Non» forte delendum *add.* A. – [w] maius P. – [x] ▯ H *rempl.* praedicante *barré* L. – [y] *corr.* H (?) *de* frementibus L. – [z] esse P. – [a1] quisque P. – [b1] aut P. – [c1] uic P. –

[4] Er et ErP (*p* ici!). Adv.: Calvin: *De fugiendis* CR 33, 249 (*i, t*).

[5] Calvin: *loc. cit.* col. 248 (*i, t*).

[6] Ou selon var.[x] 3 Rg 18,40; 21,15–24; 4 Rg 1,4 etc.

[7] Les expressions (trad. Bucer) paraissent être prises de tels passages. Quant au contenu, le renvoi serait plutôt à Mt 24,23–28 (faux prophètes), Mt 21,12–13 et en part. Io 2,13–17 et p. ex. Gal 3,1–7.

Christi? Quis *conspersioni* hic Domini immiscebit *fermentum* evangelii [Mt 13,33; 1 Cor 5,7]?

[786.][d1] 15. Fateor: proclive est rationem Christum adferendi[e1] in ecclesiis /59r./ papae etiamnum subiectis quam praescripsi pretexere[f1]. Verum re ipsa praestare, quicunque prius[g1] hoc tentarit[h1], fatebitur indubie multo maioris negotii et laboris esse, quam fugere relictis semel rebus omnibus, imo quam animo se ingredi flammas, et morte ista pericula istosque labores semel permutare. [787.] 16. Christum Dominum nostrum necesse est ubique regnare: quanto iam facilius est regno eius adserendo[i1] ibi servire, ubi id obtinet publice, quam ubi nullum habetur scelus capitalius! [788.] 17. Et quia sanctus, quem nos instituimus – inter ipsa mancipia antichristi degens – ad quamlibet occasionem defectionem ab eo et reditionem ad Christum suadebit, et persuadebit multis, antichristum et propugnatores eius haudquaquam latebit. Quoque minus illum solemni suo illo crimine (violatae religionis) statim opprimere poterunt, hoc certe [k1]illi insidiabuntur[k1] acrius, et nullam occasionem perdendi eius praetermittent – ut si quisquam alius, hic certe et intellecturus et apposite usurpaturus sit Psalmos illos, quibus sancti de vi et insidiis hostium religionis tantam querimoniam movent [e.g. Ps 9,7–9; 22/23,5; 26/27,11s.; 118/119,85s. et 110s.][8].

[d1] *trait et* ☞ *add.* P. – [e1] asserendi P. – [f1] ▯ H *rempl.* praetexere *barré* L. – [g1] pius P. – [h1] tentavit (?) P. – [i1] H *rempl.* adferendo *barré* L. – [k1-k1] in′ il′ P.

[8] V. aussi les explications in BPs 32, f. 48r.; 105r.; 118v.; 302v. et 303r.v.

CHAPITRE 72

OBTESTATIO[a]

[789.][b] ⟨Nota ☞⟩[c] 18[d]. Proinde obtestor per Dominum nostrum Iesum Christum et tremendum eius iudicium, quo *occulta cordium,* quae etiam nos ipsos fallunt [cf. 1 Cor 14,25; Rm 1,21], iudicaturus est, omnes eos, qui haec mea responsa forte lecturi sunt, ne hinc indulgentiam suae carni petant aut confirment, sed sciant haec nequaquam esse responsa iis, quos Dominus cum Abraham[e] de impia natione sua evocaverit[f] ad liberam peregrinationem [Gn 12,1ss.][1]. (Cui [g]in hoc[g] optatissima ab antichristi tyrannide liberatio contigerit[h], is laetus et iubilans sequatur Dominum in beatum exilium, quantumlibet illud carni durum esse videatur.) Verum iis quos certa Domini vocatio ibi detinet, ubi antichristus ecclesiarum administrationem occupat, qui etiam ad quamlibet /59v./ confessionem nominis Christi, quae in officio eorum sit, parati promptique sunt. 790. 19. Etenim, cum [i]dubium mihi[i] non sit Christum in hisce quoque ecclesiis regnum suum restituere velle, et in hoc illustrare quotidie sui cognitione pleniore tam multos – hac re omni[k], non uno anno perpensa – coram Domino Iesu et ecclesia eius hoc me confirmare oportet: hanc ipsam [l]rationem, quam hic descripsi[l] idoneam esse, et omnino usurpandam sanctis, quibus Dominus ad instituendum[m] regnum suum in ecclesiis antichristo adhuc servientibus uti voluerit, et in hoc eos in huiusmodi ecclesiis sic detinet, ut – velint nolint – videant et sentiant se istas ecclesias non nisi iratio Christo deserere posse.

[791.] Dominus noster Iesus Christus, qui novit me [n]hac ratione[n] in hoc tantum respondisse, ut afflictis et perplexis mentibus ad id unum commodarem, ut se ad *colligendas* ad *ovile* Christi *oves,* quae ab illo adhuc *aberrant* [cf. Io 10,12.16.27; Is 53,6], Christo Domino faelicius inserviant, idque pro cuiusque indubitata vocatione. Idem largiatur et efficiat ne quisquam ista ratione abutatur ad id ut[o] crucem Christi declinet[p], vel revocandis ad Christum proximis ulla legitima vel admonitione vel confes-

[a] *om.* P. – [b] *paras numérotés* 793–802 P. – [c] ▯ *om.* P. – [d] *pas de numérotation secondaire* P. – [e] ▯ *trait add.* P. – [f] revocaverit [!] P. – [g-g] enim haec P. – [h] ▯ H, *rempl.* contingerit *barré* L. – [i-i] m′ d′ P. – [k] *barré* P; merum *suscrit* A. – [l-l] q′h′d′r′ P. – [m] restituendum P. – [n-n] *corr. de* hanc rationem L. hanc rationem P. – [o] ▯ H, et ad *barrés* L. – [p] ▯ H, *rempl.* detinet *barré* L. –

[1] Ap.: p. ex. *Glose* interlin. et Lyre: *ad loc.* (*i*: patrie et peuple impie).

sione de redemptione in Christo desit. Amen. [792.][q] 20. Et si qui haec legerint, qui plusculum communicationis in ceremoniis per antichristum contaminatis concedi per me arbitrabuntur quam par sit – hi orent Dominum, ut mihi condonet quicquid non[r] ad instaurationem regni eius vel instituerim vel responderim. Ipsi autem etiam invicem agnoscant se homines esse et labi posse; deque tot ecclesiis Dei et tam multis milibus sanctorum in illis dispersis iudicium haudquaquam temere faciundem esse. [793.] 21. Id quoque religiose expendant: quod in hisce ecclesiis tam clara invocatio nominis Christi supersit[s]. Nam cuncta et petita et dispensata «per Dominum nostrum Iesum Christum» consequi et rata esse volunt[2]. /60r./ [794.] 22. Considerent et illud: divi Bernardi tempore, ante quadringentos annos, antichristos in ecclesiis eo valuisse, ut sanctus ille vir iam tum scripserit[t 3] nihil impietatis reliquum esse – iam «nec fugere nec fugare» antichristos licere. 800 [! = 795]. 23[u]. Iam negare ab eo tempore et supra nullas fuisse ecclesias Christi, id a scripturis Dei mihi tam alienum videtur, ut «toto corpore»[4] horream quoties audio de eo verba fieri[5].

[796.] 24. Velim postremo, id quoque isti animadverterent: cum omnem communionem cum ecclesiis papae servientibus eo usque damnent[v], fieri apud minime paucos, ut hinc quidem animis percellantur, et tamen assentiri plane non possint[w]. Hi ergo vel perpetua fluctuatione conscientiae crucientur, vel tandem – desponsa[x] professione religionis tam severae[y] quamque vident sibi impossibilem – convertunt se ad res mundi; aut admittunt falsos doctores, qui eos sensim omni Christi vero studio exuunt; quorum hodie – proh dolor – videre est quam plurimos. [797.] 25. Quos verisimile est per istam moderationem, quam hic tradidi, retineri posse in solida meditatione Christo se in dies perfectius approbandi; ut si quid hodie egerint infirmius, cras instent[z] sibi, et agant pro Christo fortius. Quemlibet[a1] enim imbecillem[b1] conatum conservare in his praestiterat[c1]

---

[q] *para marqué* ▯ *d'une ligne* L. – [r] est [!] *add.* P. – [s] *corr. de* superet [!] L. superest P. – [t] *om.* P. – [u] *para marqué* ▯ *d'un trait* L. – [v] damnant P. – [w] possunt P. – [x] *corr. en* desperata A. – [y] severa P. – [z] constent P. – [a1] Quamlibet P. – [b1] imbecillum P. – [c1] praestiterint P. –

[2] Formule finale ordinaire des oraisons, mais aussi de sacrements (p. ex. canon de la messe, para *Nobis quoque peccatoribus*) ou de sacrementaux (p. ex. l'exorcisme d'eau lors de la préparation de l'eau bénite).

[3] ▯ *Bernardus*[t]. – V. ci-dessus, ch. 2, para 22, et n. 4. Ici en part. aussi Sermo 33, MPL 183, 959: «Serpit hodie putrida tabes per omne corpus ecclesiae . . . ministri Christi sunt et serviunt Antichristi».

[3] Erasme: *Adagia,* chil 1, cent. 4, prov. 23, LB 2, 160.

[5] P. ex. Rothmann: *Restitution* ch. 1, in *Schriften* p. 215: «Dan wo nu yn Christo . . . wat veruallen was, ys vpgerichtet gheworden, so hefft ydt doch noch geyne dure gehadt». *Ibid. inf.* concernant la papauté et «de rechte affual» à son époque. – Bucer voit-il dans cette perspective aussi Calvin: *Institution* 1539, ch. 4, paras 32s., CR 29, 559ss. («Denique ecclesias illic neque plane inficiamur esse neque simpliciter concedimus»)?

utique, quam nimia severitate – quamque[d1] non dubito verbo Domini minime niti[e1] – depellere tam multos vel ad impias sectas vel ad semiepicurismum.

[798.] Dominus noster Iesus Christus, unicus *bonus pastor* [Io 10,11] donet nobis, ut ipsi ad salutem *ovium eius* [ib. v. 3] procurandam ministremus fideliter, prudenter, constanter, et feliciter. Amen.

[f1] 1544 descripta, mense Iulio.[f1]

[d1] quamquam P. – [e1] [] *rempl.* iuri *barré* L. – [f1-f1] Anno 1541 descripta, mense Maio P.

BIBLIOGRAPHIE

Bucer

Martini Buceri Opera Omnia, Series I *Deutsche Schriften*, Gütersloh et Paris, 1960–
Series II *Opera Latina*, ibidem, puis Leyde, 1955–
Series III *Correspondance*, Leyde, 1979–

LENZ, Max (éd.): *Briefwechsel Landgraf Philipp's ... mit Bucer*, 3tt. (= *Publicationen aus den k. preussischen Staatsarchiven* tt. 5, 28, 47), Leipzig, 1880–1891 (et réimpr. anast. Osnabrück, 1965).

BUCER, Martin: *Epistola D. Pauli ad Ephesios ... versa ... In eandem Commentarius ...* (Strasbourg, 1527) [BiBuc 17].

[–]: ARETIUS FELINUS: *Sacrorum Psalmorum libri quinque ... elucidati per A'm F'm*, (Strasbourg, 1532) [BiBuc 25c].

–: *Defensio adversus Axioma catholicum, id est criminationem R.P. Roberti episcopi Abrincensis ...* (Strasbourg, 1534) [BiBuc 45].

BEv 1536 cités d'après l'édition Estienne, Genève, 1553.

[–]: *In sacra quatuor Evangelia, Enarrationes perpetuae ...* (Genève), 1553 [BiBuc 28b].

–: *Metaphrasis et enarratio in Epistolam divi Pauli apostoli ad Romanos ...* Bâle, 1562 [éd. princ. 1536] [BiBuc 55a].

– et WITZEL, Georges: Articles de Leipzig 1539. Publiés chez CARDAUNS (v. Sources), pp. 85–108.

[–] TREW VON FRIDES LEVEN, Chunrath: *Von Kirchenguetern ...* s. l. [Strasbourg?], 1540 [BiBuc 65].

–: *Alle Handlungen und Schriften zuo vergleichung der Religion ... zuo Regenspurg verhandlet und einbracht, Anno D. M. XLI.* [!] Strasbourg, 1541 [BiBuc 69c].

–: Florilège patristique. MS Corpus Christi College Cambridge n° 418 [ca 1538 et ss.]. NB: éd. sous presse dans les BOL (in: *Studies in Medieval and Reformation Thought*).

Sources

Acta Reformationis Catholicae, ecclesiam Germaniae concernentia, saeculi XVI ... éd. Georg PFEILSCHIFTER, 6 tt., Regensburg, 1959–1974.

ALTENSTAIG, Johannes: *Lexicon theologicum* [1517], Anvers, 1576.

S. ANTONIN DE FLORENCE: *Prima* [–Quarta] *pars Summe reverendi in Christo patris ... Antonini archiepiscopi Florentini*, (Bâle, 1517).

BEATIS, Antonio de: *Die Reise des Kardinals Luigi d'Aragona durch Deutschland, die Niederlande, Frankreich und Oberitalien 1517–1518, beschrieben von A' de B'*, éd. par L. PASTOR (= *Erläuterungen und Ergänzungen zu Jaussens Geschichte des deutschen Volkes*, t. 4, fasc. 4, Fribourg-en-Brisgau, 1905).

BEATUS RHENANUS, v. sous TERTULLIEN.

Die Bekenntnisschriften der evangelisch-lutherischen Kirche, 6e éd., Göttingen, 1967.

Biblie iampridem renovate pars prima (– *Sexta pars biblie* ...) .... *una cum Glosa ordinaria et ... expositione Nicolai de Lyra, necnon additionibus Burgensis ac replicis Thoringii* ... [éd. Sébastien BRANT], Bâle, 1501–2.

BIEL, Gabriel: *Canonis missae expositio*, éd. H.A. OBERMAN et W.J. COURTENAY, 4 tt. (= *Veröffentl. d. Inst. f. europ. Geschichte Mainz*, tt. 31–34), Wiesbaden, 1963–67.

–: *Collectorium circa quattuor libros Sententiarum*, éd. W. WERBECK et V. HOFMANN, 4 tt. en 5 vols., Tübingen, 1973–84.

BODIUS, Hermannus [Pseudonyme?]: *Unio dissidentium, omnibus unitatis et pacis amatoribus utilissima, ex praecipuis . . . doctoribus . . . iam denuo aucta et locupletata . . .* (Cologne, 1531).

Breviarium Romanum a Francisco cardinali Quignonio . . . recognitum . . . éd. John Wickham LEGG, Cambridge, 1888 (réimpr. anast. Farnborough, 1970).

BRUNFELS, Othon (éd.): *Pandectarum Veteris et Novi Testamenti libri XII,* Strasbourg, 1527.

BUDÉ, Guillaume: *Omnia opera G'i B'i Parisiensis, consiliarii regii . . .* 4 tt., Bâle, 1557.

BUGENHAGEN, Johannes: *In Regum duos ultimos libros Annotationes Ioannis B'gii Pomerani . . .* Bâle, 1525.

CAJETAN [Thomas DE VIO]: *Opuscula omnia Th'ae de V' Caietani . . .* Anvers, 1567.

–: *Summa Caietani, Cardinalis Sancti Siste. Summula de peccatis . . .* Lyon, 1544 [éd. princ. 1523].

–: *Evangeliocum* [!] *commentarii . . . Thomae de Vio . . .* Paris, 1543.

Canones concilii provincialis Coloniensis, v. GROPPER.

CAPITON, Wolfgang Fabricius: *Responsio de missa, matrimonio et iure magistratus in religionem . . . denuo recognitum.* [éd. princ. 1537], (Strasbourg, mars 1540).

CARDANUS, Ludwig: *Zur Geschichte der kirchlichen Unions- und Reformbestrebungen von 1538 bis 1542 (= Bibliothek d. kgl. preuss. Hist. Inst. in Rom,* t. 5) Rome, 1910.

Conciliorum oecumenicorum decreta. Edidit Centro di Documentazione, Istituto per le Scienze Religiose – Bologna, 2e éd. Bâle, etc., 1972.

Conciliorum Tridentinum. Diariorum, Actorum, Epistularum, Tractatuum nova collectio. Ed. Societas Goerresiana. Fribourg-en-Br., 1901–

Corpus Catholicorum, Munster-en-W., 1919–

Corpus Christianorum (*Series Latina* et *Continuatio Mediaevalis*), Turnhout, 1954–

Corpus Iuris Civilis, éd. Th. MOMMSEN et al., 1954 (réimpr. Dublin-Zurich, 1972–73).

Corpus Reformatorum, Halle, etc., 1830– (tt. 1–28 *Opera Melanchthonis;* 29–87 *Opera Calvini;* 88– (*Zwinglis sämtliche Werke*).

Corpus scriptorum ecclesiasticorum latinorum, Vienne, 1866–

CORTESE, Paolo: (Quattuor libri sententiarum per Paulum Cortesium, Rome, 1504).

CRABBE, Petrus (éd.): *Concilia omnia, tam generalia quam particularia . . .,* 2 tt., Cologne, 1538.

DANIEL, Hermann Adalbert: *Thesaurus hymnologicus, sive hymnorum, canticorum . . . collectio amplissima,* 5 tt., Halle, Leipzig, etc. 1841–66.

Decretales epistolae . . . Gregorii Noni, multis mendis a Joanne Thierry . . . cum in textu, tum in glossis . . . expurgate. Quibus addidt . . . Longiore casus . . . (Paris), Jean Petit (1529).

Decretum Gratiani. Cum Glossis domini Johannis Theutonici . . . et annotationibus Bartholomei brixiensis . . . (éd. BEATUS RHENANUS, Bâle, 1511).

Decretum . . . Gratiani, v. aussi sous FRIEDBERG.

Deutsche Reichstagsakten. Jüngere Reihe. Unter Kaiser Karl V. Gotha, 1893–

DITTRICH, Fr. (éd.): *Regesten und Briefe des Cardinals Gasparo Contarini 1483–1542,* Braunsberg, 1881.

DUNS SCOT, Jean: *Opera omnia* (nouvelle éd. Wadding), 26 vol. en 12 tt., Paris, 1891–1895.

(DURANT, Guillaume): *Rationale divinorum officiorum,* Lyon, (1510).

ECK, Jean: *Enchiridion locorum communium adversus . . . hostes ecclesiae* (1525–1543) (= CCath t. 34), Munster-en-W., 1979.

–: *De sacrificio missae libri tres (1526),* (= CCath 36), Munster-en-W., 1982.

–: *Quintae partis declamatoriae operum . . . in Lutherum et alios. Tomus quartus De septem sacramentis . . .,* (Ingolstadt), 1535.

ERASME: *Desiderii E'i opera omnia* (éd. LE CLERC), 10 tt., Leyde, 1703–1706.

FLACIUS ILLYRICUS, Matthias: *Erzehlunge der Handlungen oder Religionsstreiten und Sachen . . . auff Beger der Prediger zu Strasburg* [!] *beschrieben, Anno 1568. Zu Strasburg.*

FRAENKEL, Pierre (éd.): *Une lettre oubliée de Béatus Rhenanus. Sa préface à la liturgie de S. Jean Chrysostome, dédiée à Johannes Hoffmeister, 24 janvier 1540* (in: *Bibliothèque d'Humanisme et Renaissance,* t. 48, 1986, pp. 387–404).

FRIEDBERG, Aemilius (éd.): *Corpus Iuris Canonici,* 2 tt., Leipzig, 1878, réimpr. anast. Graz, 1959.

GEILER DE KAYSERSBERG, Jean: *Ausgewählte Schriften,* éd. Ph. DE LORENZI, 4 tt., Trèves, 1881–1883.

GERSON, Jean: *Jo'is G'ii . . . Opera omnia . . .*, opera et studio M. Lud. ELIES DU PIN . . . 5 tt., Anvers, 1706–7.

Glosse ordinaire (*marginale et interlinéaire*), v. *Biblie iampridem renovate pars prima* etc.

Die griechischen christlichen Schriftsteller der ersten drei Jahrhunderte. Leipzig, puis Berlin, 1897–

GROPPER, Jean: *Enchiridion christianae institutionis* (in: *Canones Concilii provinciali Colonensis . . . celebrati Anno 1536. Quibus adiectum est Encheridion* [!] *Chr'ae in'onis.* Cologne, 1538). [N.B. notre exemplaire [Genève, BPU] = Johannes MEIER: *Das «Enchiridion» . . .*, appendice, p. 315, n° (3)].

–: *An die Roemische Keyserliche Maiestat . . . Warhafftige Antwort und gegenberichtung . . . uff Martini Buceri Frevenliche Clage . . .*, [Cologne], 1545.

HENRI DE GORCUM: *Tractatus consultatorii venerandi magistri Henrici de Gorychum . . .* (Cologne, 1503).

HENRI DE SUZE, v. HOSTIENSIS.

HERMINJARD, Louis-Aimé (éd.): *Correspondance des Réformateurs dans les pays de langue française,* 9 tt., Genève et Paris, 1866–1897.

HOSTIENSIS: *Henrici de Segusio, Cardinalis H' . . . In Primum* [*–Sextum*] *Decretalium librum Commentaria.* Venise, 1631 [réimpr. anast. Turin, 1965].

HUBERT, Friedrich (éd.): *Die Strassburger liturgischen Ordnungen im Zeitalter der Reformation, nebst einer Bibliographie der Strassburger Gesangbücher.* Göttingen, 1900.

HUGUES DE S. CHER: *Domini Hugonis Cardinalis Postilla, . . . in . . . Evangeliorum apices.* (Paris, 1537).

JACQUES DE VORAGINE: *Legenda aurea, vulgo Historia Lombardica dicta,* éd. Th. GRAESSE. 3ᵉ éd., 1890, réimpr. anast. Osnabrück, 1969.

JOSEPHUS FLAVIUS: *Josephus,* 9 tt. (in: *Loeb Classical Library*), Londres-Cambridge (Mass.), 1961–1965.

KOEHLER, Walter (éd.): *Dokumente zum Ablass-streit von 1517* (= *Sammlung ausgewählter Kirchen- und dogmengeschichtlichen Quellenschriften,* 2ᵉ série fasc. 3), Tübingen et Leipzig, 1902.

KOLDE, Theodor (éd.): *Analecta Lutherana. Briefe und Actenstücke zur Geschichte Luthers . . .* Gotha, 1883.

LAEMMER, Hugo (éd.): *Monumenta Vaticana historiam saeculi XVI. illustrantia.* Fribourg-en-Brisgau, 1861.

LEFEVRE D'ETAPLES, Jacques: *S. Pauli epistolae XIV ex Vulgata, adiecta intelligentia ex graeco, cum commentariis,* Paris, 1512, réimpr. Stuttgart, 1978.

LOESCHER, Valentin Ernst (éd.): *Vollstaendige Reformations-Acta und Documenta . . .* 3 tt., Leipzig, 1720–1729.

LUTHER, Martin: *D. Martin Luthers Werke. Kritische Gesamtausgabe.* Weimar, 1883–

LYRE, Nicolas de, v. *Biblie iampridem renovate.*

MAIR [MAIOR] Jean: *Ioannis Maioris . . . in Matthaeum ad literam expositio . . .* (Paris, 1518).

Melanchthons Werke in Auswahl, éd. R. STUPPERICH et al., Gütersloh, 1951–

Monumenta Germaniae Historica, v. l'analyse in: Istituto Storico Italiano per il medio evo. *Repertorium fontium historiae medii aevi,* t. 1, Rome, 1962, pp. 466–479.

MIGNE, J.-P. éd.: *Patrologiae cursus completus, Series Latina – Series Graeca,* 383 tt., Paris 1844–1866 et suppl., 1958–

[NAUSEA, Frédéric]: *Epistolarum miscellanearum ad Fridericum Nauseam Blancicampianum . . . libri 10.* Bâle, 1550.

Nuntiaturberichte aus Deutschland, éd. par Preussisches Historisches Institut in Rom. 1ᵉʳᵉ série, 17 tt. et 2 suppl., Gotha, 1892–1981.

OECOLAMPADE, Jean: *In Hieremiam prophetam commentariorum libri tres Ioannis Oe'dii. Eiusdem in Threnos Hieremiae enarrationes.* Strasbourg, 1533.

PASTOR, Ludwig von (éd.): *Die Correspondenz des Cardinals Contarini während seiner deutschen Legation (1541)* (in: *Historisches Jahrbuch der Görres-Geselschaft* 1880, pp. 321–392; 473–501).

PELBART DE TEMESVÁR: *Sermones Pomerii de Sanctis, Hyemales et Estivales editi per Fratrem P'um de Themeswar* . . . (s. l., 1507).
PEPIN, Guillaume: *Opusculum reverendi patris, fratris Guillermi P'* . . . *ordinis Predicatorum super Confiteor* . . . (Paris, 1520).
PIERRE LOMBARD: *Sententiae in 4 libros distinctae*, 2 tt. (= *Spicilegium Bonaventurianum* 4 et 5), Grottaferrata – Ad Claras Aquas [= Quaracchi], 1971–81.
Politische Correspondenz der Stadt Strassburg im Zeitalter der Reformation (éd. V. VIRCK et O. WINCKELMANN), 5 tt., Strasbourg, 1882–1928.
Pontificale secundum ritum sacrosancte Romane ecclesie cum multis additionibus . . . Lyon, 1542.
REU, Johann Michael (éd.): *Quellen zur Geschichte des Kirchlichen Unterrichts in der evangelischen Kirche Deutschlands zwischen 1530 und 1600* [2 parties en 9 tt., Gütersloh, 1904–1906], Hildesheim et New York, 1976.
[RIPELIN, Hughes]: *Breve totius theologicae vertitatis compendium.* [composé ca 1265–70, éds. incunables], Paris, 1549.
Rituale Romanum . . . Lyon et Paris, 1843. Autre éd., Ratisbonne, etc., 1898.
ROTHMANN Bernhard: *Die Schriften B' R's* (éd. R. STUPPERICH) (= *Die Schriften der Münsterischen Täufer und ihrer Gegner* 1, = *Veröffentlichungen der Historischen Kommission Westfalens*, t. 32), Munster-en-Westph., 1970.
SICHARD, Jean (éd.): *Antidotum contra diversas omnium fere seculorum haereses.* Bâle, 1528.
SLEIDAN, Johannes: *De statu religionis et rei publicae, Carolo Quinto Caesare, commentarii* [1555], Strasbourg, 1557.
(SURGANT, Jean Ulric): *Manuale curatorum* . . ., [Bâle], 1503.
TERTULLIEN (éd. BEATUS RHENANUS): *Opera Q. Septimii Florentis T'ani* . . . per B'm Rh'm Selestadiensem . . . [3e édition], Bâle, 1539.
S. THOMAS D'AQUIN: *Catena aurea in quatuor Evangelia*, éd. A. GUARIENTI, 2 tt., Turin et Rome, 1953.
–: *Super Epistolas S. Pauli Lectura*, éd. R. CAI, 2 tt., Turin et Rome, 1953.
–: *Summa Theologiae*, (= éd. Léonine tt. 4–12), Rome, 1888–1906.
VERGIL, Polydore: *P'i V'ii Urbinatis, de inventoribus rerum libri octo* [éd. princ. 1499], Lyon, 1546.
(VELTWYCK, Gérard de): *Sepher Aemana*, avec traduction latine de Paul FAGIUS: *Liber fidei.* Isny, 1542.
(WITZEL, George): *Typus ecclesiae prioris. Anzeigung, wie die heilig Kyrche* . . . *gestalt gewesen sey*, [Mayence], 1540.
ZWINGLI: *Huldrici Z' Opera*, éd. M. SCHULER et I. SCHULTHESS, 8 tt., Zurich, 1828–1842.

LITTÉRATURE SECONDAIRE

ADAM, Johann: *Evangelische Kirchengeschichte der Stadt Strassburg bis zur Franzoesischen Revolution.* Strasbourg, 1922.
AFFELDT, W.: *Die weltliche Gewalt in der Paulus-Exegese. Röm. 13,1–7, in den Römerbriefkommentaren der lateinischen Kirche bis zum Ende des 13. Jahrhunderts* (= *Forsch. z. Kirchen- u. Dogmengesch.* t. 22). Göttingen, 1969.
ANDREAS, Willy: *Deutschland vor der Reformation. Eine Zeitenwende.* 2e éd., Stuttgart et Berlin, 1934.
AUGUSTIJN, Cornelis: *De godsdienstgesprekken tussen roomskatholieken en protestanten van 1538 tot 1541.* Haarlem, 1967.
–: *Erasmus und die Juden* (in: *Nederlands Archief voor Kerkgeschiedenis*, NS 60, 1980, 22–38).
BACKUS, Irena; FRAENKEL, Pierre; LARDET, Pierre: *Martin Bucer apocryphe et authentique. Etudes de bibliographie et d'exégèse* (= *Cahiers de la Revue de théologie et de philosophie*, n° 8), Genève-Lausanne-Neuchâtel, 1983.
BAUMGARTEN, Hermann: *Über Sleidans Leben und Briefwechsel.* Strasbourg, 1878.
BIASIOTTO, Peter R.: *History of the Development of Devotion to the Holy Name.* St. Bonaventure, New York, 1943.

BIERLAIRE, Franz: *Les colloques d'Erasme: réforme des études, réforme des mœurs et réforme de l'Eglise au XVIe siècle* (= *Bibliothèque de la Faculté de Philosophie et Lettres de l'Université de Liège,* fasc. 222). Paris, 1978.

BONNER, Gerald: *St. Augustine of Hippo. Life and Controversies.* Londres, 1963.

BOYLE, Marjorie O'Rourke: *Christening Pagan Mysteries. Erasmus in Pursuit of Wisdom* (= *Erasmus Studies,* t. 5). Toronto, 1981.

BORNERT, René: *La réforme protestante du culte à Strasbourg au XVIe siècle (1523–1598)* (= *Studies in Medieval and Reformation Thought,* t. 28). Leiden, 1981.

BROWE, Peter: *Die häufige Kommunion im Mittelalter.* Munster-en-Westph., 1938.

–: *Die Pflichtkommunion im Mittelalter.* Munster-en-Westph., 1940.

–: *Die Verehrung der Eucharistie im Mittelalter* [Munich, 1933], Rome, 1967.

CAMPENHAUSEN, Hans v.: *Die Bilderfrage in der Reformation* ([*Zeitschrift für Kirchengeschichte* 68, 1957, 69–129] in: *Tradition und Leben,* Tübingen, 1960, 361–407).

CARDAUNS, Ludwig (éd.): *Ein Programm zur Wiederherstellung der kirchlichen Einheit aus dem Jahre 1540* (in: *Quellen und Forschungen aus italienischen Archiven und Bibliotheken,* 9, 1906, 140–154 [texte de CAPITON, 151–154]).

COORNAERT, Emile: *Les ghildes médiévales (V[e]–XIVe siècles). Définition. Evolution* (in: *Revue historique,* 72e année, t. 199, (1948), 22–55 et 208–243).

COURVOISIER, Jaques: *La notion d'Eglise chez Bucer dans son développement historique* [Thèse, Genève]. Paris, 1933.

DANKBAAR, W.F.: *Het bisschopsambt bij Martin Bucer* [1959] in: LE MÊME: *Hervormers en humanisten,* Amsterdam, 1978, 141–152.

DE KROON, Marijn: *Studien zu Martin Bucers Obrigkeitsverständnis. Evangelisches Ethos und politisches Engagement.* Gütersloh, 1984.

DELEHAYE, Hippolyte: *Les légendes grecques des saints militaires.* Paris, 1909.

DOBSCHUETZ, Ernst von: *Christusbilder. Untersuchungen zur christlichen Legende* (= *Texte u. Untersuchungen z. Geschichte d. altchristlichen Literatur,* nouvelle série t. 8). Leipzig, 1899.

DUGGAN, Lawrence G.: *Fear and Confession on the Eve of the Reformation* (in: *Archiv für Reformationsgeschichte* 75, 1984, 153–175).

DUHR, Joseph: *La confrérie dans la vie de l'Eglise* (in: *Revue d'histoire ecclésiastique,* 35, 1939, 437–478).

EIRE, Carlos M.N.: *Calvin and Nicodemism: A Reappraisal* (in: *Sixteenth Century Journal,* 10, 1979, n° 1, 45–69).

ETTLIN, Erwin: *Butterbriefe. Beiträge und Quellen zur Geschichte der Fastendispensen in der Schweizerischen Quart des Bistums Konstanz im Spätmittelalter* (= *Europäische Hochschulschriften,* t. 92), Berne-Francfort s/Main – Las Vegas, 1977.

FOURNIER, Edouard: *Les origines du vicaire général. Etude d'histoire et de droit canon ...* Paris, 1922.

– et LE BRAS, Gabriel: *Histoire des collections canoniques en Occident,* 2 tt., (= *Bibliothèque d'histoire du droit,* n° 4). Paris, 1931–32.

FRAENKEL, Pierre: *Testimonia Patrum. The Function of the Patristic Argument in the Theology of Philip Melanchthon* (= *Travaux d'Humanisme et Renaissance,* t. 46). Genève, 1961.

–: *Quelques observations sur le «Tu es Petrus» chez Calvin au Colloque de Worms en 1540 et dans l'Institution de 1543.* (in: *Bibliothèque d'Humanisme et Renaissance* 27, 1965, 607–628).

–: *Les protestants et le problème de la transsubstantiation au Colloque de Ratisbonne. Documents et arguments du 5 au 10 mai 1541* (in: *Oecumenica,* 1968, Minneapolis, Neuchâtel et Gütersloh, 70–116).

–: *Bucer's Memorandum of 1541 and a «Lettera Nicodemitca» of Capito's* (in: *Bibliothèque d'Humanisme et Renaissance,* 36, 1974, 575–587).

–: *Beatus Rhenanus, Oecolampade, Théodore de Bèze et quelques-unes de leurs sources anciennes* (in: *Bibliothèque d'Humanisme et Renaissance,* 41, 1979, 63–81).

–: *Satis est? Schrift, Tradition, Bekenntnis* (in: *Confessio Augustana und Confutatio,* éd. E. ISERLOH = RST, t. 118, Munster-en-Westph., 1980, 286–300).

–: *Zwischen Altkatholizismus und Caesaropapismus. Zu Martin Bucers Materialsammlung über die Rolle des Papsttums in der Alten Kirche* (in: *Reformatio Ecclesiae. Festgabe für Erwin Iserloh,* hgb. v. Remigius BÄUMER, Paderborn, etc., 1980, 597–613).

–: *Die Augustana und das Gespräch mit Rom, 1540–1541* (in: *Bekenntnis und Einheit der Kirche,* éd. M. BRECHT et R. SCHWARZ, Stuttgart, 1980, 89–103).

–: *Le schéma, l'image et la cible: Luther vu par ses adversaires romains* (in: *Luther et la Réforme allemande dans une perspective œcuménique* (= *Etudes théologiques,* t. 3), Chambésy, 1983, 339–363).

–: *Beatus Rhenanus, historien de la liturgie* (in: *Annuaire des Amis de la Bibliothèque humaniste de Sélestat,* 1985, pp. 247–252).

FRANZ, Adolph: *Die Messe im deutschen Mittelalter.* Fribourg-en-Br., 1902.

FRANZEN, August: *Zölibat und Priesterehe in den Auseinandersetzungen der Reformationszeit und der katholischen Reform des 16. Jahrhunderts.* (= KLK, fasc. 29), Munster-en-Westph., 1969.

GINZBURG, Carlo: *Il nicodemismo. Simulazione e dissimulazione religiosa nell' Europa del '500.* Turin, 1970.

GRASS, Hans: *Die Abendmahlslehre bei Luther und Calvin.* Gütersloh, 1940.

Handbuch der Dogmengeschichte, éd. M. SCHMAUS et al., Fribourg-en-Br., etc., 1951–

HAREIDE, Bjarne: *Konfirmasjonen i reformasjonstiden.* En undersökelse ar den lutherske konfirmasjon: Tykland 1520–1585. (Oslo, 1966).

HASENCLEVER, Adolf: *Johann von Naves aus Luxemburg, Reichsvizekanzler unter Kaiser Karl V.* (in: *Mitteilungen d. Instituts für Österreichische Geschichtsforschung,* 26, 1905, 280–328).

HEADLEY, John M.: *Luther's View of Church History* (= *Yale Publications in Religion,* t. 6). New Haven et Londres, 1963.

HERRMANN-MASCARD, Nicole: *Les reliques des saints. Formation coutumière d'un droit* (= *Société d'histoire du droit: Collection d'histoire institutionnelle et sociale,* t. 6). Paris, 1975.

Histoire de l'exégèse au XVIe *siècle.* Textes du colloque international tenu à Genève en 1976, réunis par Olivier FATIO et Pierre FRAENKEL. Genève, 1978.

HOLL, Karl: *Der Streit zwischen Petrus und Paulus zu Antiochien in seiner Bedeutung für Luthers innere Entwicklung* [1920] réimpr. in: *Gesammelte Aufsätze zur Kirchengeschichte,* t. 3. *Der Westen,* Tübingen, 1928, 134–146.

JUNGMANN, Josef Andreas: *Missarum sollemnia. Eine genetische Erklärung der römischen Messe.* 2 tt., 5e éd. Vienne, Fribourg, Bâle, 1962.

–: *Oblatio und sacrificium in der Geschichte des Eucharistieverständnisses* (in: *Zeitschrift für katholische Theologie,* t. 92, 1970, 342–350).

Katholisches Leben und [*Kämpfen* devenu:] *Kirchenreform im Zeitalter der Glaubensspaltung.* Munster-en-Westph., 1927–

KOCH, Karl: *Studium Pietatis. Martin Bucer als Ethiker* (= *Beiträge z. Gesch. u. Lehre d. ref. Kirche,* t. 14), Neukirchen-Vluyn, 1962.

KOEHN, Mechtild: *Martin Bucers Entwurf einer Reformation des Erzstiftes Köln* (= *Untersuchungen zur Kirchengeschichte,* éd. R. STUPPERICH, t. 2). Witten, 1965.

KRESSNER, Helmut: *Schweizer Ursprünge des anglikanischen Staatskirchentums* (= SVRG n° 170). Gütersloh, 1952.

KRUEGER, Friedhelm: *Bucer und Erasmus. Eine Untersuchung zum Einfluss des Erasmus auf die Theologie Martin Bucers (bis zum Evangelien-Kommentar von 1530),* (= *Veröffentlichungen des Instituts für Europäische Geschichte, Mainz,* t. 57). Wiesbaden, 1970.

LAEMMER, Hugo: *Institutionen des katholischen Kirchenrechts.* Freibourg-en-Br. etc., 1886.

LAUCHERT, Friedrich: *Die italienischen literarischen Gegner Luthers* (= *Erläuterungen und Ergänzungen zu Janssens Geschichte des deutschen Volkes,* t. 8). Fribourg-en-Br., 1912 [réimpr. Nieuwkoop, 1972].

LEA, Henry Charles: *A History of Auricular Confession and Indulgences in the Latin Church,* 3 tt., [1896], réimpr. New York, 1968.

LEHNHOFF, Otto: *Die Beichtväter Karls V. Ihre politische Tätigkeit und ihr Verhältnis zum Kaiser.* Alfeld, 1932 [thèse de Göttingen].

LEVRESSE, Pierre: *La survie du catholicisme à Strasbourg au XVI*[e] *siècle* (in: *Strasbourg au cœur religieux du XVIe siècle. Hommage à Lucien Febvre,* éd. G. LIVET et F. RAPP (= *Société savante d'Alsace et des Régions de l'Est*: Collection «Grandes publications», t. 12), Strasbourg, 1977, 457–469).

LIPGENS, Walter: *Kardinal Johannes Gropper 1503–1559 und die Anfänge der katholischen Reform in Deutschland* (= RST, fasc. 75), Munster-en-Westph., 1951.

MCDONNEL, Ernest W.: *The Beguines and Beghards in Medieval Culture* [1954]. New York, 1969.

MCNAIR, Philip: *Peter Martyr in Italy. An Anatomy of Apostasy*. Oxford, 1967.

MANNS, Peter: *Amt und Eucharistie in der Theologie Martin Luthers* (in: *Amt und Eucharistie*. Mit Beiträgen von Peter BLÄSER [etc.] (= *Konfessionskundliche Schriften des Johann-Adam-Möhler-Instituts*. n° 10). Paderborn, (1973), 68–173).

MARKISH, Simon: *Erasme et les juifs*. [Lausanne], 1979.

MAURER, Wilhelm: *Geschichte von Firmung und Konfirmation bis zum Ausgang der lutherischen Orthodoxie,* in: FRÖR, Kirt (éd.): *Confirmatio*. Munich, 1959, 9–38.

MENS, Alcantara: *Oorsprong en betekenis van de nederlandse Begijnen- en Begardenbeweging* (= *Verhandelingen van de koninklijke vlaamse Academie voor Wetenschappen, letteren en schone kunsten van België*, t. 9, n° 7). Anvers, 1947.

MOELLER, Bernd: *Reichstadt und Reformation,* Gütersloh, 1962.

OVERSBECK, Franz: *Über die Auffassung des Streits des Paulus mit Petrus in Antiochien (Gal. 2,11ff.) bei den Kirchenvätern,* [éd. princ. Bâle, 1877], réimpr. anast. Darmstadt, 1958.

PASTOR, Ludwig: *Die kirchlichen Reunionsbestrebungen während der Regierung Karls V*. Fribourg-en-Br., 1879.

PAULUS, Nikolaus: *Der Augustinermönch Johannes Hoffmeister*. Fribourg-en-Br., 1891.

–: *Die deutschen Dominikaner im Kampfe gegen Luther (1518–1563)* (= *Erläuterungen und Ergänzungen zu Janssens Geschichte des deutschen Volkes,* t. 4, fasc. 1–2). Fribourg-en-Br., 1903.

–: *Protestantismus und Toleranz im 16. Jahrhundert*. Fribourg-en-Br., 1911.

PELIKAN, Jaroslav: *The Christian Tradition*. Chicago, 1971–

PFLEGER, Luzian: *Kirchengeschichte der Stadt Strassburg im Mittelalter*. Colmar, (1941).

POLLET, J.V.: *Martin Bucer. Etudes sur les relations de B' avec les Pays-Bas, l'Electorat de Cologne et l'Allemagne du Nord,* 2 tt. (= *Studies in Medieval and Reformation Thought*, vols. 33, 34). Leiden, 1985.

–: *Martin Bucer. Etudes sur la correspondance avec de nombreux textes inédits*. 2 tt., Paris, 1958–62.

REYNOLDS, Roger E.: *Patristic 'Presbyterianism' in the Early Medieval Theology of Sacred Orders* (in: *Mediaeval Studies* 45, 1983, 311–342).

ROTT, Jean: *Politique rhénane entre Habsbourg et Valois: le rôle du comte Dietrich IV de Manderscheid-Schleiden* (in: *Charles-Quint, le Rhin et la France* [= *Société Savante d'Alsace et des Régions de l'Est*: Collection «Recherches et Documents», t. 17], Strasbourg, 1973, 47–69).

ROCKWELL, William Walker: *Die Doppelehe des Landgrafen Philipp von Hessen*. Marbourg, 1904.

ROSENBERG, Manfred: *Gerhard Veltwyck, Orientalist, Theolog und Staatsmann*. [Thèse de Göttingen], Wiesbaden [1936].

ROTSCHEIDT, W.: *Wie wurde die Grafschaft Moers evangelisch?* (in: *Monatshefte für Rheinische Kirchengeschichte,* 5, 1911, 3–14).

SCHMIDT, Charles: *Gérard Roussel, prédicateur de la Reine Marguerite de Navarre,* [Strasbourg, 1845], réimpr. anast. Genève, 1970.

STIRM, Margarete: *Die Bilderfrage in der Reformation* (= *Quellen u. Forschungen z. Geschichte,* t. 45), Gütersloh, 1977.

STRYPE, John: *The Life and Acts of Matthew Parker, the First Archbishop of Canterbury in the Reign of Queen Elizabeth* ... Londres, 1711.

STUPPERICH, Robert: *Martin Bucers Gebrauch des Kanonischen Rechts* (in: *Horizons européens de la Réforme en Alsace* (= *Société Savante d'Alsace et des Régions de l'Est*:

Collection «Grandes Publications», t. 17: *Mélanges offerts à Jean Rott*), Strasbourg, 1980, 241–252).
–: *Der Humanismus und die Wiedervereinigung der Konfessionen* (= SVRG, n° 160), Leipzig, 1936.
–: *M. Bucers Anschauungen von der Kirche* (in: *Zeitschrift für systematische Theologie*, 14, 1940, 131–148).
TRIBOUT DE MOREMBERT, Henri: *La Réforme à Metz*. t. 1. *Le Luthéranisme 1519–1552* (= *Annales de l'Est*. Mémoire n° 36), Nancy, 1969.
TRUSEN, Winfried: *Um die Reform und Einheit der Kirche. Zum Leben und Werk Georg Witzel*. (= KLK, fasc. 14). Munster-en-Westph., 1957.
VAN DE POLL, G.J.: *Martin Bucers Liturgical Ideas*. Assen, 1954.
VAN'T SPIJKER, W.: *De ambten bij Martin Bucer*. Kampen, 1970.
–: *Goddelijk recht en kerkelijke orde bij Martin Bucer* (= *Apeldoornse Studies*, n° 3). Kampen, 1972.
VERCRUYSSE, Joseph: *Schlüsselgewalt und Beichte bei Luther* (= *Leben und Werk Martin Luthers von 1526 bis 1546*, éd. Helmar JUNGHANS, 2 tt., Göttingen, 1983), t. 1, 153–169.
VOGT, Herbert: *Martin Bucer und die Kirche von England*, s.l., 1968, [Thèse de Munster-en-Westph., 1966].
VORGRIMMLER, Herbert: *Busse und Krankensalbung* (= Handb. d. Dogmengesch., t. 4, fasc. 3).
WENDEL, François: *L'Eglise de Strasbourg. Sa constitution et son organisation 1532–1535* (= *Etudes d'hist. et de phil. rel. publiées par la Faculté de théol. prot. de Strasbourg*, t. 38). Paris, 1942.
WICKS, Jared: *Pre-Reformation Religion under Judgment at the Diet of Aubsburg* (in: *Confessio Augustana und Confutatio*, éd. E. ISERLOH, = RST, t. 118. Munster-en-Westph., 1980, 175–188).
WILLIAMS, George Hunston: *The Radical Reformation*, Philadelphia (1962).

OUVRAGES DE RÉFÉRENCE

Allgemeine Deutsche Biographie, 55 tt., Leipzig, 1875–1910.
[BERNARD, Edward]: *Catalogi librorum manuscriptorum Angliae et Hiberniae in unum collecti cum indice alphabetico*. Oxford, 1697.
BRIQUET, C.M.: *Les filigranes. Dictionnaire historique des marques du papier*..., 4 tt., Genève, 1907.
Catalogi codicum manuscriptorum Bibliothecae Bodleianae partis quintae fasciculus secundus [tertius], Oxford, 1878, 1893.
Catalogue of the Harleian Manuscripts in the British Museum, t. 2. [Londres] 1808.
Dictionnaire d'histoire et de géographie ecclésiastiques. Paris, 1909–
Dictionary of National Biography. Londres, 1885–
FARGE, James K.: *Biographical Register of Paris Doctors of Theology* (= Pontifical Institute of Mediaeval Studies. *Subsidia Mediaevalia*, 10). Toronto, 1980.
FICKER, Johannes et WINCKELMANN, Otto (éds.): *Handschriftenproben des sechzehnten Jahrhunderts nach Strassburger Originalen*, 2 tt., Strasbourg, 1902–1905.
GRIMM, Jacob et Wilhelm: *Deutsches Wörterbuch*, 16 tt. Leipzig, 1854–1954.
HAENEL, Gustave: *Catalogi librorum manuscriptorum, qui in bibliothecis Galliae, Helvetiae, Belgii, Britanniae, Hispaniae, Lusitaniae asservantur*. Leipzig, 1830.
HEAWOOD, Edward: *Watermarks* (= *Monumenta chartae papyraceae historiam illustrantia*, t. 1). Hilversum, 1950 et réimpr. 1957.
[HERMINJARD, Aimé-Louis]: Papiers A.-L. Herminjard. Fiches alphabétiques. Manuscrit conservé au Musée historique de la Réformation, Genève.
JAMES, Montagne Rhodes: *A Descriptive Catalogue of the Manuscripts in the Library of Corpus Christi College, Cambridge*, 7 parties en 2 tt., Cambridge, 1909–1913.
LAMPE, G.W.H.: *A Patristic Greek Lexicon*. Oxford, 1961–68.
MACRAY, W.D.: *Annals of the Bodleian Library*, 2e éd. Oxford, 1890.

MADAN, F.: *A Summary Catalogue of Western Manuscripts in the Bodleian Library,* t. 3. Oxford, 1895.

MARBACH, Carolus: *Carmina scripturarum, scilicet antiphonas et responsoria ... in libros liturgicos ... derivata collegit ... C'M'.* Strasbourg, 1907, réimpr. Hildesheim, 1963.

MEIER, Johannes: *Das «Enchiridion christianae institutionis» (1538) von Johannes Gropper. Geschichte seiner Entstehung, Verbreitung und Nachwirkung* (in: *Zeitschrift für Kirchengeschichte,* 86, 1975, 289–314 avec un appendice bibliographique 314–328).

MOŠIN, Wladimir: *Anchor Watermarks* (= *Monumenta chartae papyraceae historiam illustrantia,* t. 13). Amsterdam, 1973.

PICCARD, Gerard: *Die Kronen-Wasserzeichen.* Stuttgart, 1961.

ROTT, Jean: *Le sort des papiers et de la bibliothèque de Bucer en Angleterre* (in: *Revue d'histoire et de philosophie religieuses,* t. 46, 1966, 346–367).

SHORTER, Alfred H.: *Papers Mills and Paper Makers in England 1495–1800* (= *Monumenta chartae papyraceae historiam illustrantia,* t. 6). Hilversum, 1957.

STUPPERICH, Robert: *Bibliographia Bucerana* in: BORNKAMM, Heinrich et S', R': *Martin Bucers Bedeutung für die europäische Reformationsgeschichte,* (= SVRG n° 169), Gütersloh, 1952.

Zonghi's Watermarks (= *Monumenta chartae papyraceae historiam illustrantia,* t. 3), Hilversum, 1953.

SIGLES DES COLLECTIONS

ARC	=	*Acta Reformationis Catholicae*
BDS; BOL; BCor	=	*Martin Buceri Opera omnia, Series* I, II, III.
BEph	=	BUCER: *Ep. ad Ephesios*
BEv	=	BUCER: *In sacra quatuor Evangelia enarrationes ...*
BiBuc	=	STUPPERICH: *Bibliographia Bucerana*
BPs	=	BUCER: *Sacrorum Psalmorum libri quinque*
BRom	=	BUCER: *Metaphrasis ... in Epistolam ... ad Romanos*
BSLK	=	*Die Bekenntnisschriften der evangelisch-lutherischen Kirche*
CA	=	*Confessio Augustana, v. BSLK*
CAVar	=	*Variata,* v. MWA
CCath	=	*Corpus Catholicorum*
CCL et CCM	=	*Corpus Christianorum: Series Latina* et *Continuatio Mediaevalis*
CIC	=	*Corpus Iuris Civilis*
CR	=	*Corpus reformatorum*
CSEL	=	*Corpus scriptorum ecclesiasticorum latinorum*
CT	=	*Concilium Tridentinum*
DHGE	=	*Dictionnaire d'histoire et de géographie ecclésiastiques*
DRT	=	*Deutsche Reichstagsakten*
EpFab	=	LEFEVRE: *Epistolae*
ErAn	=	ERASME: Annotations, v. LB
Er(NT)	=	ERASME: Nouveau Testament, v. LB
ErP	=	ERASME: Paraphrases, v. LB
HDG	=	*Handbuch der Dogmengeschichte*
GCS	=	*Die griechischen christlichen Schriftsteller ...*
KLK	=	*Katholisches Leben und Kirchenreform ...*
LB	=	*Erasmi Opera* (Lugduni Batavorum)
MGHEp	=	*Monumenta Germaniae Historica, Epistolae*
MPL, MPG	=	MIGNE (éd.): *Patrologia Latina (– Graeca)*
MWA	=	*Melanchtons Werke in Auswahl*
Pol. Cor. Str.	=	*Politische Correspondenz der Stadt Strassburg*
RST	=	*Reformationsgeschichtliche Studien und Texte,* Munster-en-Westph., 1911–

SVRG = *Schriften des Vereins für Reformationsgeschichte,* Halle puis Gütersloh, 1883–
WA = *D. Martin Luthers Werke*

INDEX

N.B.: les chiffres renvoient aux paragraphes (le cas échéant aux chapitres). Nous omettons des termes trop souvent répétés dans notre texte comme Christ, Dieu, Jésus, cérémonie, abus, piété, impiété, «usus», «abusus», «opinio» . . . Pour les noms propres, v. aussi l'index des citations.

Index des noms propres

Index des matières

INDEX DES CITATIONS BIBLIQUES

Index des citations non bibliques